„Was sagt die Wikipedia?“

MEDIÄVISTIK ZWISCHEN FORSCHUNG, LEHRE UND ÖFFENTLICHKEIT

Herausgegeben von Wernfried Hofmeister

Band 13

PETER LANG
EDITION

Angelika Kuchling

„Was sagt die Wikipedia?“
Studie zur Präsenz von Fachinhalten der Germanistischen Mediävistik in der deutschsprachigen Ausgabe der Online-Enzyklopädie Wikipedia

PETER LANG
EDITION

Bibliografische Information der Deutschen Nationalbibliothek
Die Deutsche Nationalbibliothek verzeichnet diese Publikation in der DeutschenNationalbibliografie; detaillierte bibliografische Daten sind im Internet über http://dnb.d-nb.de abrufbar.

ISSN 1863-060X
ISBN 978-3-631-73078-2 (Print)
E-ISBN 978-3-631-73075-1 (E-PDF)
E-ISBN 978-3-631-73076-8 (EPUB)
E-ISBN 978-3-631-73077-5 (MOBI)
DOI 10.3726/b11649

Peter Lang Edition ist ein Imprint der Peter Lang GmbH.
Peter Lang – Frankfurt am Main · Bern · Bruxelles · New York · Oxford · Warszawa · Wien

Diese Publikation wurde begutachtet.

www.peterlang.com

Vorwort

Die Wurzeln dieses Buchs gehen zurück auf den Beginn meines Masterstudienlehrgangs am Institut für germanistische Mediävistik an der Karl Franzens-Universität in Graz. Fasziniert durfte ich dort miterleben, wie ein Fachgebiet, das sich mit jahrhundertealten Texten befasst, in der Gegenwart verortet wurde, und das mittels eines sehr einfachen Schachzugs meines Professors und späteren Betreuers der diesem Buch zugrundeliegenden Masterarbeit, Professor Wernfried Hofmeister: Die Studierenden seines Grundlagenseminars erstellen und pflegen im Rahmen dieser Masterlehrveranstaltung seit Jahren Wikipedia-Artikel, die sich mit Themen aus ihrem eigenen Fachgebiet auseinandersetzen. Auf diesen Weg bietet sich den Studierenden nicht nur ein sehr erfrischender Weg zu ihrem Fachgebiet, sie lernen auch, sich dem Medium Wikipedia kritisch zu nähern, und sorgen gleichzeitig dafür, dass die Qualität der Artikel stetig weiter steigt. Was fehlte, war eine Bestandsaufnahme der bestehenden Artikel und ihres Zustands – eine Lücke, die meine Masterarbeit 2016 letztendlich zu füllen versuchte. Sie stellt eine Momentaufnahme gemäß dem Stand von Ende 2015 dar und zeigt, dass man sich in der Germanistischen Mediävistik zwar bereits auf dem richtigen Weg befindet, aber auch noch viel Arbeit zu leisten hat. Für den Druck des Buchs wurden nur sehr wenige, notwendige Aktualisierungen vorgenommen. Der Datenbestand blieb aber unverändert, um das Ergebnis nicht nachträglich zu verfälschen. Da freilich gerade die Wikipedia ein sehr dynamisches Medium ist, wäre es wünschenswert, dass die Fäden meiner Forschung vielleicht von anderen erneut aufgegriffen werden, damit die weitere Entwicklung der Artikel über einen längeren Zeitraum abgelesen werden kann. Um das zu ermöglichen, stelle ich alle meine Daten sowie das eigens für die quantitative Analyse entwickelte und im Kapitel 5.3 detailliert beschriebene Programm *html-Inspector* auf Anfrage jederzeit gerne zur Verfügung, auch Interessierten aus anderen Fachbereichen!

Dass Sie, werte Leserin/werter Leser, dieses Buch nun in Händen halten, ist auf vielfache Weise Professor Wernfried Hofmeister zu verdanken, der nicht nur den Grundstein für das Thema gelegt hat, sondern mir jederzeit mit Rat und Tat zur Seite stand und es so ermöglichte, dass meine Arbeit schließlich in diese seine Buchreihe aufgenommen werden konnte. Ebenfalls aktiv mitgewirkt haben die beiden Programmierer des *html-Inspectors* Dietmar Gösseringer und Maksym Deineko sowie Ruth Reicher, die für die Bucheinrichtung alle nötigen Formatierungsarbeiten vorgenommen hat. Und nicht zuletzt haben meine Eltern, meine Freundinnen und Freunde sowie meine Kolleginnen und Kollegen mit aufmunternden und motivierenden Worten und viel Verständnis und Geduld zum Gelingen dieses Projekts beigetragen. Ihnen allen möchte ich auf diesem Weg meine tiefste Wertschätzung und Dankbarkeit aussprechen!

Graz, am 24.5.2017

Inhaltsverzeichnis

1 Einleitung

„Was sagt die Wikipedia?" – mit dieser Gegenfrage wird aktuell so manche Alltagsfrage beantwortet. Wo früher stundenlang über Sachverhalte und Fakten aller Art spekuliert und diskutiert wurde, zückt man heute das omnipräsente Smartphone und befragt das digitale Orakel, denn die größte Online-Enzyklopädie der Welt scheint inzwischen nahezu jede Frage beantworten zu können. Der schnelle und unkomplizierte Zugriff auf Information ist zum Standard geworden und für die heranwachsende Generation nicht mehr wegzudenken. Dagegen wirkt der Griff ins Bücherregal angesichts der rasanten technologischen Entwicklung beinahe nostalgisch, was sich in den letzten Jahren bereits merklich auf den Enzyklopädie-Markt ausgewirkt hat: Online-Enzyklopädien wie Wikipedia verdrängen nach und nach die großen Druckenzyklopädien des 19. und 20. Jahrhunderts. Doch nicht nur für Alltagsfragen wird die Wikipedia zu Rate gezogen. Auch im akademischen Bereich gewinnt die Online-Enzyklopädie zunehmend an Bedeutung und wird immer öfter von Studierenden benutzt, zum Beispiel um sich einen ersten Einblick in den Schwerpunkt der nächsten Vorlesung zu verschaffen. Die Vorteile der Wikipedia liegen dabei auf der Hand: Sie ist immer und überall verfügbar, und die Artikel enthalten oft weiterführende Weblinks und aktuellere Literaturhinweise als die meisten Fachlexika. Zudem bietet kein traditionelles Nachschlagewerk Zugriff auf ein so breites Spektrum an Lemmata. Autoren, Texte, Fachbegriffe und vieles mehr können innerhalb einer einzigen Website nachgeschlagen werden. Der akademische Betrieb steht dem neuen Medium allerdings häufig noch mit Skepsis, zum Teil sogar mit Ablehnung gegenüber. Zu unsicher erscheint die größtenteils anonyme Multiautorenschaft, zu oft wurde bereits von Fehlern und sogar bewusstem Vandalismus berichtet. In diesem Spannungsfeld zwischen Erwartungen und Zweifeln hat bislang weder die Wikipedia ihren Platz in der akademischen Welt noch die akademische Welt ihren Platz in der Wikipedia gefunden.

Die vorliegende Arbeit wendet sich der Online-Enzyklopädie daher mit kritischem Blick aus der Perspektive des Fachbereichs der germanistischen Mediävistik zu. Im Zentrum dieser Bestandsaufnahme steht einerseits die Frage, wie viele Wikipedia-Artikel sich der Fachrichtung und ihrem Umkreis zuordnen lassen und in welchem qualitativen Zustand sich diese befinden. Andererseits soll geklärt werden, ob die Wikipedia für Studierende der germanistischen Mediävistik als Erstinformationsquelle oder sogar Erstübersicht ausreichend ist.

Die beiden Begriffe werden in diesem Zusammenhang wie folgt definiert:

- Eine Erstinformationsquelle muss in der Lage sein, eine erste Orientierung, also eine grundlegende Verortung des Lemmas in Raum, Zeit und Fachkontext zu geben.
- Eine Erstübersicht soll bereits vertiefende Informationen enthalten und müsste daher auch einem Vergleich mit gedruckten Fachlexika standhalten können.

Um diese Fragen beantworten zu können, wird zunächst die Entwicklung der Enzyklopädie von der Antike bis hin zur modernen Digital-Enzyklopädie rekapituliert. Im Anschluss daran sollen die Geschichte, die Struktur und die Menschen hinter der Online-Enzyklopädie Wikipedia näher betrachtet werden. Dazu gehören auch die Erschließung des Qualitätsbegriffs der Wikipedia-Community sowie die Auseinandersetzung mit verschiedenen Studien, die sich bereits mit der Verlässlichkeit der Wikipedia beschäftigt haben.

Nach dieser Einführung wendet sich die Arbeit der Analyse jener Wikipedia-Artikel zu, die dem Fachbereich der germanistischen Mediävistik zugeordnet werden können. Die Analyse erfolgt in zwei Schritten:

Im Rahmen einer quantitativen Analyse sollen zunächst die Artikel und ihre Beschaffenheit in Zahlen erfasst werden. Anhand der so gewonnenen Metadaten sollen anschließend Rückschlüsse auf unterschiedliche Qualitätsaspekte gezogen werden, um eine pauschale Bewertung ihres Zustands vornehmen zu können.

In einer qualitativen Analyse werden dann einige Stichproben genauer betrachtet und mit gedruckten Fachlexika verglichen, auf die auch Studierende zugreifen würden bzw. sollten, um sich einen Erstüberblick zu verschaffen.

2 Geschichte der Enzyklopädie

2.1 Etymologie

Das Wort Enzyklopädie entstammt dem Griechischen und setzt sich aus *enkýklios* (= kreisförmig, allgemein; von *kýklos* (Kreis)) und *paideía* (= Lehre, Ausbildung; von *paîs (-idós)* (= Kind)) zusammen. Welche Bedeutung der Begriff *enkýklios paideía* im antiken Griechenland tatsächlich hatte, lässt sich heute schwer nachvollziehen[1]. Die Fachliteratur bietet verschiedene Deutungen an. Der Ursprung im griechischen Wort für Kreis könnte in Verbindung mit der Lehre einerseits – ähnlich wie heute – für allumfassende Bildung, den Kreis der Wissenschaften und Künste gestanden haben[2], andererseits wird dahinter auch ein Zusammenhang mit den damals sozial sehr bedeutungsvollen Gesängen und Tänzen, also eher mit der musischen Erziehung, vermutet.[3] Einigkeit herrscht hingegen darüber, dass sich anhand erster Sammlungen wie der *Disciplinae* von Varro aus dem 1. Jahrhundert vor Christus bis hin zum Werk des Martianus Capella im 5. Jahrhundert nach Christus die Entwicklung der *artes liberales* ablesen lässt, jenes Fächerbündels, welches später die Grundlage des mittelalterlichen Bildungssystems darstellt.[4] Als einer der Begründer enzyklopädischer Wissenssammlung gilt bis heute auch Isidor von Sevilla, der um 600 mit seiner Enzyklopädie *Etymologiarum sive originum libri XX*, kurz *Etymologiae*, ebenfalls einen Grundpfeiler für höhere Bildung im Mittelalter erschuf.[5]

Im Lateinischen *(encyclopaedia)* und davon abgeleitet im Französischen *(encyclopédie)* wird das Wort schon früh als Bezeichnung für die Grundlehre der Wissenschaften und Künste verwendet. Aus dem Französischen wird es schließlich im 16. Jahrhundert gleichbedeutend ins Deutsche entlehnt. *Enzyklopädie* dient fortan als Bezeichnung für Lehrwerke, in denen die gesammelte Fachliteratur zu einem Wissensgebiet zusammengefasst wird. Seit dem 18. Jahrhundert wird unter dem Begriff *Enzyklopädie* schließlich eine umfassende Sammlung des Weltwissens

---

1 Vgl. Gero von Wilpert: Sachwörterbuch der Literatur. 8., verb. u. erw. Aufl. Stuttgart: Kröner 2001, S. 216.

2 Vgl. Ebda.

3 Vgl. Heinz Meyer: Enzyklopädie. In: Sachlexikon Literatur. Hrsg. von Volker Meid. München: DTV 2000, S. 216.

4 Vgl. Christel Meier: Enzyklopädie. In: Reallexikon der deutschen Literaturwissenschaft. Neubearbeitung des Reallexikons der deutschen Literaturgeschichte. Band I. A-G. Hrsg. von Klaus Weimar. Berlin, New York: de Gruyter 2007, S. 451.

5 Vgl. Meier: Enzyklopädie, S. 451f.

verstanden. Das Wort *Lexikon* wird heute häufig analog verwendet, obwohl der griechische Wortursprung *lexikón* (Wörterverzeichnis)[6] im Grunde ein reines Wörterbuch beschreibt. Tatsächlich entwickelte sich die heutige Form der alphabetisch geordneten Druckenzyklopädie aus Wörterbüchern und Konversationslexika. Spätestens mit der Alphabetisierung der zuvor systematisch organisierten Enzyklopädie verschmolzen die beiden Begriffe zunehmend. Einen guten Einblick in den allgemeinen Sprachgebrauch gibt hier der Fremdwörter-Duden. Vor allem die Begriffe *Enzyklopädie* und *Konversationslexikon* nehmen nicht nur Bezug aufeinander, im Artikel zum Konversationslexikon wird dem Verweis auf den Begriff *Enzyklopädie* kein *vgl.* mehr vorangestellt, was auf eine Gleichbedeutung schließen lässt:

„**En|zy|k|lo|pä|die** […]: übersichtliche u[nd] umfassende Darstellung des gesamten vorliegenden Wissensstoffs aller Disziplinen od[er] nur eines Fachgebiets in alphabetischer od[er] systematischer Anordnung; vgl. Konversationslexikon“[7]

„**Kon|ver|sa|ti|ons|le|xi|kon** […]: alphabetisch geordnetes Nachschlagewerk zur raschen Information über alle Gebiete des Wissens; Enzyklopädie“[8]

Ein kleiner Unterschied bleibt in der Definition der Ordnung jedoch bestehen: Während eine Enzyklopädie sowohl systematisch als auch alphabetisch geordnet sein kann, muss ein Konversationslexikon weiterhin alphabetisch geordnet sein.

2.2 Entwicklung

Auch wenn sich *Enzyklopädie* als explizite Bezeichnung für eine schriftliche Wissenssammlung erst im 15. und 16. Jahrhundert etabliert[9], beginnt ihre Geschichte doch weit früher. Als erste Enzyklopädie gilt jene des Speusippos, eines Neffen und Schülers Platons. In der Antike und im Mittelalter entwickeln sich die Schriften weiter und mit ihnen durch

---

6 Vgl. Hans-Albrecht Koch: Lexikon. In: Reallexikon der deutschen Literaturwissenschaft. Neubearbeitung des Reallexikons der deutschen Literaturgeschichte. Band I. A-G. Hrsg. von Harald Fricke. Berlin, New York: de Gruyter 2007, S. 414.

7 Enzyklopädie. In: Duden. Das Fremdwörterbuch. 9., aktual. Aufl. Hrsg. von der Dudenredaktion. Mannheim [u.a.]: Dudenverlag 2007. (= Der Duden in zwölf Bänden. 5.) S. 280.

8 Konversationslexikon. Ebda, S. 562.

9 Vgl. Wilpert: Sachwörterbuch der Literatur, S. 216.

Autoren wie Marcus Terentius Varro oder Martianus Capella auch die *artes liberales*, die später um die *artes mechanicae* und die Jurisprudenz erweitert werden. Isidor von Sevilla fügt in seiner 20 Bände umfassenden *Etymologiae* dem bis dahin bekannten Kanon im 7. Jahrhundert noch weitere Themen hinzu, wie Medizin, Religion und Naturwissenschaft.[10] Hier kann auch bereits die gemeinsame Entwicklung und Verflechtung der Begriffe *Lexikon* und *Enzyklopädie* beobachtet werden. Bis zur *Eymologiae* waren Lexika reine Glossare gewesen. Isidor jedoch reichert sein Wörterbuch mit Sachwissen an und ordnet es nicht mehr alphabetisch, sondern systematisch, was dazu führt, dass es heute weitgehend als Enzyklopädie angesehen wird[11].

Auf Isidors Grundlage entwickelt Hrabanus im 9. Jahrhundert den Prototypen der mittelalterlichen Enzyklopädie, indem er „die Seinshierarchie in der Ordnung des Werkes ab[...]bildet und die Allegorisierung der Realien hinzu[...]fügt"[12]. Im Spätmittelalter führt der Einfluss aristotelischer und arabischer Wissenschaftsprinzipien und differenzierterer Praxisbezüge schließlich zu einer neuen Form der Verwissenschaftlichung, die unter anderem in der umfangreichsten Enzyklopädie des Mittelalters, dem *Speculum maius* des Vinzenz von Beauvais, zum Tragen kommt. Quellenverweise, Registerhilfen und Alphabetisierung vereinfachen den Gebrauch und machen die Enzyklopädie, die nun auch vermehrt volkssprachlich verfasst wird, nach und nach „zum multifunktionalen Nachschlagewerk einerseits, zum für Laien oder die Laienunterweisung eingerichteten Weltspiegel andererseits"[13]. Trotz dieser steten Entwicklung überwiegen bis zur Aufklärung lateinische Enzyklopädien, während ihre volkssprachlichen Pendants zunächst für ein Laienpublikum bestimmte Bearbeitungen lateinischer Vorlagen bleiben, wie zum Beispiel das *Puoch von den naturleichen dingen* (1349/50) Konrads von Megenberg, das wie seine lateinische Vorlage *Liber de natura rerum* nach wie vor in der Tradition des Hrabanus steht. Auch bleibt es im Mittelalter weiterhin bei der systematischen Ordnung nach Rangfolge göttlicher vor weltlichen Dingen. Erst die Humanisten brechen mit dieser Hierarchisierung.[14]

---

10 Vgl. Meier: Enzyklopädie, S. 451f.

11 Hinweis: Aufgrund seiner wichtigen Rolle als Enzyklopädist war Isidor von Sevilla seit 2000 als Schutzpatron des Internet vorgeschlagen worden. Eine endgültige Entscheidung wurde aber bisher nicht getroffen. URL: https://www.heiligenlexikon.de/Aktuell/Heilige_Cyberspace.html [Stand: 20.01.2016]

12 Ebda, S. 451f.

13 Ebda, S. 452.

14 Vgl. Jürgen Mittelstraß: Enzyklopädie. In: Enzyklopädie Philosophie und Wissenschaftstheorie 1. A-G. Hrsg. von Jürgen Mittelstraß. Mannheim [u.a.]: B.I. Wissenschaftsverlag 1980, S. 558.

Mit dem Aufkommen aufklärerischer Bestrebungen nimmt die Verwissenschaftlichung zu. Zugleich wird der systematische Aufbau zugunsten der organisatorisch einfacher zu handhabenden Alphabetisierung nach und nach aufgegeben. In Deutschland entsteht im 18. Jahrhundert unter anderem das *Grosse vollständige Universal-Lexicon der Wissenschafften und Künste*, herausgegeben von und benannt nach Johann Heinrich Zedler und von Johann Christoph Gottsched übersetzt und kommentiert[15]. Als Höhepunkt dieser Entwicklungen wird die Entstehung der *Encyclopédie ou Dictionnaire raisoné de sciences, des arts et des métiers* betrachtet, die von Denis Diderot und Jean le Rond D'Alembert initiiert wird und

> nicht nur durch ihr verlegerisches Volumen u[nd] die Qualifikation der Initiatoren u[nd] Mitarbeiter, sondern auch durch das aufklärerische Engagement u[nd] die Innovationen bei der Darstellung der technisch-prakt[ischen] Künste [...] die vergleichbaren Unternehmungen der Zeit überragt.[16]

Diese Nachschlagewerke wenden sich zwar an ein per se wissenschaftlich gebildetes Publikum, verfolgen aber auch bereits den Zweck, die Bildung der bürgerlichen Gesellschaft zu fördern, wodurch die Enzyklopädie zusätzlich eine praktisch-politische Rolle einnimmt, bezeichnet Robespierre Diderots *Encyclopédie* doch als Einleitungskapitel der Revolution.[17]

Im Anschluss an die Aufklärungszeit lassen sich die folgenden drei Arten von großen Nachschlagewerken unterscheiden[18]:

1. **Universal- und Konversationslexika:** Popularisierte Nachschlagewerke, wie sie ausgehend von Friedrich Arnold Brockhaus (Erstausgabe 1809) oder Joseph Meyer (Erstausgabe 1839-55) bis ins 21. Jahrhundert von lexikografischen Unternehmen weitergeführt werden.

2. **Spezial- und Fachenzyklopädien:** Fachlich spezialisierte Enzyklopädien, die auch für die Abgrenzung der heutigen akademischen Disziplinen eine maßgebliche Rolle spielen, wie zum Beispiel *Encyklopädie und Methodologie der philologischen Wissenschaften* von August Boeckh[19] am Beginn des 19. Jahrhunderts.

---

15 Vgl. Grosses vollständiges Universal-Lexicon aller Wissenschafften und Künste, welche bisher durch menschlichen Verstand und Witz erfunden worden. Hrsg. von Johann Heinrich Zedler. 64 Bde. Leipzig: Zedler 1732-1754.

16 Meyer: Enzyklopädie, S. 218.

17 Vgl. Mittelstraß: Enzyklopädie, S. 559.

18 Vgl. Meier: Enzyklopädie, S. 452.

19 Vgl. August Boeckh: Encyklopädie und Methodologie der philologischen Wissenschaften. Hrsg. von Ernst Bratuscheck. Leipzig: Teubner 1877.

3. **Philosophische Enzyklopädien:** begründet von Kant, Hegel und ihren Anhängern, die Philosophie als Wissenschaft von den Wissenschaften begreifen, insbesondere Hegels 1817 erstmals erschienene dreiteilige *Enzyklopädie der philosophischen Wissenschaften im Grundrisse*[20].

Die heutige Form der weltweit verfügbaren Online-Enzyklopädie steht somit in der Tradition der ersten Gruppe, der Universal- und Konversationslexika, die – wie bereits im Kapitel zur Etymologie ausgeführt – insgesamt die Basis des heute verbreiteten Enzyklopädiebegriffs bilden. Konversationslexika entwickeln sich im 18. und 19. Jahrhundert – wie der Name bereits vermuten lässt – als Grundlage gelehrter Unterhaltungen[21]. Sie richten sich explizit nicht mehr an ein exklusives Gelehrtenpublikum, sondern an die Allgemeinheit. Titel wie „Gemeinnütziges Lexikon für Leser aller Klassen"[22], „Neues Konversations-Lexikon für alle Stände"[23] oder „kurz gefasstes Handwörterbuch für die in der gesellschaftlichen Unterhaltung aus den Wissenschaften und Künsten vorkommenden Gegenstände"[24] sprechen ein interessiertes Laienpublikum an, das gewillt ist, die alltäglich aufgeschnappten Wissensfragmente aus Zeitungen und Unterhaltungen zu reflektieren und zu hinterfragen.[25] Mit der Veränderung des Zielpublikums geht auch eine Debatte über den allgemeinen Bildungsbegriff einher: Hatten sich Enzyklopädien bis dahin rein die Vermittlung von Wissen auf die Fahnen geheftet, so will das moderne Konversationslexikon auch das Verständnis für Zusammenhänge fördern. Seine Verfasser und Herausgeber kritisieren die Rolle des Lexikons als eines reinen Gedächtnisspeichers und begreifen Bil-

---

20 Vgl. Georg Wilhelm Friedrich Hegel: Enzyklopädie der philosophischen Wissenschaften im Grundrisse (1817). Hrsg. von Wolfgang Bonsiepen [u.a.]. Hamburg: Meiner 2000. (= Gesammelte Werke. 13.)

21 Vgl. ebda.

22 Johann Roth: Gemeinnütziges Lexikon für Leser aller Klassen, besonders für Unstudierte; oder kurze und deutliche Erklärung der, in mündlichen Unterhaltungen und in schriftlichen Aufsätzen gebräuchlichsten Ausdrücke und Kunstworte; in alphabetischer Ordnung. 2 Bde. Halle: Regersche Buchhandlung 1807.

23 Neues Konversations-Lexikon für alle Stände. 15 Bände. Hrsg. von Herrmann Meyer. Hildburghausen: Bibliographisches Institut 1857-1861.

24 Conversations-Lexicon oder kurz gefaßtes Handwörterbuch für die in der gesellschaftlichen Unterhaltung aus den Wissenschaften und Künsten vorkommenden Gegenstände mit besonderer Rücksicht auf die Ereignisse der älteren und neueren Zeit. 6 Bände. Hrsg. von Arnold Brockhaus. Amsterdam: Kunst- und Industrie-Comptoir 1809.

25 Vgl. Meike Jaschniok: Wikipedia und ihre Nutzer. Zum Bildungswert der Online-Enzyklopädie. Marburg: Tectum 2007, S. 95–104.

dung als selbstreflexiven Prozess, welchem eine moderne Enzyklopädie Rechnung zu tragen habe.[26]

Mit der Entstehung der großen Universalenzyklopädien Anfang des 19. Jahrhunderts geht die Falschannahme einher, dass diese in objektiver Weise das Gesamtwissen der Gesellschaft abbilden würden. Tatsächlich ist das in einer Druckenzyklopädie „dargestellte Wissen jedoch immer als das Ergebnis eines Selektions- und Konstruktionsprozesses aufzufassen"[27], denn der Verlag entscheidet darüber,

> was *wissenswert* und damit der Archivierung wert ist und was nicht. Dabei wirken auf diesen Konstruktionsprozess unter anderem Faktoren wie *Prätexte,* hierzu zählen insbesondere bereits existierende Enzyklopädien, sowie das gesellschaftliche Umfeld mit dessen ideellen Werten, Relevanzen und Moden ein.[28]

Gedruckte Enzyklopädien sind außerdem teuer und werden bis weit ins 20. Jahrhundert hinein als Statussymbol gut situierter Haushalte angesehen. Wenngleich die Konversationslexika schon viel weiter in die Gesellschaft reichen, sind sie ärmeren Schichten weiterhin nur schwer zugänglich.

2.3 Von der gedruckten Universalenzyklopädie zur Online-Enzyklopädie

Dieselben Gründe, die den Konversationslexika im 19. Jahrhundert zu ihrem Erfolg verhalfen, bedingten im ausgehenden 20. Jahrhundert neben anderen Faktoren den Aufschwung der digitalen Enzyklopädie: kostengünstigere Anschaffung und schnellerer Zugriff auf das gesuchte Wissen durch einfachere Suchmöglichkeiten.

> Das Suchen und Finden eines bestimmten Eintrags in einer alphabetischen [sic!] geordneten Enzyklopädie ist freilich ein relativ aufwändiges Verfahren, da der Nutzer die Buchstabenkombination des gesuchten Stichwortes analysierend zuerst den richtigen Band auswählen, in diesem die richtige Seite nachschlagen und auf der Buchseite schließlich den gesuchten Artikel

---

26 Vgl. Ulrike Spree: Das Streben nach Wissen. Eine vergleichende Gattungsgeschichte der populären Enzyklopädie in Deutschland und Großbritannien im 19. Jahrhundert. Tübingen: Niemeier 2000. (= Communi-catio. Studien zur europäischen Literatur- und Kulturgeschichte. 24.) S. 74.

27 Olaf Gätje: Von der Enzyklopädie zu Wikipedia. In: Neue Medien – neue Formate. Ausdifferenzierung von Konvergenz in der Medienkommunikation. Hrsg. von Hans-Jürgen Bucher, Thomas Gloning und Katrin Lehnen. Frankfurt am Main: Campus 2010. (= Interaktiva. 10.) S. 286.

28 Ebda.

> finden muss – ein häufig als mühevoll empfundener Prozess, dem ein ernsthaftes Erkenntnisinteresse zu Grunde liegen muss.[29]

Verschaffte einst die alphabetische Ordnung dem Konversationslexikon gegenüber systematisch geordneten Enzyklopädien einen Vorteil, so wird durch die einfache Suche der Lemmata auf digitalen Plattformen die Orientierung für Nutzer weiter erleichtert. Selbst das Suchen nach alphabetischen Zeichenfolgen ist nicht mehr zwingend nötig, denn es genügt, den Begriff in das Suchfeld einzugeben, um zum gewünschten Ergebnis zu kommen.

Diese vereinfachten Suchmöglichkeiten in Kombination mit der rasanten technischen Entwicklung mobiler Geräte, die nahezu immer und überall einen Zugriff auf laufend aktualisierte Online-Plattformen erlauben, drängen das Medium Buch am Enzyklopädiemarkt immer weiter zurück. Zudem ist eine Druckenzyklopädie teuer: *Der Große Brockhaus* (21. Auflage) ist gebraucht ab 2.000 Euro erhältlich, die *Encyclopædia Britannica* (16. Auflage, überarbeitet 2006) ebenfalls gebraucht ab rund 2.500 Euro.[30]

Am Beispiel der jüngsten Geschichte des Brockhaus werden die Auswirkungen der veränderten Marktgegebenheiten deutlich: Die Verkaufszahlen der 21. Auflage waren so enttäuschend, dass der Verlag 2008 – genau 200 Jahre nach dem Erscheinen der ersten Ausgabe im Jahr 1808 – bekannt gab, er werde keine weiteren gedruckten Ausgaben mehr produzieren. 2009 wurde der Verlag *Bibliographisches Institut & F. A. Brockhaus* schließlich zerschlagen und die Brockhaus-Markenrechte an die Bertelsmann-Tochter *Arvato/wissenmedia GmbH* abgetreten[31]. Zugleich wurde eine werbefinanzierte und somit für die Nutzer kostenlose Online-Ausgabe angekündigt, die jedoch nicht realisiert werden konnte[32]. Stattdessen versuchte man sich am digitalen Markt mit der Software *Brockhaus multimedial premium 2010*, einer DVD-Version in Verbindung mit einem laufend aktualisierten Online-Portal, zu positionieren, doch auch diese ließ sich nicht mehr auf dem Markt verankern. Der Buch-

---

29 Gätje: Von der Enzyklopädie zu Wikipedia, S. 291.

30 Preise des Brockhaus und der Encyclopædia Britannica erhoben auf Amazon.de. URL: https://www.amazon.de/%20Brockhaus-Enzyklop%C3%A4die-in-30-B%C3%A4nden/dp/3765341401/ref=sr_1_15?ie=UTF8&qid=142962%202823&sr=8-15&keywords=der+gro%C3%9Fe+brockhaus [Stand: 07.09.2015]

31 Vgl. Wikipedia: Bibliographisches Institut & F. A. Brockhaus. URL: https://de.wikipedia.org/w/index.php?title=Bibliographisches_Institut_%26_F._A._Brockhaus&oldid=139737184 [Stand: 21.04.2015]

32 Vgl. Endgültiges Aus. Der gedruckte Brockhaus ist Geschichte. URL: http://www.focus.de/kultur/buecher/medien-der-gedruckte-brockhaus-ist-geschichte_id_4065445.html [Stand: 22.04.2015]

vertrieb wurde 2014 letztendlich zur Gänze eingestellt[33]. Die Enzyklopädie existiert gegenwärtig noch als kostenpflichtige, multimediale Online-Enzyklopädie unter dem Namen *Brockhaus Wissensservice*[34] und hat sich auf „Schulen, wissenschaftliche Bibliotheken, Wirtschaftsunternehmen und öffentliche Einrichtungen"[35] spezialisiert. Die Aktualisierung der Online-Produkte wird vom Direktvertriebsunternehmen *inmediaONE] GmbH* auch weiterhin gewährleistet[36]. Wie lange, wird allerdings nicht konkret genannt.

Das Medium Buch scheint also als Träger „des gesamten vorliegenden Wissensstoffs aller Disziplinen"[37] ausgedient zu haben. So prophezeien es zumindest Experten: „We'll need to rely on Wikipedia in the future because the other sources of information are disappearing. Even if they hang on, they will fail to maintain their model of expert authorship and guaranteed authority."[38]

Auch wenn es manchmal so scheint, die Wikipedia ist bei weitem nicht die einzige Online-Enzyklopädie. Das freie Internetverzeichnis DMOZ nennt insgesamt 13 deutschsprachige allgemeine Enzyklopädien, die online verfügbar sind[39]. Unter diesen teils kostenpflichtigen, teils freien Lexika finden sich neben der Wikipedia auch andere Beispiele für Online-Wissensplattformen wie zum Beispiel *wissenswertes.de* oder *wissen.de* (von Bertelsmann), außerdem einige Kinderlexika (z.B. *Lexolino*) oder Sammlungen digitalisierter Enzyklopädien (z.B. *Peter Hug – eLexikon*).

---

33 Vgl. Endgültiges Aus. Der gedruckte Brockhaus ist Geschichte.

34 Brockhaus Wissensservice. URL: http://www.brockhaus-wissensservice.com [Stand: 21.04.2015]

35 Ebda.

36 Vgl. Impressum. inmediaONE]. URL: http://www.inmediaone.de/service/im pressum [Stand: 10.09.2015]

37 Enzyklopädie: Duden, Das Fremdwörterbuch, S. 280.

38 Andrew Dalby: The World and Wikipedia. How we are editing reality. Siduri: Somerset 2009, S. 203.

39 Vgl. DMOZ. Top. World. Deutsch. Wissen. Enzyklopädien. URL: http://www.dmoz.org/World/Deutsch/ Wissen/Enzyklop%C3%A4dien/ [Stand: 07.09.2015]

3 Wikipedia

3.1 Web 2.0 – grenzenlose Freiheiten

Der Entstehung der Wikipedia ging eine regelrechte Revolution des Internets voraus, die heute als die Entwicklung des Web 2.0 bezeichnet wird. Wenngleich man sich für den Begriff des Software-Jargons bediente, um zu suggerieren, dass sich das Internet damit in ein neues Zeitalter bewegt hatte, handelt es sich dabei nicht um eine spezifische Software. Vielmehr werden alle Internetplattformen, die über die einseitige Bereitstellung und Konsumation von Inhalten hinausgehen und eine Interaktion erlauben, unter diesem Begriff zusammengefasst. „Von seinen Protagonisten wurde das sogenannte *Web 2.0* – etwas sprechender auch als *Mitmach-Netz* bezeichnet – zum nichtkommerziellen, egalitären und genuin demokratischen Gegenentwurf zum *WorldWideWeb* stilisiert.“[40] Die ursprüngliche Idee dahinter stammt aus der Softwareentwicklung. Man wollte Entwicklungskosten minimieren, indem die User selbst zu Beta-Testern und zu Mitentwicklern der Software gemacht wurden, letzteres zumeist durch die Möglichkeit, den Entwicklern direkt und unkompliziert Rückmeldungen geben zu können. In manchen Fällen wurden aber auch tatsächlich Werkzeuge zur individuellen Weiterentwicklung durch die Nutzer selbst zur Verfügung gestellt.[41] Damit einher ging auch eine grundlegende Veränderung der Datenstruktur. Während zuvor Daten und Software auf einzelnen lokalen Rechnern gespeichert wurden, ermöglichen Web 2.0-Anwendungen die Zusammenführung unterschiedlichster Quellen:

> The new software architecture makes it possible to an unprecedented degree, not only to combine content from different points in the network, but also software modules. […] i.e. Internet pages where the different parts (graphics, text, the contents of databanks, software, interactive elements, etc.) come from different sources.[42]

Beispiele für Web 2.0-Anwendungen sind heute mannigfaltig: Blogs, Microblogging-Plattformen (z.B. *Twitter*), soziale Netzwerke (z.B. *Facebook*), Clouds (z.B. *Amazon*), Wikis (z.B. *Wikipedia*) oder Podcasts (z.B. *YouTube*), um nur einige zu nennen, sind längst zu einem wichtigen Bestandteil moderner Kommunikation und globalen Wissenstransfers geworden.

---

40 Gätje: Von der Enzyklopädie zu Wikipedia, S. 286f.

41 Vgl. René König, Michael Nentwich: Cyberscience 2.0. Research in the Age of Digital Social Networks. Frankfurt, New York: Campus 2012. (= Interaktiva. 11.) S. 5.

42 Ebda.

Die Begriffe *Open Source* und *Open Content* (engl. *open* = offen, frei; *source* = Quelle; *content* = Inhalt) sind eng mit dem Web 2.0 verbunden. Wie der Name bereits sagt, werden hier Software und/oder Inhalte kostenlos und meist rechtefrei zur Verfügung gestellt. *Open Source*-Produkte wie *Mozilla* oder *Open Office* entstehen durch die weltweite Zusammenarbeit engagierter Programmierer, die mit den frei zugänglichen Quellcodes der jeweiligen Programme individuell weiterprogrammieren können. Die dahinterstehenden Communitys oder Firmen sorgen anschließend dafür, dass gute Weiterentwicklungen in das Endprodukt einfließen. Eines der größten *Open-Source*-Portale, *www.sourceforge.net,* verzeichnet täglich etwa vier Millionen Downloads. Laut eigenen Angaben arbeiten rund 3,4 Millionen Entwickler weltweit an rund 324.000 Projekten.[43] Die so entwickelte Software wird größtenteils kostenlos zur Verfügung gestellt. In einigen Fällen wird das kollektive Knowhow aber auch für kommerziell vertriebene Software eingesetzt. Ein omnipräsentes Beispiel dafür ist das Mobil-Betriebssystem *Android,* das auf der freien Software *Linux* basiert.

Open Content entsteht ebenfalls in Gemeinschaftsarbeit und wird auf Plattformen wie in der Wikipedia oder auf *WikiCommons* gesammelt und kostenlos angeboten. Diese frei zugänglichen Inhalte erstrecken sich von einfachen Texten über Fotos und Videos bis hin zu ganzen Büchern, wobei es sich zum einen um reine Sammlungen, wie *WikiCommons* oder *WikiBooks,* zum anderen aber auch um kollektiv entwickelte Inhalte wie bei der Wikipedia handeln kann.

3.2 Das *copyleft*-Prinzip

Wer sich an der Wikipedia aktiv beteiligt, muss sich also darüber im Klaren sein, dass dort – wie in vielen anderen Anwendungen des Web 2.0 – das Prinzip des *copyleft* zur Anwendung kommt. Die Wortkreation wurde vom englischen Wort *copyright* (Urheberrecht) abgeleitet und bedeutet „anstatt Rechte auf ein Werk zu erheben, werden die Rechte daran explizit weitergegeben“[44]. Die Grundidee dahinter ist, dass alle Inhalte ohne urheberrechtliche Bedenken verwendet, verändert und weitergegeben werden können, um so die Nutzung zu vereinfachen und ein breiteres Publikum und damit auch mehr potentiell Mitwirkende zu erreichen. Die rechtliche Grundlage dafür bilden die jeweiligen Lizenzen,

43 Vgl. Sourceforge. About. URL: http://sourceforge.net/about [Stand: 09.12.2013]

44 Günter Schuler: Wikipedia inside. Die Online-Enzyklopädie und ihre Community. Münster: Unrast 2007, S. 36.

unter die eine Web 2.0-Seite ihre Inhalte stellt. Im Hauptartikel zu Wikipedia heißt es zum Beispiel:

> Alle Inhalte der Wikipedia stehen unter freien Lizenzen – Artikeltexte unter der GNU-Lizenz für freie Dokumentation sowie seit dem 15. Juni 2009 auch unter der Creative-Commons-Attribution-ShareAlike-Lizenz (CC-BY-SA), Bilder unter unterschiedlichen Lizenzen – und können somit (unter bestimmten Bedingungen) kommerziell genutzt, verändert und verbreitet werden.[45]

Wer einen Wikipedia-Artikel online stellt oder bearbeitet, bestätigt damit folgende Klausel:

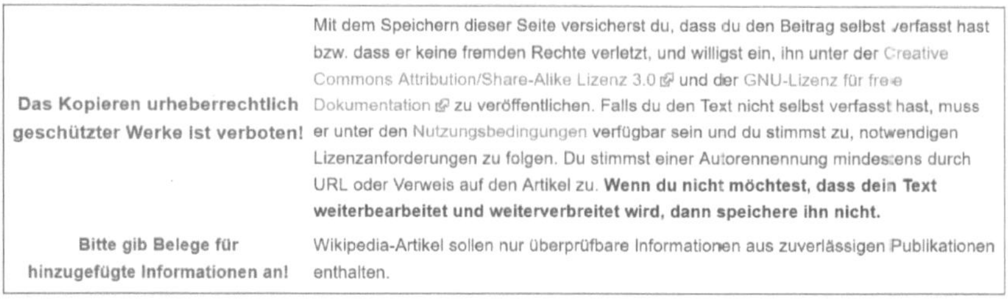

Das Kopieren urheberrechtlich geschützter Werke ist verboten!	Mit dem Speichern dieser Seite versicherst du, dass du den Beitrag selbst verfasst hast bzw. dass er keine fremden Rechte verletzt, und willigst ein, ihn unter der Creative Commons Attribution/Share-Alike Lizenz 3.0 und der GNU-Lizenz für freie Dokumentation zu veröffentlichen. Falls du den Text nicht selbst verfasst hast, muss er unter den Nutzungsbedingungen verfügbar sein und du stimmst zu, notwendigen Lizenzanforderungen zu folgen. Du stimmst einer Autorennennung mindestens durch URL oder Verweis auf den Artikel zu. **Wenn du nicht möchtest, dass dein Text weiterbearbeitet und weiterverbreitet wird, dann speichere ihn nicht.**
Bitte gib Belege für hinzugefügte Informationen an!	Wikipedia-Artikel sollen nur überprüfbare Informationen aus zuverlässigen Publikationen enthalten.

Abbildung 1: Wikipedia: Rechtshinweis am Ende des Bearbeitungsvorgangs

Und am Ende jeder Seite der Wikipedia wird darauf Bezug genommen:

> Der Text ist unter der Lizenz ‚Creative Commons Attribution/Share Alike' verfügbar; Informationen zu den Urhebern und zum Lizenzstatus eingebundener Mediendateien (etwa Bilder oder Videos) können im Regelfall durch Anklicken dieser abgerufen werden. Möglicherweise unterliegen die Inhalte jeweils zusätzlichen Bedingungen. Durch die Nutzung dieser Website erklären Sie sich mit den Nutzungsbedingungen und der Datenschutzrichtlinie einverstanden.[46]

Hinter den Lizenzen verbergen sich viele juristische Einzelheiten, die für den reinen Leser der Wikipedia keine Rolle spielen, den Mitwirkenden jedoch zumindest im Groben vertraut sein sollen. Antworten auf die am häufigsten gestellten Fragen geben die *FAQ*s in den Hilfeseiten der Wikipedia wie zum Beispiel *Hilfe:FAQ Rechtliches*[47] oder *Hilfe:FAQ zu Bildern*[48].

---

45 Wikipedia: Wikipedia. URL: https://de.wikipedia.org/w/index.php?title=Wikipedia&oldid=145823106 [Stand: 08.09.2015]

46 Ebda. Anm.: Dieser Text findet sich mit Stand 08.09.2015 am Ende jedes Artikels der Wikipedia.

47 Wikipedia: Hilfe:FAQ Rechtliches. URL: https://de.wikipedia.org/wiki/Hilfe:FAQ_Rechtliches [Stand: 08.09.2015]

48 Wikipedia: Hilfe:FAQ zu Bildern. URL: https://de.wikipedia.org/wiki/Hilfe:FAQ_zu_Bildern [Stand: 08.09.2015]

Hier ein kurzer Überblick zu den wichtigsten Begriffen rund um die Lizenzen in der Wikipedia:

3.2.1 GNU-Lizenz für freie Dokumentation

Die *GNU-Lizenz für freie Dokumentation* war die erste von Wikipedia genutzte Lizenz, die den Grundstein für den *Open Content* der Online-Enzyklopädie legte. Ihr Ursprung liegt in der Dokumentation freier Software-Projekte. Es sollte gemäß der *Open Source*-Philosophie möglich sein, auch die Dokumentation rechtefrei offenzulegen und so der Allgemeinheit zur weiteren Verarbeitung zur Verfügung zu stellen. Die Lizenz wurde später auf den rechtefreien Inhalt der Wikipedia umgelegt. Allerdings war sie sehr kompliziert formuliert und lag rechtsgültig nur in englischer Sprache vor, weswegen sich die Wikipedia 2009 für einen Umstieg auf die neue *Creative Commons* Lizenz *CC-BY-SA* für alle vorliegenden Texte entschied.

3.2.2 Creative Commons

Der Begriff Creative Commons (abgekürzt CC) steht für schöpferisches Allgemeingut. Die gemeinnützige Organisation, die sich hinter diesem Begriff verbirgt, stellt neben der oben genannten CC-BY-SA-Lizenz weitere Lizenztypen zur Verfügung, die vor allem für Bilder zur Anwendung kommen. Welche Lizenz konkret hinter einem Bild liegt, ist in den Details am rechten unteren Bildrand abzulesen:

Abbildung 2: Wikipedia: Details zu Bildlizenzen

In diesem Beispiel steht das Bild unter der Lizenz *CC BY 3.0*, deren genauer Inhalt wiederum über den Hyperlink erreichbar ist.

Die Lizenzen der CC können sehr unterschiedliche Ausprägungen haben. „Je nach Modell erlaubt sein können: unbeschränkte Weiternutzung, Weiternutzung mit Ausnahme von Werbung, Nutzung ohne Nennung des Urhebernamens, Nutzung explizit nur mit Nennung und so weiter."[49]

49 Schuler: Wikipedia inside, S. 198.

Diese Details lassen sich bereits aus den Kürzeln im Namen der Lizenzen ablesen:

Icon	Kürzel	Name des Moduls	Kurzerklärung
	by	Namensnennung (englisch: Attribution)	Der Name des Urhebers muss genannt werden.
	nc	Nicht kommerziell (Non-Commercial)	Das Werk darf nicht für kommerzielle Zwecke verwendet werden, womit nach EU-Recht auch der Verkauf zum Selbstkostenpreis verboten wird.
	nd	Keine Bearbeitung (No Derivatives)	Das Werk darf nicht verändert werden.
	sa	Weitergabe unter gleichen Bedingungen (Share Alike)	Das Werk muss nach Veränderungen unter der gleichen Lizenz weitergegeben werden.

Abbildung 3: Wikipedia: Tabelle der Rechtemodule für CC-Lizenzen

Das Bild mit der Lizenz *CC-BY 3.0* (siehe Abbildung 2) darf also kommerziell genutzt werden, der Name des Urhebers muss aber dabei immer angegeben sein.

3.2.3 Public Domain

Noch einen Schritt weiter in Sachen Rechtefreiheit geht der Lizenztyp *Public Domain*. Hierbei handelt es sich um Inhalte, die völlig gemeinfrei zur Verfügung stehen, zum Beispiel jene, deren Urheberrecht zeitlich abgelaufen ist, weil der Urheber vor mehr als 70 Jahren verstorben ist (zum Beispiel „Melodien und Texte alter Folksongs oder etwa Bilder aus der Fin-de-siecle-Epoche.“[50]). Es ist aber auch möglich, dass Urheber ihre Inhalte freiwillig unter eine *Public Domain*-Lizenz stellen und so alle Rechte daran bewusst abtreten.

3.3 Die Wiki-Software

Eine weitere Grundlage der Wikipedia ist die Wiki-Software. Es handelt sich dabei um eine *Open-Source-*Software, die auf der radikalen Idee basiert, es jedem beliebigen User zu ermöglichen, die Inhalte einer Website frei nach seinen Vorstellungen zu gestalten. Der US-amerikanische Programmierer Ward Cunningham gilt heute als Begründer der Wiki-Software. Er war im Rahmen diverser internationaler Projekte auf der Suche nach einer einfachen und transparenten Möglichkeit, kollaborativ an Dokumentationen zu arbeiten, und stellte das erste Wiki, *WikiWikiWeb*, 1995

---

50 Schuler: Wikipedia inside, S. 198.

online.[51] Inzwischen existieren verschiedenste Weiterentwicklungen seiner Software. Wikis sollen laut ihrem Erfinder folgende Eigenschaften aufweisen[52]:

- **Simple – einfach:** für die Arbeit mit Wiki-Seiten sind keine Programmierkenntnisse nötig
- **Open – offen:** jeder Akteur kann den Inhalt frei bearbeiten
- **Incremental – inkrementell:** es ist möglich, auf noch nicht existierende Seiten zu verlinken, um so auf ihr Fehlen aufmerksam zu machen
- **Organic – organisch:** das System passt sich den Nutzern an und wächst mit der Gemeinschaft
- **Mundane – banal:** die Formatierungsmöglichkeiten sind auf ein notwendiges Minimum beschränkt
- **Universal – universell:** der Schreiber editiert und arrangiert die Information zugleich
- **Overt – offenkundig:** die Darstellung der Daten lässt unmittelbar auf den Quelltext schließen.
- **Unified – vereinheitlicht**: die Namen der Seiten sind ohne zusätzliche Informationen erfassbar
- **Precise – präzise:** die Titelvergabe der Seiten wird mit hinreichender Präzision vorgenommen, sodass Doppelvergaben ausgeschlossen werden können
- **Tolerant – tolerant:** nahezu jede Art von Nutzerverhalten ist erlaubt
- **Observable – beobachtbar:** alle Veränderungen können nachvollzogen werden
- **Convergent – zusammenlaufend:** ein Text mit vielen Autoren anstatt vieler Texte Einzelner zu einem Thema

In Wikis entsteht so also immer *User Generated Content* – also von den Benutzern generierter Inhalt, jedoch nicht zwangsweise *Open Content*, denn die Wiki-Software kann durchaus auch auf passwortgeschützten Seiten oder in Intranets implementiert werden, wenn kein freier Zugriff erwünscht ist. Viele Wikis sind abgeschlossen und nur einem kleinen Kreis

---

51 Vgl. Andrew Lih: The Wikipedia Revolution. How a bunch of nobodies created the world's greatest encyclopedia. New York: Hyperion 2009, S. 2.

52 Vgl. Ward Cunningham: Wiki Design Principles. URL: http://c2.com/cgi/wiki?WikiDesignPrinciples. Übersetzung der Definitionen: Angelika Kuchling. [Stand: 15.04.2015]

ausgewählter Akteure zugänglich. Andere wiederum stellen die Inhalte zwar öffentlich zur Verfügung, schränken jedoch die Benutzer, die diese abändern können, durch Berechtigungshierarchien ein.

Ein Beispiel für ein beschränktes Wiki ist die Seite *MediaeWiki*, eine Seite der Uni Freiburg, die dort von Lehrenden und Lernenden im Rahmen von Lehrveranstaltungen genutzt wird. Ziel der Seite ist es, historisches, kulturelles und literaturwissenschaftliches Wissen zum Mittelalter zu sammeln und sich darüber auszutauschen[53]. Die Inhalte sind frei zugänglich, die Bearbeitung oder Erstellung von Einträgen ist aber nur für registrierte User möglich.

3.4 Die Geschichte der freien Online-Enzyklopädie Wikipedia

Gerade das, was die Wikipedia heute so besonders, aber auch umstritten macht, nämlich die weitgehend ungeregelte Multiautorenschaft innerhalb einer Wiki-Umgebung, war am Beginn des Projekts nur ein Jux. Im Jahr 2000 begannen Jimmy Wales und Larry Sanger ihre Vision einer weltweit frei zugänglichen Online-Enzyklopädie in die Tat umzusetzen und stellten die *Nupedia*[54], eine statische Online-Enzyklopädie, deren Einträge vor ihrer Onlinestellung im Pear-Review-Verfahren ähnlich jenem bei Printenzyklopädien geprüft wurden, ins Netz. Im Laufe des Jahres wurden die beiden Initiatoren auf Cunninghams Wiki-Software aufmerksam. Zum Spaß stellten sie die *Nupedia* am 15. Januar 2001 unter der URL *wikipedia.com* als Wiki online. Völlig überraschend entwickelte sich dieses Experiment überaus schnell[55]. Das internationale Interesse war so groß, dass am Ende des ersten Jahres bereits rund 20.000 Artikel in 18 Sprachversionen existierten[56]. Im Schatten des rasanten Wachstums der Wikipedia wurde die *Nupedia*, die aufgrund des zeitaufwändigen redaktionellen Prozesses stagnierte, bereits 2003 wieder eingestellt, wobei alle

---

53 Vgl. MediaeWiki: Hauptseite. URL: http://mediaewiki.de/w/index.php?%20title=MediaeWiki_-_Das_Wiki_f%C3%BCr_Inhalte_der_Medi%C3%A4vistik&oldid=17188 [Stand: 09.09.2015]

54 Eine archivierte Version der Seite ist noch online unter http://web.archive.org/web/20030406021659/http:// www.nupedia.com/main.shtml [Stand: 12.09.2015]

55 Vgl. Wikipedia: Wikipedia. URL: https://de.wikipedia.org/w/index.php?title=Wikipedia&oldid=145836680 [Stand: 10.09.2015]

56 Vgl. Schuler: Wikipedia inside, S. 47.

Artikel, die zu diesem Zeitpunkt online waren – es waren lediglich 25 – in die Wikipedia übernommen wurden[57].

Die Wikipedia lebt seither die wohl radikalste Form der Wiki-Philosophie. Während die meisten Webseiten zumindest eine rudimentäre Registrierung ihrer User mit E-Mail-Adresse und Passwort verlangen, bevor diese Inhalte verändern und generieren dürfen, ist es in der Wikipedia möglich, ohne Identifizierung der eigenen Person oder zumindest Angabe von Kontaktdaten nahezu jeden Artikel beliebig zu editieren. Die einzige Spur, die ein anonymer Bearbeiter hinterlässt, ist die IP-Adresse des verwendeten Geräts.

Die Texte innerhalb der Wikipedia sind urheberrechtlich nicht geschützt. Sie stehen völlig frei zur Verfügung, eine Tatsache, die die Wikipedia und ihre Community als einen der Grundpfeiler des Projekts ansehen. Obwohl dies einerseits auch eine kommerzielle Weiterverwendung der Daten oder Missbrauch in jeglicher Form ermöglicht, leitet Andrew Lih, Verfasser des Buchs *The Wikipedia Revolution*, gerade von der Lizenzfreiheit einen unerwarteten Vorteil für die Wikipedia ab: Durch ihre Bestrebungen, kostenlos und frei zu bleiben, ermutige die Wikipedia viele Freiwillige zur Mitarbeit, da diese nicht das Gefühl hätten, eine spezifische Firma oder ein Individuum bereicherten sich daran. Für Lih liegt genau darin einer der Hauptgründe für das rapide Wachstum der Online-Enzyklopädie.[58] Auch der oben genannte unbeschränkte Zugang dient dem Zweck, die Beteiligung zu vereinfachen und damit zu fördern.

Noch viel zahlreicher als die Autoren der Wikipedia sind jedoch ihre Rezipienten. Im internationalen Vergleich liegt die Seite mit durchschnittlich 670 Millionen Aufrufen täglich[59] auf Platz sieben. Mehr Aufrufe verzeichnen lediglich *Google, Facebook, YouTube, Baidu* (eine chinesische Suchmaschine), *Yahoo* und *Amazon* (die Reihenfolge der Aufzählung entspricht dem Ranking).[60] Damit ist die von der gemeinnützigen *Wikimedia-Foundation* betriebene Wikipedia die meistgenutzte *Non-Profit*-Seite der Welt. Ziel der *Wikimedia-Foundation* ist es, Wachstum, Entwicklung und Verbreitung von freien, multilingualen Bildungsinhalten zu fördern, indem sie diese über ihre diversen Wiki-Projekte öffentlich und

57 Vgl. Wikipedia: Nupedia. URL: https://de.wikipedia.org/w/index.php?title=Nupedia&oldid=138931846 [Stand: 10.09.2015]

58 Vgl. Lih: The Wikipedia Revolution, S. 5.

59 Quelle: Pageviews for All Wikimedia Projects (mobile + desktop). Errechnet aus den monatlichen Pageviews im 1. Halbjahr 2015 (30 Tage pro Monat). URL: http://reportcard.wmflabs.org/#core-graphs-tab [Stand: 09.09.2015]

60 Vgl. Alexa. Top Sites. Global. URL: http://www.alexa.com/topsites/global [Stand: 24.05.2015]

kostenlos zugänglich macht[61]. Ein Blick auf einige dieser Projekte lässt erahnen, dass die Foundation dieses Ziel nicht nur auf Ebene der Enzyklopädie erreichen möchte:

- **Wikibooks** – eine Sammlung rechtefreier E-Books
- **Wiktionary** – ein internationales Wörterbuch für 130 Sprachen[62]
- **Wiki Commons** – eine Sammlung rechtefreier Bilder, Tabellen, Videos, Musik, gesprochener Texte und anderer Multimedia-Elemente
- **Wikisource** – Digitalisate und Transkriptionen von Quellen und Texten
- **Wikiversity** – freie Lehr- und Lernmaterialien für Schulen und Hochschulen

Insgesamt führt die Wikimedia 16 solche und ähnliche Projekte. Sie alle zeichnet aus, dass ihre Inhalte weitestgehend rechtefrei sind und in verschiedenen Sprachen zur Verfügung stehen[63].

Das bislang größte und erfolgreichste Wikimedia-Projekt bleibt allerdings die Wikipedia. Konkrete Zahlen zu einer solch dynamischen Webseite zu nennen, ist immer etwas müßig, da diese innerhalb kürzester Zeit nicht mehr aktuell sind. Nichtsdestotrotz sind sie beeindruckend und sollten an dieser Stelle nicht fehlen: Am 10. September 2015 enthält die deutschsprachige Wikipedia rund 1,85 Millionen Artikel[64] und wird von rund 2,25 Millionen registrierten Nutzern betreut, von denen etwa 18.500 in den letzten 30 Tagen aktiv daran gearbeitet haben.

3.5 Die Wikipedianer

Wer aber sind nun diese Menschen, die zu tausenden freiwillig und kostenlos an der Online-Enzyklopädie mitarbeiten? Diese Frage, die man sich unweigerlich stellt, sobald man sich eingehender mit der Wikipedia beschäftigt, lässt sich nur schwer beantworten. Lediglich ein kleiner Teil

---

61 Vgl. Wikimedia-Foundation. Startseite. URL: https://wikimediafoundation.org/w/index.php?title=Home&old id=102737 [Stand: 10.09.2015]

62 Vgl. Wiktionary: Wiktionary:Liste der Wiktionarys in anderen Sprachen. URL: https://de.wiktionary.org/wiki/Wiktionary:Liste_der_Wiktionarys_in_anderen_Sprachen [Stand: 12.11.2015]

63 Vgl. Our projects. Wikimedia-Foundation. URL: https://wikimediafoundation.org/w/index.php?title=Our_ projects&oldid=101350 [Stand: 10.09.2015]

64 Vgl. Wikipedia: Wikipedia:Statistik. URL: https://de.wikipedia.org/wiki/Spezial:Statistik [Stand: 10.09.2015]

der Wikipedianer macht Angaben zur eigenen Person. Zu den meisten liegen keine oder nur sehr wenige Daten vor.

Dass aber auch die Wikipedia-Gemeinde selbst gern mehr über ihre Mitglieder wissen möchte, zeigt sich anhand des Artikels *Wikipedia:Wikipedistik/Soziologie*[65]. *Wikipedistik* ist eine Projektseite innerhalb der Wikipedia, die wissenschaftliche Arbeiten zur Wikipedia sammelt und die Wissenschaftler untereinander vernetzt. Im oben genannten Artikel werden verschiedene Studien zur Sozialstruktur des Netzwerks präsentiert, allerdings liegen diese Erhebungen bereits einige Jahre zurück, denn die meisten wurden einer Befragung durch die Universität Würzburg im Jahr 2005 entnommen. Die angegebenen Links sind inzwischen nicht mehr aktiv.

Die *Wikimedia-Foundation* veröffentlichte 2011 eine Studie, basierend auf einer Onlinebefragung, an der sich Wikipedianer freiwillig beteiligen konnten, und stellte fest: „According to the data, if there is a typical Wikipedia editor, he has a college degree, is 30-years-old, is computer savvy but not necessarily a programmer, doesn't actually spend much time playing games, and lives in US or Europe."[66] Dass im angegebenen Zitat von einem "he" die Rede ist, ist beabsichtigt, denn vor allem der *Gender-Gap*, also die Kluft zwischen männlichen und weiblichen Mitwirkenden, ging aus dieser wie auch aus vielen anderen Studien klar hervor: 2011 waren nur 9% aller aktiven Mitwirkenden weiblich.

Die Studie stellte vor allem auch die Frage nach der Motivation für das Mitwirken an einer kostenlosen Online-Enzyklopädie: „Among those surveyed, 71% continue to contribute because they like the idea of volunteering to share knowledge. In addition, 69% of respondents believe information should be freely available, and 63% pointed out that contributing is fun."[67]

Auch der Kulturwissenschaftler Andreas Möllenkampf versuchte 2007 der Grundmotivation der Mitwirkenden auf den Grund zu gehen, indem er die zehn aktivsten Autoren (es handelte sich ausschließlich um

---

65 Wikipedia: Wikipedia:Wikipedistik/Soziologie. URL: https://de.wikipedia.org/w/index.php?title=Wikipedia:Wikipedistik/Soziologie&oldid=142737716 [Stand: 10.09.2015]

66 Mani Pande: Wikipedia Editors Study. Results from the Editors Survey 2011. URL: https://upload.wikimedia.org/wikipedia/commons/7/76/Editor_Survey_Report_-_April_2011.pdf. [Stand: 10.09.2015]

67 Ebda, S. 13.

männliche Teilnehmer) der deutschsprachigen Wikipedia interviewte[68]. Er stellte dabei fest, dass sie sich im Groben in drei Gruppen mit unterschiedlichen Zielen unterteilen ließen, die sich mit den oben genannten Gründen aus der Studie der *Wikimedia* decken:

- Die ***Open-Content*-Community**, für die das **zivilgesellschaftliche Engagement** Priorität hat.
- Die **Bildungsbürger und Enzyklopädisten**, die sich vermehrt der gewissenhaften Auseinandersetzung mit ihren Fachgebieten und dem **Bildungswert** der Enzyklopädie verschrieben haben.
- Die **Spieler**, für die die **Unterhaltung** im Vordergrund steht.

Die folgenden Aspekte spielten allerdings für nahezu alle zehn Interviewten in Möllenkampfs Untersuchung eine zentrale Rolle:

- **Der Sucht-Faktor**: die Verantwortung für den eigenen Artikel, dessen Verfolgung und Entwicklung, aber auch der Stress der permanenten Partizipation
- **Das Gefühl, Teil der Community zu sein**: der kollektive bzw. kommunikative Charakter der Wikipedia

Letzteres tritt nicht nur bei den zahlreichen Diskussionen zu einzelnen Artikeln zutage. Die Gemeinschaft der Wikipedianer trifft gemeinsam auch Entscheidungen, die Auswirkungen auf die gesamte Enzyklopädie haben können, einerseits indem sie durch demokratische Wahlen einzelnen Benutzern Sonderrechte geben oder entziehen, andererseits durch so genannte *Meinungsbilder*, über die allgemeine Fragen geklärt und Regeln vereinbart werden.

---

68 Vgl. Andreas Möllenkamp: Wer schreibt die Wikipedia? Die Online-Enzyklopädie in der Vorstellungs- und Lebenswelt ihrer aktivsten Autoren. Universität Leipzig, Mag.-Arb. 2007. S. 53–65. Online unter: http://www.cultiv.net/cultiv/index.php?id=633&docid=121 [Stand: 10.09.2015]

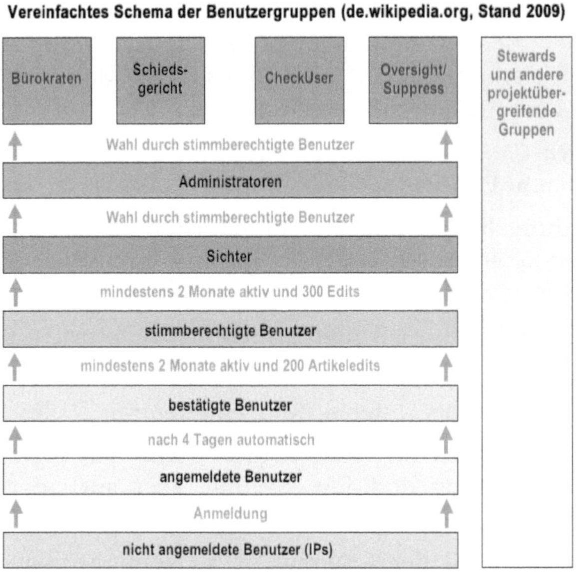

Abbildung 4: Übersicht der Wikipedia-Benutzergruppen

Innerhalb der Wikipedia-Community gibt es eine klare Hierarchie, die sich einerseits aus der Aktivität der User, andererseits durch demokratische Wahlen ergibt:

Insgesamt gibt es rund 20 verschiedene Benutzergruppen, die mit unterschiedlichen Rechten ausgestattet sind. Im Folgenden werden die wichtigsten kurz erläutert.

3.5.1 Nicht angemeldete, angemeldete und bestätigte Benutzer

Um Artikel editieren zu können, muss sich ein Benutzer in der Wikipedia nicht registrieren. In diesem Fall spricht man von *IPs*, denn es wird lediglich die IP-Adresse jenes Rechners gespeichert, von dem aus die Änderung durchgeführt wurde. Wer ein eigenes Benutzerprofil gestalten, Seiten beobachten, vor allem aber Teil der Community werden will, um zum Beispiel Diskussionen mit anderen Mitwirkenden führen zu können, hat die Möglichkeit, sich sehr einfach zu registrieren: Der Benutzername ist – sofern er nicht bereits in Verwendung ist – frei wählbar, ebenso das Passwort. Die Angabe einer E-Mail-Adresse ist optional. Das heißt, auch angemeldete Benutzer können anonym bleiben. Nach vier Tagen wird der Benutzer automatisch bestätigt und erhält zusätzliche Rechte, wie zum Beispiel das Verschieben von Seiten oder das Hochladen von Bildern.

In Bezug auf die Bearbeitung von Artikeln wird von Benutzern auch häufig als Autoren gesprochen. Der Autorenbegriff der Wikipedia schließt dabei nicht nur Textproduzenten, sondern auch User, die nur Korrekturen vornehmen oder diese im Rahmen von Diskussionen anregen, mit ein. Somit gilt jeder als Autor, der aktiv zur Verbesserung der Online-Enzyklopädie beiträgt. Die beiden Begriffe „Autor" und „Bearbeiter" werden in diesem Zusammenhang also synonym verwendet.

3.5.2 Stimmberechtigte Benutzer

Wie in Abbildung 4 ersichtlich, gibt es einige Rollen, die nur durch Wahlen erreicht werden können. Stimmberechtigt für diese Wahlen, aber auch für die Abstimmungen zu Meinungsbildern ist man automatisch unter folgenden Voraussetzungen:

- Der Benutzer ist angemeldet.
- Der Benutzer hat seit mindestens zwei Monaten aktiv mitgearbeitet.
- Der Benutzer hat mindestens 200 Bearbeitungen (Edits) im Artikelnamensraum vorgenommen, davon mindestens 50 in den letzten 12 Monaten.[69]

3.5.3 Sichter

Ähnlich geartet, wenn auch ein wenig umfangreicher sind die Kriterien, die ein Sichter erfüllen muss[70]. Im Unterschied zum stimmberechtigten User ist für diese Rolle eine aktive Bewerbung nötig, und der Status muss von einem Administrator bestätigt werden. *Gesichtete Versionen* führte die Wikipedia 2008 als Maßnahme gegen Vandalen ein. Jede Seite und jede Änderung einer Seite wird seither zunächst nur als Entwurf, als so genannte *Ungesichtete Version* gespeichert, die durch einen Sichter freigegeben werden muss. Bis das geschehen ist, wird beim Aufruf des Artikels weiterhin die letzte gesichtete Version angezeigt.

---

69 Wikipedia: Wikipedia:Stimmberechtigung. URL: https://de.wikipedia.org/w/index.php?title=Wikipedia:Stimmberechtigung&oldid=139327913 [Stand: 11.09.2015]

70 Vgl. Wikipedia: Wikipedia:Gesichtete Version. URL: https://de.wikipedia.org/w/index.php?title=Wikipedia:Gesichtete_Versionen&oldid=137749163 [Stand: 11.09.2015]

3.5.4 Administratoren

In einer Kollaboration mit so vielen Mitwirkenden ist es nötig, Kontrollinstanzen einzuführen, die im Streit- oder Schadensfall Entscheidungen treffen können. Eine der Rollen, die damit betraut sind, ist jene der Administratoren. Aktuell gibt es rund 250[71] Administratoren in der deutschsprachigen Wikipedia. Benutzer, die gewisse Mindestanforderungen erfüllen, wie zum Beispiel ein Jahr aktive Mitarbeit, Bearbeitungen im vierstelligen Bereich und vieles mehr, können sich der Wahl zum Administrator durch stimmberechtigte User stellen. Sie können:

- Seiten schützen und geschützte Seiten bearbeiten,
- Seiten löschen und gelöschte Seiten wiederherstellen,
- Benutzer zu Sichtern machen oder ihnen diesen Status entziehen,
- Benutzer oder IP-Adressen(-Bereiche) sperren und solche Sperren wieder aufheben,
- einzelne Versionen einer Seite blockieren, so dass diese nur noch für Administratoren einsehbar sind.[72]

Sie wirken außerdem häufig als entscheidende Instanz bei Lösch- oder Vandalismusdiskussionen.[73] Um die Rolle zu verlieren, muss ein Administrator entweder zurücktreten, abgewählt werden oder mindestens ein Jahr nicht aktiv sein.

3.5.5 Bürokraten

Eine Hierarchiestufe über den Administratoren stehen die Bürokraten. Auch sie werden von stimmberechtigten Benutzern gewählt und erhalten so zusätzliche Rechte wie die Ernennung anderer Benutzer zu Administratoren oder Bürokraten oder die Änderung von Benutzernamen. Im Gegensatz zu den Administratoren, die nach der ersten Wahl theoretisch ohne weitere Bestätigung im Amt bleiben können, sind Bürokraten verpflichtet, sich nach zwei Jahren erneut zur Wahl zu stellen.[74]

---

71 Vgl. Wikipedia: Spezial:Statistik. URL: https://de.wikipedia.org/wiki/Spezial:Statistik [Stand: 11.09.2015]

72 Vgl. Wikipedia: Wikipedia:Benutzer. URL: https://de.wikipedia.org/w/index.php?title=Hilfe:Benutzer&oldid=142701840 [Stand: 11.09.2015]

73 Vgl. Wikipedia: Wikipedia:Administratoren. URL: https://de.wikipedia.org/w/index.php?title=Wikipedia:Administratoren&oldid=143747537 [Stand: 11.09.2015]

74 Vgl. Wikipedia: Wikipedia:Bürokraten. URL: https://de.wikipedia.org/w/index.php?title=Wikipedia:B%C3%BCrokraten&oldid=142852167 [Stand: 11.09.2015]

Derzeit gibt es vier Bürokraten[75] in der deutschsprachigen Ausgabe der Online-Enzyklopädie.

3.5.6 Schiedsgericht

Das Schiedsgericht, das 2007 in der deutschen Wikipedia eingeführt wurde, ist ein gutes Beispiel dafür, was aus den zuvor erwähnten Meinungsbildern entstehen kann. Es besteht aus neun Mitgliedern, die jährlich gewählt werden, und gilt als letzte Instanz bei kommunikativen Auseinandersetzungen, Verstößen gegen die Wikipedia-Grundsätze und Ähnlichem.[76]

3.5.7 Stewards

Alle bisher genannten Rollen beschränken sich auf einen bestimmten Sprachraum. Es gibt aber auch Rollen, die global gelten, wie zum Beispiel jene des Stewards. Es gibt aktuell weltweit 37 Stewards[77]. Sie haben unter anderem vollen Zugriff auf alle Interaktionsseiten der gesamten Wikimedia und können Bürokraten und Administratoren ernennen oder bei sehr kleinen Sprachversionen mit wenigen Beteiligten selbst diese Rollen einnehmen. Von ihnen wird erwartet, dass sie zentrale technische Änderungen im Sinne der globalen Wikipedia-Community umsetzen. Neue Stewards werden ein bis zwei Mal jährlich in globalen Abstimmungen gewählt. Bestehende Stewards bleiben im Amt, bis sie aktiv abgewählt werden, ähnlich der Vorgehensweise bei Administratoren.[78]

3.5.8 Vandalen

Eine Gruppe, die sich seit Anbeginn der Wikipedia ebenfalls rege beteiligt – wenngleich sie verständlicherweise nicht als offizielle Rolle geführt wird – ist jene der Vandalen. Als Vandalen werden Nutzer bezeichnet, die unter dem Deckmantel der Anonymität mutwillig falsche Inhalte veröffentlichen. Einer der bekanntesten Fälle von Vandalismus ist die sogenannte *Seigenthaler-Affäre*: Ein anonymer Nutzer stellte einen Artikel

75 Vgl. Wikipedia: Spezial:Statistik. URL: https://de.wikipedia.org/wiki/Spezial:Statistik [Stand: 11.09.2015]

76 Vgl. Wikipedia: Wikipedia:Schiedsgericht. URL: https://de.wikipedia.org/w/index.php?title=Wikipedia:Schiedsgericht&oldid=144250972 [Stand: 11.09.2015]

77 Vgl. Wikipedia: Stewards. URL: https://meta.wikimedia.org/w/index.php?title=Stewards&oldid=14274672 [Stand: 12.11.2015]

78 Vgl. Wikipedia: Wikipedia:Stewards. URL: https://meta.wikimedia.org/w/index.php?title=Stewards/de&oldid=12926669 [Stand: 11.09.2015]

über den US-amerikanischen Journalisten John Seigenthaler in die englischsprachige Wikipedia, in dem behauptet wurde, Seigenthaler stünde mit den Kennedy-Morden in Verbindung. Die falschen Anschuldigungen blieben für Monate online und wurden erst nach persönlicher Intervention Seigenthalers gelöscht.[79] Wie viele unbeteiligte User die Falschinformation bis zu diesem Zeitpunkt bereits gelesen und als Tatsache missdeutet hatten, ist nicht bekannt.

Solche und ähnliche Fälle stellen die Community immer wieder vor Herausforderungen und schädigen nachhaltig den Ruf der Wikipedia. Diverse Kontrollmechanismen, wie zum Beispiel die gesichteten Versionen oder die Eingangskontrollen, sollen dem Vandalismus entgegenwirken. Mit diesen und anderen Kontrollmechanismen der Online-Enzyklopädie beschäftigt sich Kapitel 4 *Qualität in der Wikipedia.*

3.6 Struktur der Wikipedia

Die Online-Enzyklopädie bietet unterschiedliche Möglichkeiten, wie auf ihre Inhalte zugegriffen werden kann. Es stehen verschiedene systematische Ordnungssysteme, wie zum Beispiel Kategorien oder Portale, aber auch alphabetische Listen zur Verfügung. Die Texte sind außerdem durch Hyperlinks untereinander vernetzt. Im Folgenden werden die Strukturebenen und Ordnungssysteme der Wikipedia anhand der Browserversion näher erläutert. Auf die Smartphone- bzw. Tablet-App bezieht sich diese Arbeit nur am Rande.

3.6.1 290 Wikipedias

Die höchste Strukturebene der Online-Enzyklopädie sind die Sprachversionen, die unter unterschiedlichen URLs geführt werden. Insgesamt existieren über 290 verschiedene Wikipedias[80], denn jede Sprachversion ist ein in sich mehr oder weniger geschlossenes System. Die Grundfunktionalitäten und -philosophien sind zwar gleich und werden auch von globalen Instanzen überwacht (zum Beispiel Stewards), aber im Detail verhalten sich die Communitys häufig unterschiedlich. Zum Beispiel gibt es das oben genannte Schiedsgericht bisher nur in der deutschsprachigen Wikipedia.

---

79 Vgl. Wikipedia: John Seigenthaler senior. URL: https://de.wikipedia.org/w/index.php?title=John_Seigenthaler_senior&oldid=143825888 [Stand: 25.09.2015]

80 Vgl. Wikipedia: Wikipedia:Sprachen. URL: https://de.wikipedia.org/w/index.php?title=Wikipedia:Sprachen&oldid=145624819 [Stand: 12.09.2015]

Die meisten Artikel entstehen in den verschiedenen Wikipedias unabhängig voneinander, sodass ein Blick in eine andere Sprachversion häufig auch zusätzliche Informationen bieten kann. Um zu einer anderen Sprachversion zu wechseln, gibt es mehrere Möglichkeiten:

- **Über die Startseite *wikipedia.org*** – dort sind alle verfügbaren Sprachversionen aufgelistet – bzw. in der mobilen Version über die Spracheinstellungen,
- **Über die URL** – am Beginn des Links steht immer ein Kürzel für die jeweilige Wikipedia (*en.wikipedia.org, de.wikipedia.org, fr.wikipedia.org* und so weiter),
- **Direkt vom Artikel aus** – liest man einen Artikel in der Wikipedia und ist dieser auch in anderen Sprachversionen vorhanden, werden diese links in der Menüleiste eingeblendet, sodass direkt zwischen den Sprachen gewechselt werden kann.

3.6.2 Namensräume

Die nächste strukturelle Ebene bilden die Namensräume innerhalb einer Sprachversion, mit deren Hilfe organisatorische Bereiche voneinander abgegrenzt werden. Diese Namensräume – der Begriff entstammt der Programmierung, wo er benutzt wird, um konkrete Objekte anzusprechen – werden zur Gruppierung von Seiten genutzt. Sie werden als Präfix und Doppelpunkt abgebildet und können direkt über das Suchfeld angesteuert werden. In der deutschsprachigen Wikipedia gibt es insgesamt 26 Namensräume[81]. Die wichtigsten sind:

Namensraum	Bedeutung
<keiner (:)>	der normale deutschsprachige Enzyklopädiebereich, auch Artikelnamensraum (ANR) genannt
Diskussion:	Diskussionsseiten zum Artikelnamensraum
Benutzer:	der Bereich für die persönlichen Seiten der Benutzer (Benutzer-Homepages im Projekt, siehe Benutzernamensraum und Spezial:Benutzer für eine Liste)
Wikipedia:	der Metabereich der Wikipedia (interne Seiten zur Projektorganisation, z.B. Autorenportal)
Datei:	Informationen zu einzelnen Medien-Dateien (Dateibeschreibungsseiten) – z.B. zu Bildern
Vorlage:	enthält Textbausteine und Vorlagen
Hilfe:	allgemeine (technische) Hilfeseiten zur *MediaWiki*-Software.
Kategorie:	enthält Kategoriebeschreibungsseiten
Portal:	enthält Portalseiten, die Übersichten über Themenbereiche bieten

Tabelle 1: Auszug aus den Namensräumen der deutschsprachigen Wikipedia

81 Vgl. Wikipedia: Hilfe:Namensräume. URL: https://de.wikipedia.org/w/index.php?title=Hilfe:Namensr%C3%A4ume&oldid=145326600 [Stand: 12.09.2015]

3.6.3 Portale und Redaktionen

Portale[82] dienen der Sammlung von Artikeln zu großen Themenkomplexen, um den Leser und Autor die Erschließung derselben zu erleichtern. Redaktionen[83] verstehen sich hingegen ausschließlich als Hilfestellung für die Autoren, um sich über diese Seiten zu einem Themengebiet vernetzen zu können. Die optische Aufbereitung der Portale obliegt ihren Betreibern. Ein gutes Beispiel ist das *Portal:Deutsche Literatur*[84], das es sich zum Ziel gesetzt hat, alle Artikel zum Themengebiet der deutschsprachigen Literatur zu vernetzen und strukturiert darzustellen. Neben unterschiedlichen Subportalen, die als horizontales Menü dargestellt sind (zum Beispiel *Deutsche Literatur, Literaturwissenschaft, Stoffe und Motive*), werden innerhalb dieser unterschiedlichste Gliederungen zum Beispiel nach Epochen oder Gattungen angeboten. Des Weiteren gibt es Hinweise auf fehlende oder wartungsbedürftige Artikel des jeweiligen Themenkreises, sodass es interessierten Nutzern möglich ist, sich schnell und gezielt an der Artikelpflege zu beteiligen.

3.6.4 Kategorien[85]

Neben den Portalen werden auch die Kategorien in der Wikipedia genutzt, um themenverwandte Artikel miteinander zu verbinden. Außerdem dienen sie häufig als Basis für statistische Auswertungen der Artikelstruktur. Jeder Artikel kann beliebig vielen Kategorien zugeordnet werden. Alle Kategorien sind in einer Baumstruktur miteinander verknüpft. Von der obersten Ebene, der Hauptkategorie[86], aus kann man sich bis hinunter in ein fein granuliertes Netz aus Unterkategorien durcharbeiten, in denen die Hyperlinks zu den ihnen zugeordneten Artikeln alphabetisch aufgelistet sind.

---

82 Vgl. Wikipedia: Portal:Wikipedia nach Themen. URL: https://de.wikipedia.org/w/index.php?title=Portal:Wikipedia_nach_Themen&oldid=144913991 [Stand: 12.09.2015]

83 Vgl. Wikipedia: Wikipedia:Redaktionen. URL: https://de.wikipedia.org/w/index.php?title=Wikipedia:Redaktionen&oldid=136762401 [Stand: 12.09.2015]

84 Vgl. Wikipedia: Portal:Deutsche Literatur. URL: https://de.wikipedia.org/wiki/Portal:Deutsche_Literatur [Stand: 23.09.2015]

85 Vgl. Wikipedia: Wikipedia:Kategorien. URL: https://de.wikipedia.org/w/index.php?title=Wikipedia:Kategorien&oldid=146027641 [Stand: 23.09.2015]

86 Vgl. Wikipedia: Kategorie:!Hauptkategorie. URL: https://de.wikipedia.org/w/index.php?title=Kategorie:!Hauptkategorie&oldid=124462672 [Stand: 23.09.2015]

3.6.5 Listen[87]

Listen sind Artikel, in denen Inhalte nicht als Fließtext, sondern in Listenform dargestellt werden. Sie haben keinen eigenen Namensraum, sondern sind im Artikelnamensraum enthalten. Während Kategorien nur bereits in der Wikipedia vorhandene Artikel alphabetisch darstellen können, sind Listen in ihrer Gestaltung flexibel. Es können Erläuterungen zu den einzelnen Einträgen erstellt und auch Begriffe, zu denen noch keine Wikipedia-Artikel existieren, aufgelistet werden. Des Weiteren bieten Listen oft unterschiedliche Sortierungen an und enthalten zusätzliche Informationen wie Literaturhinweise, weiterführende Links und vieles mehr.

Anhand eines Beispiels lässt sich der Unterschied zwischen Kategorien und Listen noch deutlicher zeigen: In der Kategorie *Liste (Literatur)*[88] werden neben fünf Subkategorien 131 Artikel aufgelistet. Bei jedem dieser Artikel handelt es sich um eine Liste zu literaturbezogenen Themen wie zum Beispiel die *Liste deutscher Novellen*[89] oder *Der Kanon*[90], eine Liste, die die in der von Marcel Reich-Ranicki zwischen 2002 und 2006 herausgegebenen Anthologie enthaltenen Werke in unterschiedlichen Systematiken auflistet.

3.6.6 Hyperlinks

> Hyperlinking is the foundation of the web. As users add new content, and new sites, it is bound in to the structure of the web by other users discovering the content and linking to it. Much as synapses form in the brain, with associations becoming stronger through repetition or intensity, the web of connections grows organically as an output of the collective activity of all web users.[91]

---

87 Vgl. Wikipedia: Wikipedia:Listen. URL: https://de.wikipedia.org/w/index.php?title=Wikipedia:Listen &oldid=145033584 [Stand: 23.09.2015]

88 Vgl.Wikipedia: Kategorie:Liste (Literatur). URL: https://de.wikipedia.org/w/index.php?title=Kategorie: Liste_%28Literatur%29&oldid=131310530 [Stand: 23.09.2015]

89 Vgl. Wikipedia: Portal:Literatur/Liste deutscher Novellen. URL: https://de.wikipedia.org/w/index.php?title=Portal:Literatur/Liste_deutscher_Novellen&oldid=140652067 [Stand: 23.09.2015]

90 Vgl. Wikipedia: Der Kanon. URL: https://de.wikipedia.org/w/index.php?title=Der_Kanon&oldid=144720619 [Stand: 23.09.2015]

91 Tim O'Reilly: What is Web 2.0? Design Patterns and Business Models for the Next Generation of Software. 2005. URL: http://www.oreilly.com/lpt/a/1 [Stand: 25.09.2015]

Wenngleich die Begriffe *hyperlink* und *hypertext* erst in den 60er Jahren des 20. Jahrhunderts durch den Computerpionier Theodor Holms Nelson eingeführt wurden[92] und in engem Zusammenhang mit elektronischen Medien stehen, war das Konzept der vernetzten Rezeption von Texten schon lange vor der Erfindung des Internets bekannt. „Vielmehr ist der Querverweis der printmediale Vorläufer beziehungsweise das gedruckte Pendant zum Hyperlink im Internet."[93] Fußnoten, Endnoten, Verweise in Enzyklopädien, Verweise innerhalb eines Texts auf andere Kapitel und ähnliche Formen der Intertextualität können auch als analoge Hyperlinks bzw. Hypertexte verstanden werden.

Hyperlinks machen also das Internet erst zu einem wirklichen Netz, indem sie Informationen miteinander verknüpfen. In der Wikipedia sind sie ein wesentlicher Bestandteil der Grundstruktur. Sie erlauben es, sich schnell vertiefend zu informieren. Auf diese Weise ist es dem Rezipienten möglich, nicht nur linear zu lesen, sondern den Textverlauf individuell zu steuern und so interaktiv mit dem Text in Kontakt zu treten[94].

3.6.7 Menüleisten und Reiter

Das Hauptmenü links begleitet die Nutzer während des gesamten Aufenthalts in der Wikipedia, wobei sich die Menüpunkte im Detail den Inhalten im Hauptfenster anpassen. Ganz oben im Hauptmenü werden unterschiedliche Navigationsmöglichkeiten zum Erschließen der Enzyklopädie angeboten:

- ***Themenportale*** – systematische Erschließung über die systematische Baumstruktur der zuvor erläuterten Portale,
- ***A bis Z*** – alphabetische Auflistung der Wikipedia-Artikel innerhalb der Sprachversion,
- ***Zufälliger Artikel*** – zur willkürlichen Lektüre.

Die weiteren Menüpunkte sind in folgende Themenbereiche gegliedert:

- ***Mitmachen*** – Links für Autoren, zum Beispiel zum Autorenportal oder zu diversen Wartungsseiten,
- ***Drucken/exportieren*** – Möglichkeiten, einzelne oder mehrere Artikel herunterzuladen. Hier wird sogar die Option *Buch erstellen*

---

92 Vgl. O'Reilly: What is Web 2.0? [Stand: 25.09.2015]

93 Gätje: Von der Enzyklopädie zu Wikipedia, S. 293.

94 Vgl. Oliver Scheidling: Hypertext/Hypertextualität. In: Metzler Lexikon Literatur- und Kulturtheorie. Ansätze – Personen – Grundbegriffe. 4., aktual. und erw. Ausg. Hrsg. von Ansgar Nünning. Metzler: Weimar 2008, S. 298f.

angeboten, mit deren Hilfe man aus selbst ausgewählten Artikeln ein Sammel-*pdf* erstellen und herunterladen kann,

- ***Werkzeuge*** – Verschiedene Hilfen, wie zum Beispiel die Funktion *Permanenter Link*, mit der der Link zur jeweils abgerufenen Version eines Artikels eingefroren wird,
- ***In anderen Sprachen*** – zeigt alle Sprachversionen an, in denen der im Hauptfenster angezeigte Artikel verfügbar ist.

Oberhalb des Hauptfensters kann mittels Karteireitern navigiert werden. Auch diese variieren je nach ausgewähltem Inhalt. Innerhalb eines Artikels dienen die zwei Reiter oben links der Navigation zwischen Artikelhauptseite und Diskussion:

- ***Hauptseite* oder *Artikel*** – je nachdem, wo man sich gerade befindet, kann dieser Reiter unterschiedlich benannt sein. Er beinhaltet aber immer die Hauptversion des abgerufenen Artikels. Bei bereits gesichteten Artikeln wird die letzte gesichtete Version angezeigt,
- ***Diskussion*** – hier können sich Wikipedianer über den Artikel austauschen und miteinander über Verbesserungsvorschläge diskutieren. Bei langen Diskussionen gibt es ein Inhaltsverzeichnis mit den verschiedenen Diskussionsthemen. Bei besonders langen Diskussionen kann es auch sein, dass ein Teil der Diskussionsthemen bereits archiviert wurde.

Rechts etwas abgesetzt finden sich Karteireiter mit Bearbeitungsmöglichkeiten und der Versionsgeschichte zur Artikelhauptseite oder Diskussion, je nachdem, was zuvor gewählt wurde. Aus der Artikelhauptseite stehen standardmäßig folgende Reiter zur Verfügung:

- ***Lesen*** – Anzeige des Artikels,
- ***Bearbeiten*** – Quellcode des Artikels mit der Möglichkeit, diesen zu korrigieren oder zu ergänzen,
- ***Versionsgeschichte*** – Änderungshistorie zum Artikel. Hier kann jede Änderung ab dem Tag der Erstellung detailliert nachvollzogen werden. Zu jeder Artikeländerung werden Uhrzeit und Datum der Änderung sowie der Benutzername des Bearbeiters gespeichert. Falls der Benutzer nicht angemeldet war, wird die IP-Adresse angezeigt. Des Weiteren werden kleine Änderungen (Korrektur von Tippfehlern oder Ähnliches) mit einem ***K*** markiert, und das Ausmaß jeder Korrektur wird in Bytes angegeben. In Klammer findet sich manchmal auch eine kurze Beschreibung der Änderung durch den User selbst. Aus dieser Historie kann jede ältere Version des

Artikels auf diese Weise nicht nur abgerufen, sondern im Bedarfsfall auch sofort wiederhergestellt werden. Weiters gibt es die Möglichkeit, verschiedene Versionen einander gegenüberzustellen, um so die Änderungen konkret nachzuvollziehen zu können.

- ***Ungesichtete Änderungen*** – hier können etwaige neuere, aber noch nicht gesichtete Artikelversionen eingesehen werden.

4 Qualität in der Wikipedia

Die deutschsprachige Wikipedia umfasste im September 2015 rund 1.857.000 Artikel[95], und täglich kommen durchschnittlich 490 neue Artikel hinzu[96]. Im Vergleich dazu umfasst zum Beispiel *Der große Brockhaus* in seiner 21. Auflage nur etwa 300.000 Einträge[97]. Auf rein quantitativer Ebene kann eine klassische Druck-Enzyklopädie also längst nicht mehr mit der frei zugänglichen und sich stetig entwickelnden Konkurrenz im Internet Schritt halten. Auch was die Aktualität anbelangt, liegt der Vorsprung der Wikipedia bereits in ihrer Natur als Online-Enzyklopädie. Doch trotz oder vielleicht gerade aufgrund dieser Dynamik werden immer wieder Stimmen laut, die die Qualität der Artikel und die Zuverlässigkeit der Informationen in Frage stellen. Die noch relativ junge Form der anonymen Multiautorenschaft und das Fehlen einer explizit nachweisbaren Expertenbeteiligung nähren diese Zweifel und schüren immer wieder Diskussionen zur Zitierbarkeit im akademischen Bereich.

Qualität – in diesem Kontext also die Güte einer Information – ist gerade in Bezug auf Informationen im Internet ein viel diskutierter Begriff. Da die Definition von Qualität immer mit einer Wertung einhergeht, sind die Grenzen der Objektivität schnell erreicht, denn ob ein Individuum eine Information als qualitativ hochwertig, befriedigend oder unzureichend empfindet, hängt von vielen Faktoren ab. Ein Wikipedia-Artikel kann für einen Laien, der sich schnell einen Überblick zu einem bestimmten Thema verschaffen will, durchaus zufriedenstellend sein, während ihn ein fachkundiger Leser vielleicht als unvollständig oder gar fehlerhaft bezeichnen würde. Andererseits kann ein fachlich ausführlicher Artikel für einen Laien zu umfangreich und damit nicht ansprechend sein. Für die Analyse der Qualität eines Artikels ist also der Blickwinkel entscheidend.

4.1 Qualität aus der Sicht der Wikipedianer

Die vier Grundprinzipien der Wikipedia lauten:

---

95 Vgl. Wikipedia: Spezial:Statistik. URL: http://de.wikipedia.org/wiki/Spezial:Statistik [Stand: 23.09.2015]

96 Vgl. Wikipedia: Wikipedia:Wikipedistik/Wachstumsprognose. Durchschnitt errechnet aus den Zuwüchsen zwischen Jänner und Juni 2015. URL: https://de.wikipedia.org/w/index.php?title=Wikipedia:Wikipedistik/Wachstumsprognose&oldid=146143945 [Stand: 23.09.2015]

97 Vgl. Brockhaus: Offizielle Homepage. Brockhaus Enzyklopädie. URL: http://www.brockhaus.de/enzyklopaedie [Stand: 24.09.2015]

- „Wikipedia ist eine Enzyklopädie.
- Beiträge sind so zu verfassen, dass sie dem Grundsatz des *neutralen Standpunkts* entsprechen.
- Geltendes Recht – insbesondere das Urheberrecht – ist strikt zu beachten.
- Andere Benutzer sind zu respektieren und die *Wikiquette* einzuhalten."[98]

Darin finden sich allerdings keine konkreten Angaben dazu, wie sich die Wikipedia einen qualitativ hochwertigen Artikel vorstellt. Lediglich der Grundsatz des neutralen Standpunkts (*NPOV – neutral point of view*) kann als Qualitätsanspruch gewertet werden. Diesem zufolge soll ein Artikel möglichst unvoreingenommen und wertfrei formuliert werden, und es sollen unterschiedliche Sichtweisen und Kontroversen zu einem Thema gleichwertigen, neutralen Eingang in den Artikel finden.[99]

> Most important, the only way to essemble the 'sum of all human knowledge,' as a collaborative endeavor from many individuals, was to have neutrality as the core editorial policy.[100]

Die Grundregel, dass jeder Artikel in der Wikipedia nur in einer Version existieren darf, ist dabei ein wichtiges Werkzeug für die neutrale Zusammenarbeit, denn sie zwingt die User dazu, ihre vielleicht konträren Ansichten in einem gemeinsamen Eintrag unterzubringen.

Aus dem Artikel *Wie schreibe ich gute Artikel*[101], aus den Kriterien für *lesenswerte* und *exzellente* Artikel[102] sowie aus der Auflistung *Was Wikipedia* nicht *ist*[103] lassen sich außerdem folgende von der Community der Wikipedianer selbst definierte Qualitätskriterien ableiten:

---

98 Wikipedia: Wikipedia. Grundsätze. URL: https://de.wikipedia.org/w/index.php?title=Wikipedia&oldid=14615 7733 [Stand: 23.09.2015]

99 Vgl. Wikipedia: Wikipedia:Neutraler Standpunkt. URL: https://de.wikipedia.org/w/index.php?title=Wikipedia:Neutraler_Standpunkt&oldid=145178728 [Stand: 23.09.2015]

100 Lih: The Wikipedia Revolution, S. 6.

101 Vgl. Wikipedia: Wikipedia:Wie schreibe ich gute Artikel. URL: https://de.wikipedia.org/w/index.php?title=Wikipedia:Wie_schreibe_ich_gute_Artikel&oldid=107868941 [Stand: 24.09.2015]

102 Vgl. Wikipedia: Wikipedia: Kandidaturen von Artikeln, Listen und Portalen. URL: https://de.wikipedia.org/w/index.php?title=Wikipedia:Kandidaturen_von_Artikeln,_Listen_und_Portalen&oldid=108473321 [Stand: 24.09.2015]

103 Vgl. Wikipedia: Wikipedia:Was Wikipedia *nicht* ist. URL: https://de.wikipedia.org/w/index.php?title=Wikipedia:Was_Wikipedia_nicht_ist&oldid=107757737 [Stand: 24.09.2015]

4.1.1 Verständlichkeit

Ein Wikipedia-Artikel muss allgemein verständlich sein. Wikipedia stellt dafür die folgende Checkliste zur Verfügung:

- allgemeinverständliche Einleitung mit Erklärung des Artikelgegenstandes
- Begriffsbezeichnungen in deutscher Sprache
- Fachbegriffe erläutert oder notfalls verlinkt
- vorausgesetzte Grundlagen erklärt
- Zusammenhänge beschrieben
- Links zu vertiefenden bzw. weiterführenden Artikeln, Websites bzw. Literatur[104]

Besonders die Einleitung soll einen schnellen Überblick bieten und entsprechend einfach und präzise formuliert werden. Zusätzlich können Multimediaelemente der allgemeinen Verständlichkeit dienlich sein.

4.1.2 Richtigkeit

Wikipedia versteht sich als Enzyklopädie und als solche nicht als Veröffentlichungsinstrument für wissenschaftliche Basisforschung oder gar für Spekulationen Einzelner. Die Informationen sollen allgemeingültig und verifizierbar sein. Wer einen Artikel erstellt, wird daher angehalten, sich nach Möglichkeit auf Fachliteratur zum jeweiligen Thema zu stützen und diese auch hinreichend zu belegen.

4.1.3 Vollständigkeit

Als wichtiges Kriterium für einen qualitativ hochwertigen Artikel wird auch immer wieder dessen möglichst vollständige Abdeckung des jeweiligen Themas genannt. Dazu kann auch die Darstellung verschiedener Meinungen und Perspektiven im Sinne des *NPOV* gezählt werden. Grobe Auslassungen werten den Artikel ab. Zwar gilt ein Artikel mit „inhaltlichen Lücken außerhalb des Kernbereichs“[105] noch immer als *lesenswert, exzellent* kann er aber nur sein, wenn er sein „Thema voll-

---

104 Wikipedia: Wikipedia:Allgemeinverständlichkeit. URL: https://de.wikipedia.org/w/index.php?title=Wikipedia:Allgemeinverst%C3%A4ndlichkeit&oldid=107757824 [Stand: 24.09.2015]

105 Wikipedia: Wikipedia: Kandidaturen von Artikeln, Listen und Portalen. [Stand: 24.09.2015]

ständig ohne gravierende Auslassungen“[106] behandelt. Andererseits ist eine übertriebene Detailverliebtheit nicht gern gesehen:

> Der Artikel sollte eine dem Thema angemessene Länge haben und nicht zu detailliert sein. Gegebenenfalls lassen sich Teile des Artikels in weiterführende Artikel auslagern. In diesem Fall sollte eine nicht zu knappe Zusammenfassung des ausgelagerten Textes an seine Stelle treten.[107]

4.1.4 Übersichtlichkeit

Ein guter Wikipedia-Artikel folgt in seinem groben Aufbau dem typischen Muster der Wikipedia:

- *Einleitung* – Erklärung des Lemmas und eine kurze Zusammenfassung des Artikels,
- *Inhaltsverzeichnis* – dieses erstellt sich automatisch anhand der Zwischenüberschriften,
- *Artikel* – möglichst durch Zwischenüberschriften, Absätze und Informationskästen strukturiert und durch Bilder gestützt,
- *Einzelnachweise* und *Quellenverzeichnis,*
- *weiterführende Literatur* – die Literatur sollte so zitiert werden, dass sie auch auffindbar ist. Bei Büchern sollte daher immer die ISBN-Nummer angegeben werden, bei Zeitschriften die ISSN-Nummer. Es wird allerdings keine vollständige Bibliographie angestrebt,
- *Weblinks,*
- *Kategorisierung* – Zuweisung des Artikels zu entsprechenden Kategorien.

Diese immer gleiche Schablone soll die Einheitlichkeit der Wikipedia-Artikel gewährleisten und erleichtert den Lesern die Erschließung der Themen.

4.1.5 Sprachliche Qualität

Die Artikel sollen im enzyklopädischen Stil verfasst sein und einen gewissen sprachlichen und orthographischen Standard nicht unterschreiten. Folgende Orientierungspunkte werden dafür genannt[108]:

---

106 Wikipedia: Wikipedia: Kandidaturen von Artikeln, Listen und Portalen. [Stand: 24.09.2015]

107 Wikipedia: Wikipedia: Wie schreibe ich gute Artikel. [Stand: 24.09.2015]

108 Vgl. ebda. [Stand: 24.09.2015]

Satzbau und Wortstellung

Die Sätze in einem Artikel sollen kurz und einfach sein und sich auf das Wesentliche konzentrieren. Es gilt also, lange, verschachtelte Satzkonstruktionen nach Möglichkeit zu vermeiden. Dabei ist außerdem zu beachten, dass innerhalb eines Satzes nicht zu viele verschiedene wichtige Informationen enthalten sind. Um den Text leserfreundlich zu gestalten, wird außerdem empfohlen, das Prädikat möglichst weit vorne im Satz zu platzieren.

Sprache und Stil

Unerwünscht sind der übermäßige Gebrauch von Substantivierungen, Passiv und im Satz zu weit gedehnte Klammerverben, ebenso Stilblüten, Euphemismen, Dysphemismen und Pleonasmen. Umgangssprachliche Formulierungen wie Dativkonstruktionen anstelle der Verwendung des Genitivs oder gar dialektale Ausdrücke sowie emotionale, wertende Formulierungen und Verstärkungen, die dem *NPOV* widersprechen, sollen ebenfalls vermieden werden.

Für Zeitangaben wird empfohlen, konkrete Datumsangaben anstelle von indexikalischen Ausdrücken wie *gestern* oder *vor 100 Jahren* zu verwenden. Die Zeitform in den Artikeln ist für gewöhnlich das Präsens oder das Präteritum. Sie sollte nicht innerhalb des Artikels unnötig gewechselt werden. Für historische Themen wird das Präteritum anstelle des in der Literatur oder im Journalismus häufig verwendeten *praesens historicum* empfohlen.

4.2 Werkzeuge und Mechanismen zur Qualitätssteigerung

Die Grundidee der Wikipedia ist es, dass sich die vielen Nutzer gegenseitig kontrollieren und korrigieren, um so durch die Aktivität des Kollektivs die Qualität der Artikel im Sinne des zuvor geschilderten Standards immer weiter zu steigern. Um dies zu erleichtern und vor allem auch um die Kontrollen und Korrekturen transparent zu machen, sind innerhalb und außerhalb der Wikipedia viele Werkzeuge entstanden, die bewusst oder unbewusst zur Qualitätssteigerung beitragen. Die Vielfalt dieser Tools zeigt einerseits die Bestrebung der Wikipedia-Community, die Qualität der Enzyklopädie zu heben, andererseits lässt sie aber auch auf die Notwendigkeit von Kontrollen schließen.

4.2.1 Hilfeseiten

Damit die Artikel bereits von vorn herein den Anforderungen der Wikipedia gerecht werden, stehen den Editoren im Namensraum *Hilfe* diverse Hilfeseiten zur Verfügung, die sie bei der Erstellung unterstützen.[109] Neben zahlreichen Anleitungen und Formatvorlagen kann auch direkte Hilfe von erfahrenen Wikipedianern angefragt werden.

4.2.2 Eingangskontrolle

Interessierte User können sich in der Eingangskontrolle[110] darüber informieren, welche neuen Artikel[111] oder Artikeländerungen[112] in den letzten 30 Tagen hinzugefügt wurden. Der Artikel wird bei Mängeln entweder sofort korrigiert, zur weiteren Kontrolle in die Qualitätssicherung[113] einsortiert oder – bei zu hoher Fehlerquote, groben Urheberrechtsverletzungen oder fraglicher Relevanz – zur Löschung vorgeschlagen. Zudem haben die User die Möglichkeit, bestimmte Seiten zur individuellen Beobachtung zu markieren, um ihre weitere Entwicklung zu verfolgen.

Innerhalb der Eingangskontrolle selbst werden meist nur kleinere Korrekturen vorgenommen, die auch ohne Sachkenntnis möglich sind, wie zum Beispiel Änderungen des allgemeinen Erscheinungsbilds, der Formatierung oder der Gliederung oder die Zuordnung des Artikels zu passenden Kategorien.

4.2.3 Versionsgeschichte und Diskussionsseiten

Die Entwicklung eines Artikels kann in dessen Versionsgeschichte nachgelesen werden. Dort wird, wie im Kapitel 3.6.7 beschrieben, jede Änderung mit Datum und Informationen des jeweiligen Bearbeiters (Username oder IP-Adresse) gespeichert. Es ist jederzeit möglich, bei falschen

---

109 Vgl. Wikipedia: Wikipedia:Wartung. URL: https://de.wikipedia.org/w/index.php?title=Wikipedia:Wartung&oldid=108287256 [Stand: 25.09.2012]

110 Vgl. Wikipedia: Wikipedia:Eingangskontrolle. URL: https://de.wikipedia.org/w/index.php?title=Wikipedia:Eingangskontrolle&oldid=145844639 [Stand: 13.06.2015].

111 Vgl. Wikipedia: Spezial:Neue Seiten. URL: http://de.wikipedia.org/wiki/Spezial:Neue_Seiten [Stand: 13.06.2015]

112 Vgl. Wikipedia: Spezial:Letzte Änderungen. URL: http://de.wikipedia.org/wiki/Spezial:Letzte_%C3%84nderungen [Stand: 13.06.2015]

113 Vgl. Wikipedia: Wikipedia:Qualitätssicherung. URL: https://de.wikipedia.org/w/index.php?title=Wikipedia:Qualit%C3%A4tssicherung&oldid=104196620 [Stand: 13.06. 2014]

Änderungen oder gar mutwilligem Vandalismus vorhergehende Versionen wieder herzustellen. Aus dem Verlauf der Versionsgeschichte können durchaus auch Rückschlüsse auf die Glaubwürdigkeit des jeweiligen Artikels gezogen werden. Studien belegten, dass eine hohe Aufmerksamkeit auch auf eine hohe Qualität schließen lässt[114]. Je mehr Autoren sich also beteiligen und je mehr Änderungen es gibt, desto höher ist die Qualität.

Die Diskussionsseiten, die jedem Artikel angehängt sind, dienen als Forum, in dem die Inhalte und Änderungen kommentiert und diskutiert werden können. Rege Diskussionen führen dabei im Regelfall zu erhöhter Qualität, da sie die Beteiligten anregen, weiter an der Entwicklung mitzuwirken. Sie können aber auch in so genannte *Edit Wars* ausarten, ausgedehnte Streitgespräche, innerhalb derer der Artikel immer wieder geändert und zurückgeändert wird. In diesem Fall kann der Artikel von Administratoren für die weitere Bearbeitung gesperrt werden.

4.2.4 Bündeln von Kompetenzen – Portale und Projektseiten

Zusätzlich zu den Kommunikationskanälen auf Artikelebene gibt es noch die Möglichkeit, Wikipedianer über ihre Profile persönlich zu kontaktieren oder sich auf den Portal- und Projektseiten zu Interessensgruppen zusammenzuschließen. Vor allem Letzteres bietet die Möglichkeit, Kompetenzen zu bündeln und so gezielt an offenen Punkten zu arbeiten.

Wikipedia-Projekte[115]

In Projekten wird an konkreten Schwerpunktthemen gearbeitet. Um die Orientierung zu erleichtern, werden die Detailprojekte meist von Großprojekten aus koordiniert. Auf den Großprojektseiten werden die Inhalte der einzelnen kleineren Projekte zu einem Thema und die beteiligten Wikipedianer vorgestellt.

---

114 Vgl. Andreas Brändle: Zu wenige Köche verderben den Brei. Eine Inhaltsanalyse der Wikipedia aus Perspektive der journalistischen Qualität, des Netzeffekts und der Ökonomie der Aufmerksamkeit. Zürich, Lizentiatsarb. 2005. Online unter: https://www.academia.edu/283259/Zu_Wenige_K%C3%B6che_Verderben_Den_Brei.

115 Vgl. Wikipedia: Wikipedia:WikiProjekt. URL: https://de.wikipedia.org/w/index.php?title=Wikipedia:WikiProjekt&oldid=124636787 [Stand: 23.11.2013]

Ein gutes Beispiel dafür ist das Projekt *Literatur*[116], das alle Wikipedianer, die an der Verbesserung von Artikeln zur Literatur interessiert sind, vernetzen soll. Innerhalb dieses weitgreifenden Themengebiets starten die Beteiligten dann verschiedenste Detailprojekte. Dargestellt wird ein solches Kleinprojekt direkt auf der Seite des Großprojekts, zu dem sich die Wikipedianer eintragen können. Die Kommunikation zum jeweiligen Projekt erfolgt meist über eine oder mehrere dem Projekt zugeordnete Diskussionsseiten, wie zum Beispiel beim Projekt *Neuordnung der Kategorie Literaturgattung*[117]: Ein interessierter Wikipedianer hat hier eine alternative Neuordnung der genannten Kategorie vorgeschlagen, über die rege diskutiert werden soll, sodass sie schließlich in der Umsetzung bereits so ausgereift wie möglich ist.

Ferner gibt es ganz konkrete Reparaturprojekte, wie zum Beispiel das Projekt *Literatur/ Gutenberg DE*. Nachdem die Webseite *http://gutenberg.spiegel.de* die URL leicht verändert hatte, funktionierten viele Links in diversen Wikipedia-Artikeln nicht mehr. Daher wurde eine eigene Projektseite eingerichtet, auf der die defekten Weblinks zur Korrektur gesammelt werden[118].

Portale

Auf Portalen werden Artikel thematisch gesammelt. Anders als bei Kategorien werden hier jedoch ganz gezielt auch verschiedene Wartungslisten zur Verfügung gestellt. Über das Portal *Deutsche Literatur*[119] zum Beispiel erreicht man einerseits alle dieser Kategorie zugeordneten Artikel, andererseits werden wartungsbedürftige Artikel unterteilt in drei Wartungskategorien aufgelistet:

- ***Neuankömmlinge*** – kürzlich neu erstellte Artikel
- ***Wunschzettel*** – fehlende Artikel

---

116 Vgl. Wikipedia: Wikipedia:WikiProjekt Literatur. URL: https://de.wikipedia.org/w/index.php?title=Wikipedia:WikiProjekt_Literatur&oldid=124736764 [Stand: 23.11.2013]

117 Vgl. Wikipedia: Wikipedia:WikiProjekt_Literatur/Archiv. URL: https://de.wikipedia.org/w/index.php?title= Wikipedia:WikiProjekt_Literatur/Archiv&oldid=144661412 [Stand 20.12.2015]

118 Vgl. Wikipedia: Wikipedia: WikiProjekt Literatur/Gutenberg DE. URL: https://de.wikipedia.org/w/index.php?title=Wikipedia:WikiProjekt_Literatur/Gutenberg_DE&oldid=118005434 [Stand: 23.11.2013]

119 Vgl. Wikipedia: Portal:Deutsche Literatur. URL: https://de.wikipedia.org/w/index.php?title=Portal:Deutsche_Literatur&oldid=107123127 [Stand: 23.11.2013]

- ***Rohbauten*** – unvollständige, fehlerhafte oder in anderer Art und Weise zu überarbeitende Artikel

So können interessierte Wikipedianer ganz gezielt in ihrem Kompetenzbereich angesiedelte Verbesserungsarbeiten finden. Neben den Themenportalen gibt es auch solche, die sich an die gesamte Community der Wikipedia wenden. Das Autorenportal[120] zum Beispiel, das als die Basis der Qualitätssicherung der Wikipedia gesehen werden kann, bündelt Hilfestellungen, Tutorien, Nominierungsseiten und vieles mehr. Es dient so einerseits neuen Wikipedianern als Orientierungshilfe, andererseits werden hier die in Kapitel 3.5.2 erläuterten Wahlen für verschiedene Rollen in der Community, Nominierungen für lesenswerte und exzellente Artikel oder Meinungsbilder abgewickelt.

Review[121]

Die Wikipedia-Review ist ein weiteres Werkzeug, um Artikel gezielt einem Fachkreis zur weiteren Überprüfung und Bearbeitung vorzulegen, wenngleich die zur Verfügung stehenden Fachkategorien sehr weit gefasst sind. Zur Auswahl stehen Erdwissenschaften (Geowissenschaften), Geschichtswissenschaften, Verkehr, Natur- und Ingenieurwissenschaften (Technik), Geistes- und Sozialwissenschaften und Sport. Anders als bei den üblichen Wartungsseiten, die unvollständige oder falsche Artikel enthalten, sollen der Review nur bereits ausgereifte und grundbereinigte Artikel unterzogen werden. Die Anforderung lautet: „Artikel sollten erst eingestellt werden, wenn die beteiligten Autoren sich nicht mehr in der Lage sehen, den Text allein zu verbessern."[122]

4.2.5 Auszeichnungen: lesenswert, exzellent, informativ

Um besonders gut gelungene Artikel, Portale oder Listen auf einen Blick erkennbar zu machen, hat Wikipedia die Parameter *lesenswert* und *exzellent* für Artikel und *informativ* für Portale und Listen eingeführt. Auf

120 Vgl. Wikipedia: Wikipedia:Autorenportal. URL: https://de.wikipedia.org/w/index.php?title=Wikipedia: Autorenportal&oldid=124606545 [Stand: 23.11.2013]

121 Vgl. Wikipedia: Wikipedia:Review. URL: https://de.wikipedia.org/w/index.php?title=Wikipedia:Review&oldid=124211842 [Stand: 24.11.2013]

122 Ebda. [Stand: 24.11.2013]

der Seite *Wikipedia:Kandidaturen von Artikeln, Listen und Portalen*[123] kann jeder Nutzer ebensolche für eine Auszeichnung vorschlagen. Die Vergabe des jeweiligen Attributs für den nominierten Beitrag wird anschließend 10 bis 20 Tage von der Community diskutiert. Ist die Zeit abgelaufen, können wiederum Nutzer, die sich zuvor nicht beteiligt haben, die Abstimmung unter Berücksichtigung der Diskussionsbeiträge auswerten und die Auszeichnung vergeben oder auch nicht. Auch hier gilt wie in der gesamten Wikipedia das Mehr-Augen-Prinzip. Die vollständige Diskussion wird schließlich auf die Diskussionsseite des jeweiligen Artikels, Portals oder der Liste übertragen, wo sie weiterhin zugänglich bleibt. Die Wikipedia definiert die folgenden Kriterien für die Auszeichnungen:

Lesenswerte Artikel

- Ein Artikel muss die Kernaspekte des Themas abdecken und selbstverständlich **fachlich korrekt** sein.
- Die Informationen des Artikels müssen **belegt** sein. Sie müssen sich auf zuverlässige Quellen stützen und anhand der angegebenen Literatur und/oder der Einzelnachweise durch Dritte überprüfbar sein.
- Sämtliche im Artikel verwendeten **Abbildungen** müssen unter einer **freien Lizenz** stehen.
- Die **Form** sollte ansprechend sein und Wikipedia-Standards einhalten.
- Artikel müssen eine **Einleitung** besitzen, die das Wichtigste zum Thema zusammenfasst und dabei klärt, in welchem Fachgebiet und in welchem Zusammenhang das Thema steht.[124]

Exzellente Artikel

- Zunächst müssen die Mindestkriterien für lesenswerte Artikel erfüllt sein.
- Der Artikel muss sein Lemma inhaltlich nach reputabler Sekundärliteratur und gegenwärtigem Stand der Forschung, wie sich aus frei zugänglichen Quellen erschließen lässt, abdecken.
- Verschiedene Aspekte des Themas müssen in einem ausgewogenen Umfang dargestellt werden. Die Auswahl von Haupt- und Nebenabschnitten soll der Gewichtung im enzyklopädischen Interesse entsprechen.
- Für den ganzen Artikel muss klar sein, aus welchen Quellen er zusam-

123 Vgl. Wikipedia: Wikipedia:Kandidaturen von Artikeln, Listen und Portalen. URL: https://de.wikipedia.org/w/index.php?title=Wikipedia:Kandidaturen_von_Artikeln,_Listen_und_Portalen/Kriteriendarstellung&oldid=132012749 [Stand: 20.12.2015]

124 Wikipedia: Wikipedia:Kandidaturen von Artikeln, Listen und Portalen. [Stand: 20.12.2015]

mengestellt wurde. Für wichtige Details, Zitate, potenziell Strittiges sollte dies mit einem Einzelnachweis geschehen. Denke dabei daran, dass vieles, was dir oder einem Fachkollegen selbstverständlich erscheint, für einen Außenstehenden unsicheres Wissen sein kann und angezweifelt werden könnte. Die Quellen selbst sollten je nach Thema möglichst hochwertig und aktuell sein und in einer in Wikipedia üblichen und ansprechenden Form formatiert sein. Ausführliche Hinweise findest du unter Wikipedia:Belege.

- Ein exzellenter Enzyklopädieartikel sollte nach Möglichkeit den schwierigen Balanceakt schaffen, durch seinen sprachlichen Stil weder einschläfernd noch anbiedernd zu wirken. Er schafft es auch bei längeren Texten, den Leser durch abwechslungsreiche, präzise und lebendige Formulierungen bei der Stange zu halten.
- Ebenso, wie ein gut geschriebener Artikel Leser dazu verführen kann, ihn bis zum Ende durchzulesen, können dies eine gute Gestaltung sowie Grafiken und Fotos, die das Artikelthema erläutern oder zumindest angemessen illustrieren. Dazu gehören sinnvolle Bildunterschriften genauso wie möglichst gute Bilder.[125]

Informative Listen

- Eine Liste muss den im Lemma zum Ausdruck kommenden Informationsbereich **fachlich korrekt** und **im Wesentlichen vollständig** abdecken. Bei Listen, bei denen keine Vollständigkeit möglich oder sinnvoll ist, sollte erkennbar sein, anhand welcher **Kriterien** eine **Auswahl** getroffen wurde. Diese Kriterien sollten sinnvoll und nachvollziehbar sein und entweder eine an den Kriterien gemessene Vollständigkeit oder aber eine repräsentative Auswahl ermöglichen.
- Eine **als Fließtext formulierte Einleitung** in das Thema muss bei einer Liste vorhanden sein.
- Die Informationen in Listen sollten **optisch und sprachlich ansprechend** aufbereitet und **übersichtlich** präsentiert sein. Die verfügbaren Mittel zur optischen Gestaltung und Gliederung sollten angemessen genutzt werden. Relevante **Wikipedia-Richtlinien**, insbesondere **Wikipedia:Listen** sollten eingehalten sein.
- Eine Liste sollte zu ihren Elementen **angemessene Informationen** präsentieren und über eine reine Aufzählung von Namen oder ähnlichem hinausgehen. Links auf entsprechende weiterführende Artikel sollten, wenn sinnvoll und möglich, vorhanden sein.
- **Quellen** in Form von Literaturangaben oder Weblinks sollten bei Listen in angemessenem Umfang genannt werden.[126]

---

125 Wikipedia: Wikipedia:Kandidaturen von Artikeln, Listen und Portalen. [Stand: 20.12.2015]

126 Ebda. [Stand: 20.12.2015]

Informative Portale

- Ein Portal sollte seinen Themenbereich **fachlich korrekt** und **gut strukturiert** darstellen. Es sollte dabei andererseits **nicht mit Informationen überladen** sein.
- **Abschnitte**, die zur aktiven **Mitarbeit** anregen, sollten in angemessener Form vorhanden sein.
- Es sollte eine ausgewogene **Mischung aus Fließtext und Links** bieten.
- **Farben** sollten zweckgebunden eingesetzt sein.
- Das **Layout** sollte **ansprechend und fehlerfrei** sein, d. h. keine großen Löcher, keine falsch platzierten Bilder, die aus Rahmen herausfallen, keine Tabellen mit fester Breite o. ä.
- Eine **aktive Betreuung** und Pflege des Portals sollte erkennbar sein.[127]

4.2.6 Gesichtete Versionen

Wikipedianer, die eine aktive Beteiligung an der Enzyklopädie vorweisen können, werden wie in Kapitel 3.5.3 beschrieben ab einem bestimmten Ausmaß automatisch in den Rang des *Sichters* erhoben. Das bedeutet, dass sie Versionen eines Artikels kontrollieren und als gesichtet markieren können. Dieser Status gewährleistet folglich, „dass ein regelmäßiger Autor der Wikipedia den Artikel durchgesehen hat und die Version frei von offensichtlichem Vandalismus ist. Sie sagt nicht aus, dass der Artikel fachlich geprüft wurde."[128] *Gesichtet* bedeutet somit lediglich, dass der Eintrag den Grundsätzen der Wikipedia entspricht. Falls ein Artikel nicht automatisch gesichtet wird, kann man diesen auch zur Sichtung vorschlagen[129].

Das 2006 gestartete Projekt Geprüfte Versionen hatte das Ziel: „Die Markierung als ‚geprüft' soll sagen: Alle in dieser Version dargestellten Fakten sind anhand von Sekundärliteratur überprüft worden. Es konnten keine verfälschenden Auslassungen festgestellt werden."[130] Der Rang

127 Wikipedia: Wikipedia:Kandidaturen von Artikeln, Listen und Portalen. [Stand: 20.12.2015]

128 Wikipedia: Wikipedia:Gesichtete Versionen. URL: https://de.wikipedia.org/w/index.php?title=Wikipedia:Gesichtete_Versionen&oldid=148329765 [Stand: 20.12.2015]

129 Wikipedia: Wikipedia:Gesichtete Versionen/Anfragen. URL: https://de.wikipedia.org/w/index.php?title=Wikipedia:Gesichtete_Versionen/Anfragen&oldid=149234048 [Stand: 20.12.2015]

130 Wikipedia: Wikipedia:Geprüfte Versionen. URL: https://de.wikipedia.org/w/index.php?title=Wikipedia:Archiv/Technik/Gepr%C3%BCfte_Versionen&oldid=139185410 [Stand: 23.09.2015]

des Prüfers wäre ungleich schwerer zu erhalten gewesen als jener des Sichters. Hochrangige Wikipedianer hätten neben der Beteiligung an der Wikipedia auch die fachlichen Kompetenzen des Kandidaten überprüfen müssen. Da es in Grundsatzfragen, wie zum Beispiel den Kriterien, die ein Prüfer erfüllen muss, oder die Form der Identifikation keine Einigung gab, wurden geprüfte Versionen nicht umgesetzt.

4.2.7 Kontrolle durch *Bots*

Zusätzlich zu den Einzelkorrekturen durch Wikipedianer werden in der Wikipedia auch *Bots* – Computerprogramme oder Skripts – eingesetzt, um Korrekturen im großen Stil automatisiert durchzuführen. In der deutschen Wikipedia laufen über 300 Bots (Stand September 2012) mit unterschiedlichsten Funktionen, wie zum Beispiel dem Ausbessern von Tipp- oder Formatierungsfehlern, dem Entfernen überflüssiger Leerzeichen oder dem Korrigieren falsch eingegebener Weblinks. Jeder Bot muss jedoch zuerst von der Community diskutiert und überprüft werden, bevor er eingesetzt werden darf, denn schließlich kann durch die hohe Frequenz der Korrekturen, die ein Bot vornehmen kann, auch ein enormer Schaden entstehen, wenn er nicht funktioniert. Programmierer von Bots werden daher auch angehalten, den Bot ständig zu kontrollieren und im Bedarfsfall umgehend zu stoppen. Um die Arbeit der Bots für jeden transparent zu machen, werden auch sie als User angelegt und erhalten einen Nickname, der das Wort Bot enthält, und ein Profil, über welches der jeweilige Programmierer jederzeit kontaktiert werden kann. Führt ein Bot eine Korrektur durch, ist diese wie jede andere auf der Diskussionsseite des jeweiligen Artikels ersichtlich und nachvollziehbar.[131]

4.2.8 Kontrollhilfen außerhalb der Wikipedia

Schon von ihrem Beginn an wurde die Wikipedia von verschiedensten externen Kontroll- und Auswertungsprogrammen begleitet, die unabhängig von der Wikimedia betrieben wurden und werden und die die User nach Belieben nutzen können. Zumeist handelt es sich dabei um Werkzeuge, die formale Fehler oder Richtlinienverstöße automatisch suchen und markieren, wie das von Tim Landscheid entwickelte *Wiki-*

131 Vgl. Wikipedia: Wikipedia:Bots. URL: https://de.wikipedia.org/w/index.php?title=Wikipedia:Bots&oldid=149133873 [Stand: 20.12.2015]

Lint[132]. Doch es gibt auch zunehmend differenziertere Analyseinstrumente wie zum Beispiel *WikiTrust*[133], das von der University of California, Santa Cruz, entwickelt wurde. Auf der Homepage von *WikiTrust* ermittelt die Software nach Eingabe des Suchbegriffs des betreffenden Artikels eine Reihe von Metadaten, die in Listenform dargestellt werden und anhand derer die Vertrauenswürdigkeit eines Artikels geprüft werden soll: „WikiTrust computes three main quantities: edit quality, author reputation, and content reputation."[134] Zudem kann *WikiTrust* auch als *AddOn* zum Browser Firefox sehr einfach installiert werden. Einmal eingerichtet, wird das *AddOn* bei jedem aufgerufenen Wikipedia-Artikel links der *Versionsgeschichte* als zusätzliches Registerblatt angezeigt. Ruft man es auf, wird der Artikel anhand der oben genannten Metadaten analysiert, und nicht vertrauenswürdige Stellen werden farbig hinterlegt.

Eine andere Form der wikipediaexternen Qualitätskontrolle lebt das Wissenschaftsportal *Austria-Forum*, auf welchem unabhängige Wissenschaftler Informationen aller Art zum Thema Österreich zusammentragen. Neben anderen Wissenssammlungen stellt das *Austria-Forum* die Subseite *Austriawiki* zur Verfügung, auf der Wikipedia-Artikel nach eingehender Prüfung aufgenommen und in zertifizierter Form gleichsam eingefroren werden:

> Das Austria-Forum wird in Abständen von mehreren Jahren vorhandene Beiträge durch aktuellere ergänzen (aber nicht ersetzen), bzw. neue Themen vorstellen und Beiträge übernehmen, wobei durch Verifizierung von einen Experten und ‚Einfrieren' der Beiträge diese voll zitierbar werden sollen.[135]

132 Vgl. Wikipedia: Wikipedia:Technik/Labs/Tools/wikilint. URL: https://de.wikipedia.org/w/index.php?title=Wikipedia:Technik/Labs/Tools/wikilint&oldid=134535891 [Stand: 23.09.2015]

133 Vgl. Wikipedia: WikiTrust. URL: https://de.wikipedia.org/w/index.php?title=WikiTrust&oldid=143055473 [Stand: 23.09.2015]

134 B. Thomas Adler; Luca de Alfaro; Ian Pye: Detecting Wikipedia Vandalism using WikiTrust. Lab Report for PAN at CLEF 2010. URL: http://users.soe.ucsc.edu/~luca/papers/10/c62-pan2010.pdf [Stand: 24.05.2017]

135 Austriawiki. Austria-Forum. URL: http://austria-forum.org/af/AustriaWiki [Stand: 24.05.2016]

4.3 Studien zur Qualität der Wikipedia

Angesichts der Kontroversen zur Qualität der Wikipedia ist es wenig verwunderlich, dass sie von Beginn an von zahlreichen Studien begleitet wird, die sich mit der Qualität der Einträge auseinandersetzen. Besonderer Beliebtheit erfreuen sich dabei Vergleichsstudien, welche die Wikipedia mit anderen bekannten Print- und Online-Enzyklopädien in Relation setzen.

Eine der frühesten und wohl auch prominentesten war jene, die das Wissenschaftsmagazin *Nature* 2005 in Auftrag gab[136]: Es wurden 42 thematisch breit gefächerte Artikelpaare aus der englischen Wikipedia und der Online-Ausgabe der renommierten *Encylopedia Britannica* ausgewählt und kompetenten Gutachtern vorgelegt, wobei diesen nicht mitgeteilt wurde, welcher der beiden Artikel welcher Enzyklopädie entnommen worden war. Die Experten sollten die Artikel auf sachliche Fehler, kritische Auslassungen und irreführende Formulierungen hin prüfen und damit eine Einschätzung der Fehlerhaftigkeit der Einträge ermöglichen. Das damals für alle überraschende Ergebnis war, dass die Wikipedia und die *Encyclopedia Britannica* was die Anzahl gravierender Fehler anging auf derselben Stufe standen. Allerdings waren in den Wikipedia-Artikeln mehr kleinere Fehler auszumachen. Rainer Hammwöhner, Professor für Informationswissenschaft an der Universität Regensburg, kritisierte, dass diese Studie zum einen lediglich die Korrektheit der Einträge evaluiert habe, dabei aber wichtige Aspekte wie Lesbarkeit, Verständlichkeit, Aufbau, thematische Abdeckung etc. unberücksichtigt geblieben seien. Zum anderen sei die Auswahl der Artikel entgegen aller guten Vorsätze auf den naturwissenschaftlichen Bereich beschränkt und damit nicht repräsentativ für das gesamte Wikipedia-Projekt gewesen.[137]

Hammwöhner und seine Co-Autoren versuchten daher 2007 bei ihrer Vergleichsstudie[138], in der sie der deutschen Wikipedia die Enzyklopädie *Der große Brockhaus* gegenüber stellten, eine entsprechend breitere the-

---

136 Vgl. Jim Giles: Internet encyclopaedias go head to head. In: Nature 438 (2005), H. 7070, S. 900f.

137 Vgl. Rainer Hammwöhner [u.a.]: Qualität der Wikipedia. Eine vergleichende Studie. In: Open Innovation: neue Perspektiven im Kontext von Information und Wissen. Beiträge des 10. Internationalen Symposiums für Informationswissenschaft und der 13. Jahrestagung der IuK-Initiative Wissenschaft. Köln, 30. Mai - 1. Juni 2007. Hrsg. von Achim Oßwald, Maximilian Stempfhuber und Christian Wolff. Konstanz: UVK 2007 (= Schriften zur Informationswissenschaft. 46.) S. 77–90. Online unter: http://www-nw.uni-regensburg.de/~har16557/Literatur/isi_2007.pdf [Stand: 23.09.2015], S. 3.

138 Vgl. ebda.

matische Abdeckung zu erreichen. Schon bei der Suche nach Lemmata, die in beiden Enzyklopädien vorkamen, wurden sie mit der Tatsache konfrontiert, dass der Brockhaus zu diesem Zeitpunkt bereits um 20% weniger Einträge vorweisen konnte als die stetig wachsende Wikipedia: Während nur 87 Stichworte aus dem Brockhaus nötig waren, um 50 passende Lemmata in der Wikipedia zu finden, mussten der Wikipedia 205 entnommen werden, um auf 50 entsprechende Brockhaus-Artikel zu kommen. Auch was die Ausführlichkeit und die Quellenangaben betraf, konnte die Wikipedia punkten. Schwächen zeigten sich allerdings in der Orthographie und Interpunktion. Daraus schloß Hammwöhner auf Schwächen im redaktionellen Prozess der Online-Enzyklopädie: „Diese Fehler, wenn es auch nicht so viele waren, nähren den Verdacht, dass auch dort, wo komplexe Sachzusammenhänge redaktionell überprüft werden müssen, Mängel in der Sorgfalt bestehen könnten und sei es nur, weil es keine Zuständigkeiten gibt."[139] Trotz dieser Feststellung zeigte sich aber, dass innerhalb der zwei Jahre zwischen dieser Studie und der vorangegangenen von Christian Schlieker[140] eine erhebliche Verbesserung der Qualität zu beobachten war. Schlieker hatte 2005 die deutsche Wikipedia ebenfalls mit der Druckausgabe des Brockhaus und zusätzlich mit *Encarta*, dem digitalen Enzyklopädieprojekt von *Microsoft* verglichen. Zu diesem Zeitpunkt lag die Wikipedia, was Themenabdeckung, multimediale Unterstützung und Quellenangabe anbelangt, noch hinter dem Brockhaus zurück und konnte lediglich durch ihre Aktualität und die Vernetzung zwischen den Artikeln punkten.

Während sich Vergleichsstudien auf externe Quellen beziehen, arbeiten andere Studien Wikipedia-immanent, also ohne Bezug zu anderen Enzyklopädien, und versuchen auf der Grundlage empirischer Daten Messwerte für die Informationsqualität der Wikipedia zu gewinnen. So versuchte Andrew Lih[141] bereits im Jahr 2004 eine Metrik zu entwickeln, die anhand der Anzahl der Bearbeitungen eines Artikels in Relation zur Anzahl beteiligter Autoren innerhalb eines Beobachtungszeitraums von 15 Monaten die Informationsqualität eines Artikels abbilden sollte. Da sein Fokus dabei auf die Verlässlichkeit der Wikipedia speziell für den Journalismus gerichtet war, wählte er für seine Analyse Artikel aus, die zuvor von der Presse zitiert worden waren. Er deutete eine hohe Anzahl

---

139 Hammwöhner [u.a.]: Qualität der Wikipedia, S. 11.

140 Zitiert nach: Ebda, S. 3f.

141 Andrew Lih: Wikipedia as Participatory Journalism: Reliable Sources? Metrics for evaluating collaborative media as a news resource. Paper for the 5th International Symposium on Online Journalism. Austin: 2004. URL: http://jmsc.hku.hk/faculty/alih/publications/utaustin-2004-wikipedia-rc2.pdf [Stand: 26.09.2015]

an Bearbeitungen als Zeichen für Wachstum und Auseinandersetzung mit dem Thema und somit als positiv, während viele Autoren die Gefahr von unterschiedlichen Standpunkten und somit Inkonsistenzen darstellen, also negativ seien. Auf dieser Basis wurde ein Tool programmiert, das die entsprechenden Artikel analysieren sollte. Diese und ähnliche Studien waren und sind der Ausgangspunkt für Prüfprogramme wie *WikiLint* und *WikiTrust*.

Andreas Brändle legte ein Jahr später die kommunikationswissenschaftliche Studie „Zu wenige Köche verderben den Brei"[142] vor. Er untersuchte darin unter anderem, wie sich die Beachtung, also die Aufmerksamkeit, die einem Artikel zuteil wird, auf dessen Qualität auswirkt. Brändle stellte fest, der Hauptqualitätsfaktor für Wikipedia-Artikel sei ihre Reichhaltigkeit, die sich wiederum aus der *Beachtung* einerseits und der *Relevanz* des Themas andererseits ergebe[143]:

> Von den Teilvariablen der Beachtung erklärt die Anzahl Autoren den grössten Teil der Reichhaltigkeit, gefolgt von der Anzahl Versionen, den Backlinks, dem Alter und zu letzt der Anzahl Page-Views. Beispielsweise wird ab 60 verschiedenen Autoren der Reichhaltigkeits-Mittelwert nicht mehr unterschritten. Die Qualität eines Artikel wächst, wenn er eine grosse Beachtung geniesst, viele Autoren mitwirken, er eine grossen Anzahl Leser auf sich zieht und schon seit längerem in der Wikipedia ist.[144]

Er widerlegte damit Lihs Theorie, zu viele Autoren seien der Qualität nicht zuträglich.

142 Vgl. Brändle: Zu wenige Köche verderben den Brei.
143 Ebda, S. 113.
144 Brändle: Zu wenige Köche verderben den Brei, S. 108.

5 Quantitative Analyse

Die Fragestellung dieser Arbeit lautet zum einen: In welchem Zustand befinden sich die Wikipedia-Artikel, die dem Fachbereich der germanistischen Mediävistik zugeordnet werden können? (Fragestellung 1) Zum anderen soll geklärt werden, inwieweit Wikipedia-Artikel als Erstinformationsquelle für Studierende der germanistischen Mediävistik geeignet sind und dem Vergleich mit entsprechender Fachliteratur standhalten. (Fragestellung 2) Im Rahmen einer quantitativen Bestandsaufnahme und Bewertung wird versucht, diese Fragen zu beantworten. Die Analyse erfolgt in mehreren Schritten:

Schritt 1: Auswahl der Artikel

Lemmata aus der Online-Enzyklopädie, die thematisch der germanistischen Mediävistik zugeordnet werden können, werden gesucht und mit den dazugehörigen Links in einer Tabelle gesammelt.

Schritt 2: Definition und Erhebung von Metadaten

Es werden Kennzahlen definiert und zusammengetragen, die Rückschlüsse auf qualitative Eigenschaften der Artikel erlauben.

Schritt 3: Definition und Anwendung eines Bewertungssystems

Auf Basis der recherchierten Metadaten soll eine Benotung (Schulnotensystem) der Wikipedia-Artikel möglich sein. Beurteilt werden dabei Länge, Übersichtlichkeit, Anschaulichkeit, Angebot an weiterführenden Informationen und Aufmerksamkeit. Als Vergleichswerte dienen die Durchschnittswerte der exzellenten und lesenswerten Artikel.

Schritt 4: Auswertung der Ergebnisse

Aufgrund der Bewertung soll eine Einschätzung der Qualität der gesammelten Artikel erfolgen (Fragestellung 1).

Schritt 5: Hypothesenbildung

Aus den so erlangten Erkenntnissen werden schließlich Hypothesen hinsichtlich der Eignung von Wikipedia-Artikeln als Erstinformationsquelle für Studierende aufgestellt (Fragestellung 2) und im Rahmen der anschließenden qualitativen Analyse anhand von Stichproben überprüft.

5.1 Auswahl der Artikel

Aufgrund des Umfangs der Wikipedia und des Fachgebiets ist im Rahmen dieser Arbeit nur eine grobe Bestandsaufnahme der Artikel aus dem Themenkreis der germanistischen Mediävistik möglich. Insgesamt ließen sich aber immerhin 766 Wikipedia-Artikel dem Umkreis der Fachrichtung zuordnen. Die Auswahl der Lemmata erfolgte mit Hilfe der folgenden Suchmuster:

- Suche nach bekannten Stichwörtern des Fachbereichs über das Suchfeld,
- Suche über weiterführende Hyperlinks in den gefundenen Artikeln,
- Suche über entsprechende Kategorien wie *Literatur (Althochdeutsch)*[145], *Literatur (Mittelhochdeutsch)*[146], *Althochdeutscher Zauberspruch*[147], *Literatur (Frühneuhochdeutsch)*[148], *Germanistischer Mediävist*[149], *Mittelalter (Literatur)*[150], *Spruchdichtung*[151], *Minnesang*[152].

Die Abgrenzung der Artikel erwies sich dabei als Herausforderung. Während viele Lemmata wie Namen von Dichtern, Texte oder Fachbegriffe wie *Märe* oder *Bîspel* ganz eindeutig in den Fachbereich der germanistischen Mediävistik fielen, ließen sich andere, wie zum Beispiel „Literaturgeschichte" oder „Lyrik", der Fachrichtung nur zu einem Teil

145 Vgl. Wikipedia: Kategorie:Literatur (Althochdeutsch). URL: https://de.wikipedia.org/w/index.php?title=Kategorie:Literatur_%28Althochdeutsch%29&oldid=116657590 [Stand: 28.09.2015]

146 Vgl. Wikipedia: Kategorie:Literatur (Mittelhochdeutsch). URL: https://de.wikipedia.org/w/index.php?title=Kategorie:Literatur_%28Mittelhochdeutsch%29&oldid=116393462 [Stand: 28.09.2015]

147 Vgl. Wikipedia: Kategorie:Althochdeutscher Zauberspruch. URL: https://de.wikipedia.org/w/index.php?title=Kategorie:Althochdeutscher_Zauberspruch&oldid=120966311 [Stand: 28.09.2015]

148 Vgl. Wikipedia: Kategorie:Literatur (Frühneuhochdeutsch). URL: https://de.wikipedia.org/w/index.php?title=Kategorie:Literatur_%28Fr%C3%BChneuhochdeutsch%29&oldid=115580218 [Stand: 28.09.2015]

149 Vgl. Wikipedia: Kategorie:Germanistischer Mediävist. URL: https://de.wikipedia.org/w/index.php?title=Kategorie:Germanistischer_Medi%C3%A4vist&oldid=117776213 [Stand: 28.09.2015]

150 Vgl. Wikipedia: Kategorie:Mittelalter (Literatur). URL: https://de.wikipedia.org/w/index.php?title=Kategorie:Mittelalter_%28Literatur%29&oldid=145675717 [28.09.2015]

151 Vgl. Wikipedia: Kategorie:Spruchdichtung. URL: https://de.wikipedia.org/w/index.php?title=Kategorie:Spruchdichtung&oldid=116451725 [Stand: 28.09.2015]

152 Vgl. Wikipedia: Kategorie:Minnesang. URL: https://de.wikipedia.org/w/index.php?title=Kategorie: Minnesang&oldid=145675683 [Stand: 28.09.2015]

zuschreiben. Da sie jedoch eine zentrale Rolle für die germanistische Mediävistik spielen, wurden sie mit ausgewählt. Die Artikel zu Vertretern der Fachrichtung wurden ausschließlich der Kategorie Germanistischer Mediävist entnommen.

Alle so gefundenen Lemmata und die dazugehörigen Links wurden für die spätere Weiterverarbeitung in einer Microsoft Excel Datei gesammelt.

5.2 Definition der Metadaten

Im nächsten Schritt wurden Metadaten definiert, die Rückschlüsse auf die Qualität der Artikel erlauben. Im Fokus standen dabei einerseits strukturelle Daten, wie Länge, Anzahl der Überschriften, Bilder, Listen etc., andererseits Daten, die Aufschluss über die Entstehungsgeschichte des jeweiligen Artikels geben, wie dessen Erstellungsdatum oder die Anzahl der Bearbeiter. Insgesamt wurden die folgenden Daten zu jedem der 766 Artikel erhoben:

- Erstellungsdatum des Artikels
- Datum der letzten Bearbeitung
- Anzahl der beteiligten Autoren
- Anzahl der Bearbeitungen
- Länge des Artikels in Zeichen inklusive Leerzeichen
- Länge des Artikels in Wörtern
- Anzahl der Überschriften
- Anzahl der eingefügten Bilder
- Anzahl der weiterführenden Literaturhinweise inklusive Hörbücher
- Jahreszahl des aktuellsten Literaturhinweises
- Anzahl der Einzelnachweise
- Anzahl der Weblinks
- Anzahl der Absätze und Wörter in Absätzen
- Anzahl der Tabellen und Wörter in Tabellen
- Anzahl der Listeneinträge und Wörter in Listen
- Auszeichnungen und Markierungen – sowohl positive, wie *lesenswert* oder *exzellent*, als auch negative, wie Hinweise auf fehlende Quellen

5.3 Erhebung der Metadaten – das Programm *html-Inspector*

Für die Erhebung der meisten dieser Daten wurde in Zusammenarbeit mit Dietmar Gösseringer (Telematik) und Maksym Deineko (technische Mathematik) ein Computerprogramm entwickelt. Es wurde in der Programmiersprache *Ruby* geschrieben, einer ursprünglich in Japan entstandenen höheren Programmiersprache, die mittlerweile als *Open-Source*-Projekt weiterentwickelt wird[153].

Die Selektion der zu analysierenden Artikel erfolgte aufgrund der Uploaddatei *links.txt*, einer Textdatei, in der alle auszuwertenden Wikipedia-Links untereinander aufgelistet, also durch Zeilenumbruch getrennt sind:

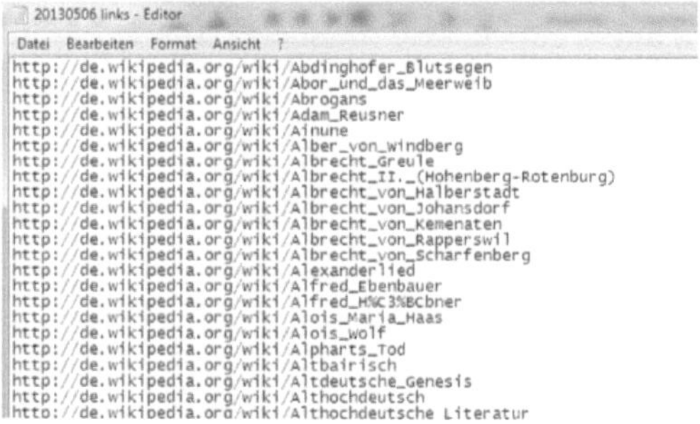

Abbildung 5: Screenshot der Datei links.txt

Neben der Statistik *links_statistik.csv* und dem Verarbeitungsprotokoll *output.txt* wirft das Programm auch den Artikel selbst in verschiedenen Varianten, die Statistikseite und die Metadaten der Wikipedia zum jeweiligen Artikel als *html-* bzw. *txt*-Dokumente aus. Was das Programm nicht auswerten konnte, wurde händisch recherchiert. Die folgenden Abschnitte beschreiben die Recherchevorgänge zu den einzelnen Datenreihen im Detail.

5.3.1 Aufbau und Arbeitsweise des *html-Inspectors*

Im Folgenden wird nun die Arbeitsweise des *html-Inspectors* genau beschrieben. Um die Lesbarkeit zu gewährleisten, verwenden Texteditoren verschiedene Mittel der Syntaxhervorhebung. Im SciTE-Editor werden

153 Vgl. Ruby, der beste Freund eines Programmierers. Über Ruby. URL: https://www.ruby-lang.org/de/about/ [Stand: 26.09.2015]

die Programmeingaben wie folgt markiert:

- Schrift schwarz: ausführbarer Code / Befehle
- **Schrift fett: Schlüsselworte für Bedingungen und Schleifenkonstruktionen**
- *Schrift kursiv: Textketten/-blöcke unter Anführungszeichen*
- Zeile beginnt mit einem #-Zeichen: Kommentare
- Hinterlegung schwarz: reguläre Ausdrücke

Für die Zitate aus dem Programm wurden diese Formatierungen sowie die Zeilennummern in eckigen Klammern übernommen.

Im ersten Schritt bereitet sich das Programm die Datei *links_statistik.csv* mittels des Befehls *w* (*write*) zum Schreiben vor und versieht die Tabelle mit vordefinierten Überschriften:

```
[15] csv = File.open(File.join(out_path, "links_statistik.csv"), "w")
[16] csv.write("URL;Artikel;Erstellt am;Zuletzt aktualisiert am;#Zeichen;#Worte;#Ueberschriften;#Bilder;
#Literaturhinweise;Aktuellster Literaturhinweis;#Fussnoten;#Weblinks;#Autoren;#Bearbeitungen;#Absaetze;
#Worte(Absaetze);#Tabellen; #Worte(Tabellen);#Listen;#Worte(Listen);Qualifikatoren\n")
```

Anschließend öffnet es die Uploaddatei *links.txt,* in der zuvor die Liste mit allen auszuwertenden Wikipedia-Links gespeichert wurde, mit dem Befehl *r* (*read*) und liest so die Links aus:

```
[18] File.open("links.txt", "r").each do |url|
```

Die Links werden von potentiell falschen Zeichen wie zum Beispiel Leerzeichen befreit und die Ausgabe während der Verarbeitung bzw. für das Verarbeitungsprotokoll definiert:

```
[20] # remove leading/trailing line feeds, spaces etc.
[21] url.strip!
[22]
[23] # Log to screen
[24] puts "Processing URL: " + url
[25] $stdout.flush
```

Daraus extrahiert das Programm wiederum den Artikelnamen:

```
[29] # retrieve article name
[30] article = url.split('/').last
```

Die gesamte Hauptseite des Artikels wird selektiert und in die Datei *[Artikelname].html* geschrieben:

```
[32] # read URL / main web page
[33] main_webpage  = open(url)
[34] fullcontent   = Hpricot(main_webpage)
[35] File.open(File.join(out_path,article) + ".html", 'w') {|file| file.write(fullcontent) }
```

Die Menü- und Fußleisten werden dann entfernt und der tatsächliche Inhalt des Artikels einmal in die Datei *[Artikelname]_content.html* und einmal in die Datei *[Artikelname]_ content.txt* gespeichert:

```
# extract main web page content (w/o navigation stuff etc.)
maincontent  = fullcontent.search("/html/body/#content")
File.open(File.join(out_path,article) + "_content.html", 'w') {|file| file.write(maincontent) }
maincontenttext = maincontent.inner_text.split("\n").map{|line| line.strip}.join("\n")
File.open(File.join(out_path,article) + "_content.txt", 'w') {|file| file.write(maincontenttext) }
```

Beginnend mit den Literaturhinweisen extrahiert der *html-Inspector* nun schrittweise die Daten aus dem jeweiligen Artikel. Dazu werden zunächst Abschnittsüberschriften definiert, die Literaturhinweise beinhalten können:

```
# extract chapter contents and parse for literature & weblinks...
literature_chapter_tokens = ["Literatur", "Schriften", "Publikationen", "Edition", "Werke", "Quellen", "Textausgaben"]
```

Innerhalb der gefundenen Abschnitte werden die Listeneinträge *li* gezählt, um so die Anzahl an Literaturhinweisen zu ermitteln, und es wird mit Hilfe regulärer Ausdrücke definiert, wie eine Jahreszahl aussieht:

```
# Parse literature chapter contents
contains = false
literature_chapter_tokens.each { |token|
  if chapter =~ /#{Regexp.escape(token)}/i
    contains = true
    if line =~ /\<li\>/
      nliteraturhinweise+=1
      jahreszahlen << line.scan(/\b[12]\d{3}\b/)
      #puts " - Literaturhinweis: Kap. '" + chapter + "': " + line
    end
  end
 }
}
```

Das Programm versucht dann aus den so ermittelten Literaturhinweisen und Jahreszahlen den aktuellsten Literaturhinweis zu selektieren:

```
# jüngsten literaturhinweis finden
#puts " - Liste der Jahreszahlen: " + jahreszahlen.join(',').to_s
if !jahreszahlen.empty?
  jahreszahlen.flatten!.sort!
  #puts " - Liste der Jahreszahlen (sortiert): " + jahreszahlen.join(',').to_s
  while jahreszahlen.last.to_i > 2015 do
    jahreszahlen.pop
  end
  #puts " - Liste der Jahreszahlen (sortiert + gekürzt bis 2015): " + jahreszahlen.join(',').to_s
  if !jahreszahlen.empty? then aktuellster_literaturhinweis = jahreszahlen.last end
end
#puts " - #Literaturhinweise: " + nliteraturhinweise.to_s
#puts " - Aktuellster Literaturhinweis: " + aktuellster_literaturhinweis.to_s
```

Im nächsten Schritt werden die Weblinks auf ähnliche Weise wie die Literaturhinweise auf Basis der gefunden Listeneinträge gezählt:

```
# Weblinks
nWeblinks = 0
weblinks_chapter_content_text.split("\n").each { |line| if line =~ /\<li/ then nWeblinks+=1 end }
#puts " - #Weblinks(String): " + nWeblinks.to_s
```

Die Seiteninformationen, die Wikipedia zu jedem Artikel zur Verfügung stellt, und die Metadaten der Seite werden in die Dateien *[Artikelname]_info.html* und *[Artikelname]_ meta.txt* übertragen:

```
# read information URL
```

```
infourl = "https://de.wikipedia.org/w/index.php?title=" + article + "&action=info"
info_webpage = open(infourl)
infocontent = Hpricot(info_webpage)
infocontenthtml = infocontent.to_html
File.open(File.join(out_path,article) + "_info.html", 'w') {|file| file.write(infocontenthtml) }

# main web page meta data
File.open(File.join(out_path,article) + "_meta.txt", 'w') {|file| file.write(main_webpage.meta) }
```

Aus den Seiteninformationen entnimmt das Programm das Erstellungsdatum (*Creation Date*), das Datum der letzten Bearbeitung (*Last Edition Date*) sowie die Anzahl der seit Erstellung des Artikels vorgenommenen Änderungen (*NModifications*):

```
# Field: Creation Date \d
creation_date_line = infocontenthtml.split("\n").select{|line| line =~ /Seitenerstellung/}
creation_date = creation_date_line.at(0).sub(/.*\<a href=.*\>\d{1,2}:\d{1,2}, (.*)\<\/a\>.*/, '\1')
#puts " - Seitererstellung: " + creation_date.to_s

# Field: Last Edition Date
last_edition_date_line = infocontenthtml.split("\n").select{|line| line =~ /Datum der letzten Bearbeitung/}
last_edition_date = last_edition_date_line.at(0).sub( /.*\<a href=.*\>\d{1,2}:\d{1,2}, (.*)\<\/a\>.*/, '\1')
#puts " - Datum der letzten Bearbeitung: " + last_edition_date.to_s

[…]

# Field: NModifications
nmodifications_line = infocontenthtml.split( "\n").select{|line| line =~ /Gesamtzahl der Bearbeitungen/}
nmodifications = nmodifications_line.at(0).sub(/.*Gesamtzahl der Bearbeitungen\<\/td\>\<td\>(.*)\<\/td.*/,
'\1')
#puts " - Gesamtzahl der Bearbeitungen: " + nmodifications.to_s
```

In der ursprünglichen Version des Programms war auch vorgesehen, dass die Anzahl der beteiligten Autoren aus den Seiteninformationen entnommen werden. Diese Information wird von der Wikipedia inzwischen jedoch nicht mehr angeboten. Für den Fall, dass sich dies wieder ändert, blieb der Programmschritt erhalten:

```
# Field: NAuthors
nauthors_line = infocontenthtml.split("\n").select{|line| line =~ /Gesamtzahl unterschiedlicher Autoren/}
nauthors = if nauthors_line.empty? then 0 else
  nauthors_line.at(0).sub(/.*Gesamtzahl unterschiedlicher Autoren\<\/td\>\<td\>(.*)\<\/td.*/, '\1')
end
#puts " - Gesamtzahl unterschiedlicher Autoren: " + nauthors.to_s
```

Anschließend wechselt der *html-Inspector* wieder in den Hauptartikel und entnimmt diesem Zeichen- und Wortanzahl (*NChars* und *NWords*), die Anzahl an Zwischenüberschriften (*NH2*, *NH3*, *NH4* u. *NH5*) und die Anzahl der im Artikel enthaltenen Bilder (*NBilder*), die es aufgrund der Mark-Up-Zeichen im Quelltext des Artikels ermitteln kann:

```
# Field: NChars
ncharacters = maincontenttext.length
#puts " - #Zeichen: " + ncharacters.to_s

# Field: NWords
nwords = maincontenttext.split.size
#puts " - #Worte: " + nwords.to_s

# Field: NH2
nH2 = ((maincontent/"h2").size)
```

```
(maincontent/"h2").each { |headingitem|
  if headingitem.to_s =~ /Inhaltsverzeichnis/
    nH2 -= 1
  end
}
#puts " - No. H2 headings: " + nH2.to_s

# Field: NH3
nH3 = ((maincontent/"h3").size)
#puts " - No. H3 headings: " + nH3.to_s

# Field: NH4
nH4 = ((maincontent/"h4").size)
#puts " - No. H4 headings: " + nH4.to_s

# Field: NH5
nH5 = ((maincontent/"h5").size)
#puts " - No. H5 headings: " + nH5.to_s

# Field: NBilder
nimages = maincontent.search("a[@class='image']").size
#puts " - No. images: " + nimages.to_s
```

Die Einzelnachweise und Auszeichnungen werden in einem gemeinsamen Programmschritt ausgewertet. Dabei greift das Programm erneut auf die Wikipedia-Mark-Ups zurück, die die entsprechenden Textteile als ebensolche auszeichnen:

```
# Einzelnachweise (<li id="cite) + Qualifikatoren (Qsicon_Unverstaendlich.svg.png, Qsicon_Quelle.svg.png, Vorlage_Lesenswert, Vorlage_Exzellent, ...)
nEinzelnachweise = 0
quali = Array.new
maincontent.to_html.split("\n").each { |line|
  if line =~ /\<li id=\"cite/ then nEinzelnachweise+=1 end
  if line =~ /Qsicon_Unverstaendlich.svg.png/ then quali << "Unverstaendlich" end
  if line =~ /Qsicon_Quelle.svg.png/ then quali << "Quelle" end
  if line =~ /Vorlage_Lesenswert/ then quali << "Lesenswert" end
  if line =~ /Vorlage_Exzellent/ then quali << "Exzellent" end
  if line =~ /Qsicon_Ueberarbeiten.svg.png/ then quali << "Ueberarbeiten" end
  if line =~ /Qsicon_Lücke.svg.png/ then quali << "Lueckenhaft" end
  if line =~ /Qsicon_Achtung.svg.png/ then quali << "Neutralität" end
  if line =~ /Qsicon_Weblink_red.svg.png/ then quali << "DefekterLink" end
}
#puts " - #Einzelnachweise: " + nEinzelnachweise.to_s
```

Schließlich ermittelt der *html-Inspector* noch die Anzahl an Absätzen (*nparagraphs*), Tabellen (*ntables*) und Listen (*nlists*) und die jeweils darin enthaltenen Wörter (*ncharacters_paragraphs, ncharacters_tables* und *ncharacters_lists*):

```
nparagraphs = (maincontent/"p").size
#puts " - No. paragraphs: " + nparagraphs.to_s

paragraphs = (maincontent/"p").inner_text
#File.open(article + "_paragraphs.html", 'w') {|file| file.write(paragraphs) }
ncharacters_paragraphs = paragraphs.split.size
#puts " - Word count (paragraphs): " + ncharacters_paragraphs.to_s

ntables = (maincontent/"table").size
#puts " - No. tables: " + ntables.to_s
ncharacters_tables = (maincontent/"table").inner_text.split.size
#puts " - Word count (tables): " + ncharacters_tables .to_s

nlists = ((maincontent/"ul").size + (fullcontent/"ol").size)
```

```
#puts " - No. lists: " + nlists.to_s
ncharacters_lists = (maincontent/"li").inner_text.split.size
#puts " - Word count (lists): " + ncharacters_lists.to_s
```

Alle erhobenen Daten müssen nun noch in die zu Beginn vorbereitete Datei *links_statistik.csv* geschrieben werden. Die meisten Daten können an dieser Stelle bereits einfach übernommen werden. Lediglich die Anzahl der Zwischenüberschriften wird noch im Zuge des Übertrags addiert:

```
#csv.write("URL;Artikel;Erstellt am;Zuletzt aktualisiert am;#Zeichen;#Worte;#Überschriften;#Bilder;
#Literaturhinweise;Aktuellster Literaturhinweis;#Fußnoten;#Weblinks;#Autoren;#Bearbeitungen;;#Absaetze;
#Worte(Absaetze);#Tabellen;#Worte(Tabellen);#Listen;#Worte(Listen)")
csv.write(
  url+";"+
  article+";"+
  creation_date+";"+
  last_edition_date+";"+
  ncharacters.to_s+";"+
  nwords.to_s+";"+
  (nH2+nH3+nH4+nH5).to_s+";"+
  nimages.to_s+";"+
  nliteraturhinweise.to_s+";"+
  aktuellster_literaturhinweis+";"+
  nEinzelnachweise.to_s+";"+
  nWeblinks.to_s+";"+
  nauthors.to_s+";"+
  nmodifications.to_s+";"+
  nparagraphs.to_s+";"+
  ncharacters_paragraphs.to_s+";"+
  ntables.to_s+";"+
  ncharacters_tables.to_s+";"+
  nlists.to_s+";"+
  ncharacters_lists.to_s+";"+
  quali.join('|').to_s+
  "\n")
```

Abschließend wurde noch definiert, dass das Programm im Falle eines Fehlers nicht abbricht, sondern den Fehler am Verarbeitungsprotokoll entsprechend ausgibt und mit dem nächsten Datensatz fortfährt:

```
rescue NoMethodError => e
  $stderr.puts "ERROR", e.inspect
  $stderr.puts e.backtrace
end
end
```

Damit ist die Ausgabe beendet, und die *csv-D*atei wird geschlossen:

```
csv.close
```

5.3.2 Ergebnisse des Programms

Der *html-Inspektor* wurde für die vorliegende Analyse am 12.10.2015 um 8:11:41 Uhr gestartet und war nach 17,7 Minuten abgeschlossen. Alle Analysen im weiteren Verlauf der Arbeit beziehen sich auf diesen Datenstand. Folgende Daten konnten dabei ohne manuelle Nachbearbeitung korrekt durch das Programm ausgelesen werden:

Spalte	Quelle	Inhalt
Erstellt am	Seiteninformationen	Datum der Ersterfassung des jeweiligen Artikels
Zuletzt aktualisiert am	Seiteninformationen	Datum der letzten Bearbeitung
Anzahl Bearbeitungen	Seiteninformationen	Anzahl der in der Versionsgeschichte vermerkten Änderungen
Anzahl Zeichen	Artikel	Länge des Artikels ab der Überschrift bis inklusive der Kategorien in Zeichen inklusive Leerzeichen
Anzahl Wörter	Artikel	Länge des Artikels ab der Überschrift bis inklusive der Kategorien in Wörtern
Anzahl Überschriften	Artikel	Summe aller Überschriften außer der Hauptüberschrift (also nur *h2* bis *h5*), die den Artikel gliedern; keine Unterscheidung der Ebenen.
Anzahl Bilder	Artikel	Anzahl der im Artikel enthaltenen Bilddateien
Anzahl Fußnoten	Artikel	Summe aller Einzelnachweise
Anzahl Weblinks	Artikel	Summe der aufgelisteten Weblinks exklusive wikipedia-interner Links
Anzahl Absätze	Artikel	Anzahl der Absätze
Anzahl Wörter in Absätzen	Artikel	Anzahl aller Wörter, die sich innerhalb von Absätzen befinden
Anzahl Tabellen	Artikel	Anzahl der Tabellen
Anzahl Wörter in Tabellen	Artikel	Anzahl aller Wörter, die sich innerhalb von Tabellen befinden
Anzahl Listeneinträge	Artikel	Anzahl der Einträge in Listen mit Aufzählungszeichen oder ungeordneten Listen
Anzahl Wörter in Listen	Artikel	Anzahl der Wörter innerhalb der Listeneinträge
Auszeichnungen od. Markierungen	Artikel	Auszeichnungen: • Lesenswert • Exzellent Markierungen: • Unverständlich • Quelle • Überarbeiten • Definition fehlt • Lückenhaft • Neutralität

Tabelle 2: automatisch korrekt ermittelte Metadaten

Es wurden neben der Auswertung *links_statistik.csv* und dem Verarbeitungsprotokoll *output.txt* 3.830 html und txt Dateien mit den Inhalten der Artikel und Seiteninformationen erzeugt.

5.3.3 Probleme des *html-Inspectors* – manuelle Aufbereitung

Es gab jedoch auch Daten, die das Programm nicht oder zumindest nicht korrekt auswerten konnte. Bevor also alle Daten in der Datei *Statistik Wikipedia.xls* aufbereitet und ausgewertet werden konnten, wurden einige Datensätze manuell ergänzt oder korrigiert. Diese Nachbearbeitung und Datenerhebung erfolgte zwischen 13. und 28. Oktober 2015.

Sonderzeichen in Artikelnamen

Da das Programm den Artikelnamen aus der URL ermittelt hat, wurden die darin enthaltenen Sonderzeichen entsprechend falsch dargestellt. Zum Beispiel wurde das Wort *Âventiure* als „%C3%82ventiure" ausgegeben. Da die korrekten Lemmata zusammen mit den Links aber bereits im Zuge der Linksammlung in einem Excel-File gesammelt worden waren, konnten diese mit der Auswertung abgeglichen und so korrigiert werden.

Anzahl der Autoren

Die Anzahl der Autoren wurde im Verlauf der Arbeit aus den Seiteninformationen der Wikipedia entfernt und konnte daher vom *html-Inspector* nicht mehr ermittelt werden. Alternativ wird in den Seiteninformationen unter der Überschrift „Tools" unter anderen der Link *Hauptautoren* zur Verfügung gestellt, der auf die Webseite *WikiHistory* führt. Zum jeweiligen Artikel werden dort neben der Gesamtanzahl der Autoren auch interessante Statistiken und Diagramme angeboten.[154] Da ein dahingehender Umbau des *html-Inspectors* zu aufwändig gewesen wäre, wurden die Werte zu den einzelnen Artikeln der *WikiHistory* manuell entnommen.

Anzahl der Literatur- und Werkshinweise

Als Hauptproblem bei der Ermittlung der Literaturhinweise stellte sich die mangelhafte Normierung der Artikel heraus. Das Programm suchte im Artikelkorpus alle Überschriften, die eines der Schlüsselwörter *Literatur, Schriften, Publikationen, Edition, Werke, Quellen* oder *Textausgaben* enthielten, und summierte anschließend die Listeneinträge. Aufgrund der unterschiedlichen Formulierungen und Formatierungen in den Artikeln ergaben sich daraus folgende Probleme:

---

154 Vgl. Beispiel: WikiHistory: Artikelstatistik zu Germanistische Mediävistik. URL: https://tools.wmflabs.org/wikihistory/wh.php?page_title=Germanistische_Medi%C3%A4vistik [Stand: 13.10.2015]

Doppelte Summierung bei Mehrfachnennungen:

Enthielt eine Überschrift mehr als einen Schlüsselbegriff, so wurden die Listeneinträge doppelt gezählt:

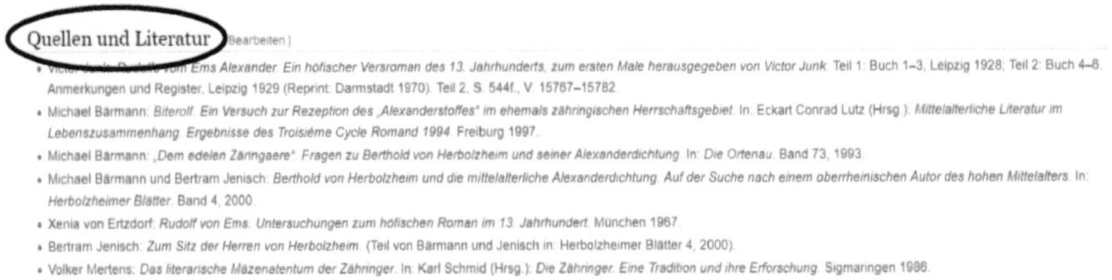

Quellen und Literatur [Bearbeiten]

- Ems Alexander. *Ein höfischer Versroman des 13. Jahrhunderts, zum ersten Male herausgegeben von Victor Junk.* Teil 1: Buch 1–3, Leipzig 1928; Teil 2: Buch 4–6. Anmerkungen und Register, Leipzig 1929 (Reprint: Darmstadt 1970). Teil 2, S. 544f., V. 15767–15782.
- Michael Bärmann: *Biterolf. Ein Versuch zur Rezeption des „Alexanderstoffes" im ehemals zähringischen Herrschaftsgebiet.* In: Eckart Conrad Lutz (Hrsg.): *Mittelalterliche Literatur im Lebenszusammenhang. Ergebnisse des Troisiéme Cycle Romand 1994.* Freiburg 1997.
- Michael Bärmann: *„Dem edelen Zäringaere". Fragen zu Berthold von Herbolzheim und seiner Alexanderdichtung.* In: *Die Ortenau.* Band 73, 1993.
- Michael Bärmann und Bertram Jenisch: *Berthold von Herbolzheim und die mittelalterliche Alexanderdichtung. Auf der Suche nach einem oberrheinischen Autor des hohen Mittelalters.* In: *Herbolzheimer Blätter.* Band 4, 2000.
- Xenia von Ertzdorf: *Rudolf von Ems. Untersuchungen zum höfischen Roman im 13. Jahrhundert.* München 1967.
- Bertram Jenisch: *Zum Sitz der Herren von Herbolzheim.* (Teil von Bärmann und Jenisch in: Herbolzheimer Blätter 4, 2000).
- Volker Mertens: *Das literarische Mäzenatentum der Zähringer.* In: Karl Schmid (Hrsg.): *Die Zähringer. Eine Tradition und ihre Erforschung.* Sigmaringen 1986.

Abbildung 6: Screenshot aus dem Artikel „Berthold von Herbolzheim"

Hier ermittelte das Programm anstatt sieben gleich 14 Literaturhinweise, weil es mit jedem der beiden Begriffe in der Überschrift erneut die darunterliegende Liste auswertete. Eine technische Lösung wäre ein Exit nach der erstmaligen Ermittlung gewesen. Da aber durchaus auch Artikel existieren, in denen es tatsächlich zwei gesonderte Listen gibt, hätte auch diese Vorgehensweise fehlerhafte Ergebnisse nicht ausschließen können.

Alternative Überschriften:

Zum Teil wurden in den Artikeln unterschiedliche Varianten von Überschriften benutzt, die im Programm nicht definiert worden waren, wie *Ausgabe, Hauptwerke, Herausgaben, Übersetzungen, Werksausgaben, Veröffentlichungen, Werk, Anthologien, Veröffentlichungen* und viele mehr. Für einen weiteren Auswertungslauf könnten diese noch ergänzt werden.

Es wurden aber auch Überschriften, die der *html-Inspector* als Literaturhinweise erkannte, nicht für solche verwendet. Zum Beispiel fasste man unter der Überschrift *Quellen* im Artikel *Kaiserchronik*[155] die Vorläufer der Chronik zusammen, die nicht als Literaturhinweise gelten können. Im Artikel *Locus amoenus*[156] wurde das Wort wiederum als Überschrift für die Einzelnachweise verwendet.

Fehlende Aufzählung:

In manchen Artikeln wurden die Literaturhinweise gänzlich ohne Auf-

---

155 Vgl. Wikipedia: Kaiserchronik. URL: https://de.wikipedia.org/w/index.php?title=Kaiserchronik&oldid=116736669 [Stand: 27.10.2015]

156 Vlg. Wikipedia: Locus Amoenus. URL: https://de.wikipedia.org/w/index.php?title =Locus_amoenus&oldid=145884071 [Stand: 27.10.2015]

zählungszeichen aufgelistet. Da das Programm nach Listeneinträgen suchte, konnten in diesen Fällen keine Literaturhinweise ermittelt werden:

Textausgabe [Bearbeiten]

Pfaff, Friedrich (Hg.): Die große Heidelberger Liederhandschrift (Codex Manesse) In getreuem Textabdruck hrsg. v. F. Pfaff. Titelausgabe der zweiten, verbesserten und ergänzten Auflage bearbeitet v. Hellmut Salowsky mit einem Verzeichnis der Strophenanfänge und 7 Schrifttafeln. Heidelberg 1995, Sp. 994-1005.

Abbildung 7: Screenshot aus dem Artikel „Steinmar“

Untergliederte Literaturhinweise:

Wurden zu einem mehrbändigen Literaturhinweis auch die Einzelbände aufgezählt, wurden diese ebenfalls addiert:

Literatur

- Eberhard Gottlieb Graff: *Althochdeutscher Sprachschatz oder Wörterbuch der althochdeutschen Sprache.* I–VI. Berlin 1834–1842, Neudruck Hildesheim 1963.
- Hans Ferdinand Massmann: *Vollständiger alphabetischer Index zu dem althochdeutschen Sprachschatze von E. G. Graff.* Berlin 1846, Neudruck Hildesheim 1963.
- Rolf Bergmann u. a. (Hrsg.): *Althochdeutsch.*
  1. *Grammatik. Glossen. Texte.* Winter, Heidelberg 1987, ISBN 3-533-03877-7.
  2. *Wörter und Namen. Forschungsgeschichte.* Winter, Heidelberg 1987, ISBN 3-533-03940-4.
- Wilhelm Braune: *Althochdeutsche Grammatik.* Niemeyer, Tübingen 2004, ISBN 3-484-10861-4.
- Eckhard Meineke, Judith Schwerdt: *Einführung in das Althochdeutsche* (= UTB 2167). Schöningh, Paderborn u. a. 2001, ISBN 3-8252-2167-9.
- Horst Dieter Schlosser: *Althochdeutsche Literatur.* 2. Auflage, Berlin 2004.
- Richard Schrodt: *Althochdeutsche Grammatik II. Syntax.* Niemeyer, Tübingen 2004, ISBN 3-484-10862-2.
- Rudolf Schützeichel: *Althochdeutsches Wörterbuch.* Niemeyer, Tübingen 1995, ISBN 3-484-10636-0.
- Stefan Sonderegger: *Althochdeutsche Sprache und Literatur. Eine Einführung in das älteste Deutsch. Darstellung und Grammatik.* Walter de Gruyter, Berlin [u. a.] 1987, ISBN 3-11-004559-1.
- Bergmann, Pauly, Moulin: *Alt- und Mittelhochdeutsch. Arbeitsbuch zur Grammatik der älteren deutschen Sprachstufen und zur deutschen Sprachgeschichte.* 7. Auflage, Göttingen 2007, ISBN 978-3-525-20836-6.
- Jochen Splett: *Althochdeutsches Wörterbuch. Analyse der Wortfamilienstrukturen des Althochdeutschen, zugleich Grundlegung einer zukünftigen Strukturgeschichte des deutschen Wortschatzes.* Berlin/New York 1993, ISBN 3-11-012462-9.
- Rosemarie Lühr: *Die Anfänge des Althochdeutschen.* In: *NOWELE* 66, 1 (2013), S. 101–125. (Volltext)

Abbildung 8: Screenshot aus dem Artikel „Althochdeutsch“

Das Programm zählte hier zwölf Literaturhinweise, weil die Nummerierungsebenen nicht berücksichtigt wurden und so der Doppelband *Althochdeutsch* als drei Literaturangaben statt einer verstanden wurde. Korrekt wären also gesamt zehn.

Ermittlung des aktuellsten Literaturhinweises

Dem *html-Inspector* war es in den meisten Fällen möglich, die Jahreszahl des aktuellsten Literaturhinweises automatisch zu ermitteln. Probleme gab es teilweise mit Jahreszahlen, die direkt an ein anderes Zeichen angrenzten, wenn es sich bei den angrenzenden Zeichen nicht um Klammern oder Trennzeichen handelte:

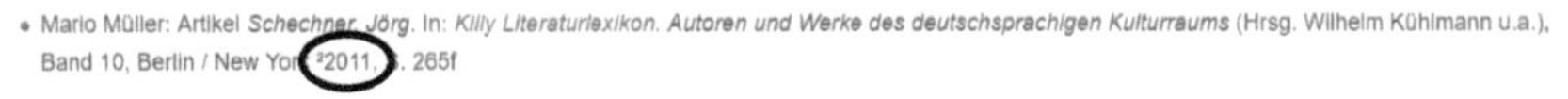
• Mario Müller: Artikel Schechner, Jörg. In: Killy Literaturlexikon. Autoren und Werke des deutschsprachigen Kulturraums (Hrsg. Wilhelm Kühlmann u.a.), Band 10, Berlin / New York ²2011, S. 265f

Abbildung 9: Screenshot aus dem Artikel „Jörg Schechner“

Auch wenn eine Jahreszahl nicht vollständig ausgeschrieben wurde, konnte das Programm diese nicht korrekt ermitteln. In diesem Beispiel wurde 2003 ausgegeben:

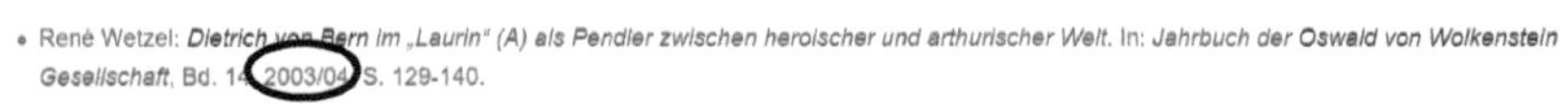
• René Wetzel: Dietrich von Bern im „Laurin“ (A) als Pendler zwischen heroischer und arthurischer Welt. In: Jahrbuch der Oswald von Wolkenstein Gesellschaft, Bd. 14 (2003/04) S. 129-140.

Abbildung 10: Screenshot aus dem Artikel „König Laurins Rosengarten“

Bei 615 von 766 Datensätzen wurden sowohl die Anzahl aller als auch das Jahr des jüngsten Literaturhinweises automatisch korrekt ermittelt.

5.4 Bewertungskriterien und Bewertung

Aufgrund der erhobenen Daten sollen nun Rückschlüsse auf die Qualität der Artikel möglich sein. Bewertet werden dabei die folgenden Kriterien:

- Länge
- Übersichtlichkeit
- Anschaulichkeit
- Angebot an weiterführenden Informationen
- Aktualität
- Aufmerksamkeit

Zunächst wird definiert, was einen guten Artikel im Sinne der ausgewerteten Daten und auszuwertenden Kriterien ausmacht. Unter den 766 Artikeln der Fachrichtung gibt es 16 ausgezeichnete Artikel. Neun wurden als lesenswert, sieben als exzellent gekennzeichnet. Das sind insgesamt 2,09 %. Im Vergleich dazu liegt der Anteil der ausgezeichneten Artikel in der gesamten deutschsprachigen Ausgabe der Wikipedia bei 0,35 %. Da diese Einträge, wie in Kapitel 4.2.5 erläutert, im Vergabeprozess der Gütesiegel ausgiebig geprüft wurden, seit mindestens sechs Jahren existieren und entsprechend gewartet worden sind, kann davon ausgegangen werden, dass sie von entsprechend hoher Qualität im Sinne der oben genannten Kriterien sind. Ihre Werte werden daher als Maßstab für die Gesamtheit der Wikipedia-Einträge zur germanistischen Mediävistik angenommen.

Die folgende Tabelle zeigt die durchschnittlichen Werte aller 766 Artikel zur germanistischen Mediävistik im Verhältnis zu den Durchschnittswerten der 16 ausgezeichneten Artikel und, dort wo entsprechende Daten zur Verfügung standen, zu jenen der gesamten deutschsprachigen Wikipedia:

Durchschnitt Artikel GM	Durchschnitt Artikel GM ausgezeichnet	Wikipedia gesamt
9.435 Zeichen / 1261 Wörter	49.110 Zeichen / 6784 Wörter	
6 Überschriften	21 Überschriften	
1 Bild	10 Bilder	
9 Litertaturhinweise	24 Literaturhinweise	
2 Weblinks	8 Weblinks	
1 Tabelle	2 Tabellen	
6 Listen	13 Listen	
51 Autoren	286 Autoren	
91 Bearbeitungen	726 Bearbeitungen	29 Bearbeitungen

Tabelle 3: Durchschnittswerte im Vergleich

Die Messwerte aller Artikel der Fachrichtung weichen im Durchschnitt zu 81% von jenen ausgezeichneter Artikel ab. Dabei ist allerdings die Länge ein maßgeblicher Faktor. Die meisten der anderen Werte hängen davon ab: Je länger ein Artikel ist, desto mehr Überschriften, Bilder, Listen, Beteiligte etc. sind nötig, damit er übersichtlich und ansprechend bleibt.

Die Wikipedia stellt leider kaum vergleichbare Daten zum Gesamtbestand der Artikel zur Verfügung. Lediglich die Anzahl der Bearbeitungen wird auf der Statistikseite[157] angegeben.

5.4.1 Länge

Die Länge der Artikel spielt also eine maßgebliche Rolle, wenn es darum geht, Qualitätsmerkmale im richtigen Verhältnis zu bewerten. Sie stellt aber auch für sich ein Qualitätsmerkmal dar, da in der Regel mit der Länge eines Eintrags auch die Menge an Informationen steigt. Die folgende Grafik veranschaulicht, wie die Artikel der germanistischen Mediävistik insgesamt in Bezug auf die Wortanzahl verteilt sind:

157 Vgl. Wikipedia: Spezial:Statistik. URL: https://de.wikipedia.org/wiki/Spezial:Statistik [Stand: 3.11.2015]

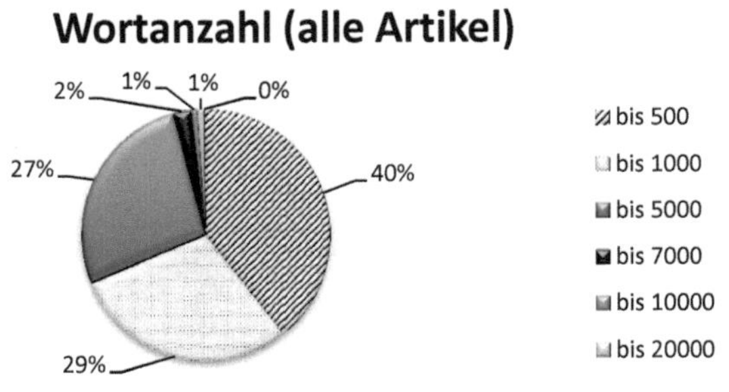

Abbildung 11: Diagramm der Wortanzahl über alle 766 Artikel

526 Artikel (rund 69 %) sind unter 1.000 Wörter lang, 40 % sind mit unter 500 Wörtern besonders kurz. Nur 32 von 766 Artikeln (rund 4 %) kommen auf eine Wortanzahl von über 5.000. Bei den ausgezeichneten Artikeln sieht die Verteilung anders aus:

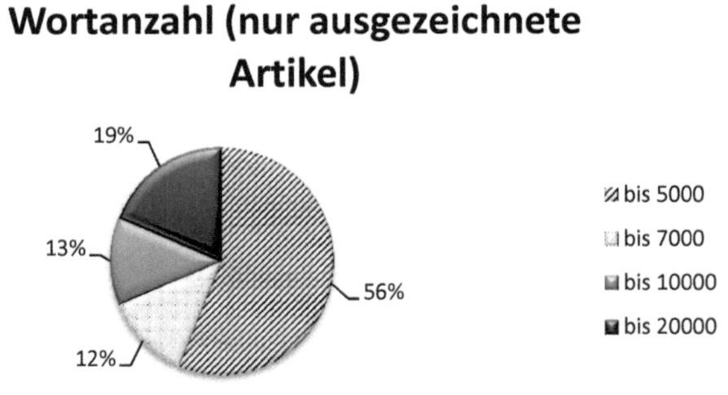

Abbildung 12: Diagramm der Wortanzahl über die 16 ausgezeichneten Artikel

Der kürzeste ausgezeichnete Artikel ist der als *lesenswert* gekennzeichnete Artikel zum *Ingeram-Codex* mit rund 1.900 Wörtern[158]. *Der arme Heinrich* ist mit rund 2.900 Wörtern der kürzeste exzellente Artikel[159]. Eine gewisse Mindestlänge ist also offenbar erforderlich, damit ein Artikel den für eine Auszeichnung nötigen Qualitätsstandard erreicht.

Betrachtet man die Werte der Artikel im Verhältnis zu ihrer Länge, wird sichtbar, wie die Artikel in sich beschaffen sind. Dazu wurde die Wort-

158 Vgl. Wikipedia: Ingeram-Codex. URL: https://de.wikipedia.org/w/index.php?title=Ingeram-Codex&oldid= 146514401 [Stand: 31.10.2015]

159 Vlg. Wikipedia: Der arme Heinrich. URL: https://de.wikipedia.org/w/index.php?title=Der_arme_Heinrich& oldid=147478758 [Stand: 31.10.2015]

anzahl durch den jeweiligen Wert dividiert, um herauszufinden, wie viele Wörter zum Beispiel auf eine Überschrift kommen. Es zeigt sich, dass einige der Werte in Relation zur Artikellänge im Durchschnitt aller Artikel besser als jene der ausgezeichneten Artikel zu sein scheinen:

Durchschnittliche Wortanzahl dividiert durch Wert „Durchschnitt Artikel GM“	Durchschnittliche Wortanzahl dividiert durch Wert „Durchschnitt Artikel GM ausgezeichnet“
173 Wörter pro Überschrift	317 Wörter pro Überschrift
903 Wörter pro Bild	722 Wörter pro Bild
175 Wörter pro Literaturhinweis	341 Wörter pro Literaturhinweis
442 Wörter pro Weblink	1.338 Wörter pro Weblink
993 Wörter pro Tabelle	3.285 Wörter pro Tabelle
174 Wörter pro Liste	509 Wörter pro Liste
45 Wörter pro Autor	41 Wörter pro Autor
55 Wörter pro Bearbeitung	16 Wörter pro Bearbeitung

Tabelle 4: Durchschnittliche Wortanzahl pro Wert

Nimmt man an, dass die Wortanzahl pro Wert bei ausgezeichneten Artikeln das Optimum darstellt, so entsprechen insgesamt 114 (~15 %) aller Artikel diesen Kriterien. Im Durchschnitt sind diese 114 Artikel aber nur rund 816 Wörter lang und damit verhältnismäßig kurz. Es reicht also nicht aus, die Beschaffenheit der Artikel zu betrachten, ohne die Länge als gesondertes Qualitätskriterium zu bewerten.

5.4.2 Übersichtlichkeit

Ausgezeichnete Artikel sind mit durchschnittlich rund 6.800 Wörtern relativ lang. Damit ein Artikel dieser Länge lesbar und übersichtlich bleibt, muss er gut untergliedert sein. Das Verhältnis der Artikellänge zur Anzahl der Zwischenüberschriften gibt Aufschluss darüber, wie gut der Artikel gegliedert und somit übersichtlich ist. So hat ein durchschnittlicher Wikipedia-Eintrag der Fachrichtung sechs Überschriften und 173 Wörter pro Überschrift, während ein ausgezeichneter Artikel im Durchschnitt 21 Überschriften und 317 Wörter pro Überschrift vorzuweisen hat.

5.4.3 Anschaulichkeit

Durch den Einsatz von Bildern, Tabellen und Listen können Themen besonders anschaulich aufbereitet werden. Auch dieses Merkmal muss in Bezug zur Länge gesetzt werden, denn je länger ein Text ist, desto mehr Auflockerung des Schriftbildes durch Tabellen, Listen und Bildmaterial ist nötig, um den Text ansprechend zu gestalten. Ein Artikel fällt diesbezüglich besonders auf: Der Eintrag *Codex Manesse/Inhalt*[160], ein ergänzender Beitrag zum Artikel *Codex Manesse*, enthält alle Miniaturen der im Codex vereinten Dichter, wodurch er insgesamt 140 Bilder vorweisen kann. Demgegenüber beinhalten rund 20 % aller ausgewerteten Artikel weder ein Bild noch eine Tabelle.

5.4.4 Angebot an weiterführenden Informationen

Ein besonders wichtiges Qualitätsmerkmal für Erstinformationsquellen gerade im akademischen Bereich ist die Menge an Literaturhinweisen und Weblinks, die das Erschließen weiterführender Informationen erleichtern. Über 90 % der analysierten Artikel enthalten einen oder mehrere Literaturhinweise. Theoretisch wären auch die Wikipedia-internen Hyperlinks zu den weiterführenden Informationen zu zählen. Bewertet wird allerdings in dieser Studie nur die Menge an Literaturhinweisen und externen Weblinks in Relation zur Länge des Artikels.

5.4.5 Aktualität

Ein weiterer Qualitätsindikator ist die Aktualität der Artikel, die sich zum einen aus dem Datum der letzten Bearbeitung, zum anderen aus dem Jahr des aktuellsten Literaturhinweises ableiten lässt. In 26 % der Artikel wurde auf Literatur hingewiesen, die jünger als fünf Jahre ist, bei den ausgezeichneten Artikeln trifft dies auf 50 % der Artikel zu. Außerdem wurden alle ausgezeichneten Artikel innerhalb des Jahres 2015 (1. Januar bis 13. Oktober) gewartet oder weiterentwickelt, also aktuell gehalten, während die Auswertung über alle 766 Artikel zeigt, dass nur 67 % in diesem Zeitraum aktualisiert wurden.

5.4.6 Aufmerksamkeit

Andreas Brändle stellte in seiner Studie fest:

> Wurde ein relevantes Thema von einer Grosszahl unterschiedlicher Autoren behandelt, kann mit grosser Sicherheit davon ausgegangen werden, dass der Wiki-Artikel ein hohes Qualitätsniveau erreicht. Dieser Zusammenhang gilt auch im umgekehrten Fall: Unwichtige Themen, die von nur einem oder wenigen Autoren bearbeitet werden, sind mit grosser Wahrscheinlichkeit von minderwertiger Qualitäts-Reichhaltigkeit.[161]

---

160 Vgl. Wikipedia: Codex Manesse/Inhalt. URL: https://de.wikipedia.org/w/index.php?title=Codex_Manesse/ Inhalt&oldid=138949934 [Stand: 3.11.2015]

161 Brändle: Zu wenige Köche verderben den Brei, S. 112.

Je mehr Autoren sich also an einem Artikel beteiligen, desto mehr potenzielle Standpunkte ergeben sich im Sinne des *Neutral Point of View* und somit auch ein Mehrwert an Informationen. Dieser Annahme liegt die Theorie zugrunde, „[d]ass jeder Mensch, der zu irgendeinem Gebiet über Wissen verfügt, dieses in Form von Artikeln in die Enzyklopädie einbringen kann"[162]. Dass die Autorenvielfalt aber auch Gefahren birgt, wurde bereits in den vorangegangenen Kapiteln behandelt. Trotzdem belegen Studien wie jene von Brändle, dass die Qualität von Artikeln tendenziell zunimmt, je mehr Autoren daran beteiligt sind.

Auch die Anzahl der Bearbeitungen eines Artikels lässt Rückschlüsse auf die Aufmerksamkeit zu, die diesem zuteil wird. Ein gut gepflegter Artikel wird regelmäßig gewartet und hat entsprechend viele Bearbeitungen vorzuweisen. Diese müssen allerdings in Relation zum Alter des Artikels gesetzt werden.

Eine weitere Dimension für die Beurteilung der Aufmerksamkeit ist die Anzahl von Bearbeitungen pro Bearbeiter. Über diese Auswertung können außerdem so genannte *Edit-Wars* identifiziert werden. Als *Edit-War* – übersetzt *Bearbeitungskrieg* – bezeichnet die Wikipedia-Community es, wenn zwei oder mehr Benutzer abwechselnd die Änderungen eines oder mehrerer anderer Benutzer rückgängig machen oder überschreiben.[163] Dies führt zu einem erhöhten Aufkommen an Bearbeitungen pro Bearbeiter bei einzelnen Artikeln und hat einen negativen Einfluss auf deren Qualität, da die Informationen nicht neutral nebeneinander abgebildet werden. Je weniger Bearbeitungen pro Autor ein Artikel demnach aufweist, desto besser.

Die Durchschnittswerte der erläuterten Kennzahlen zur Aufmerksamkeit im Verhältnis zwischen allen Artikeln und den ausgezeichneten zeigt die folgende Tabelle:

Wert	Durchschnitt Artikel GM	Durchschnitt Artikel GM ausgezeichnet
Bearbeiter	51	286
Wörter pro Bearbeiter	45	40
Bearbeitungen	91	726
Wörter pro Bearbeitung	56	16
Bearbeitungen pro Jahr	10	60
Bearbeitungen pro Bearbeiter	2	3

Tabelle 5: Durchschnittswerte zur Beteiligung

162 Jaschniok: Wikipedia und ihre Nutzer, S. 59.

163 Vgl. Wikipedia: Wikipedia:Edit-War. URL: https://de.wikipedia.org/w/index.php?title=Wikipedia:EditWar& oldid=146660131 [Stand: 31.10.2015]

Die markanten Abweichungen bei den Gesamtanzahlen der Bearbeiter und Bearbeitungen lösen sich in Relation zur durchschnittlichen Artikellänge auf bzw. verkehren sich ins Gegenteil, da längere Artikel in der Regel mehr Beteiligung benötigen als kurze. Besonders interessant ist auch die Anzahl der Bearbeitungen pro Jahr: Ein ausgezeichneter Artikel wird im Durchschnitt 60 Mal im Jahr gewartet.

Daraus ergeben sich vier Werte, die in die Beurteilung der Aufmerksamkeit einfließen müssen:

- Anzahl der Autoren
- Wörter pro Autor
- Bearbeitungen pro Autor
- Bearbeitungen pro Jahr

5.4.7 Bewertung und Ergebnisse

Aus den oben geschilderten Überlegungen wurde nun ein auf Schulnoten basierendes Bewertungssystem entwickelt, das einen Überblick über den Zustand der Artikel zur germanistischen Mediävistik ermöglichen soll. Das Bewertungsschema orientiert sich an den Werten ausgezeichneter Artikel, wobei allerdings nicht immer die Durchschnittswerte als Optimum angenommen, sondern statistisch verzerrend wirkende Einzelwerte ausgeschlossen wurden, um einen möglichst authentischen Eindruck zu erhalten. Während der Erstellung des Schemas wurde außerdem durch Stichproben überprüft, ob die ermittelte Benotung dem subjektiven Eindruck, die die Artikel auf den Leser machen, in etwa entspricht. War dies nicht der Fall, so wurde die Bewertungsskala leicht angepasst. Die Benotung ist also bis zu einem gewissen Grad subjektiv, orientiert sich aber möglichst eindeutig an den bisher gewonnenen Erkenntnissen.

Die Beurteilung beruht auf sechs Teilnoten zu den genannten Kriterien Länge, Übersichtlichkeit, Anschaulichkeit, Angebot an weiterführender Literatur, Aktualität und Aufmerksamkeit, aus denen anschließend eine Gesamtnote errechnet wurde. Im Folgenden werden die Grundlagen zur Beurteilung der einzelnen Kriterien erläutert und die Ergebnisse zusammengefasst.

Länge

Basisdaten: Länge des Artikels in Wörtern

Kriterium	Benotung	Anzahl Artikel	In Prozent
Über 2.000 Wörter	1	111	14,49%
Weniger oder gleich 2.000 Wörter	2	47	6,14%
Weniger oder gleich 1.500 Wörter	3	82	10,70%
Weniger oder gleich 1.000 Wörter	4	224	29,24%
Weniger oder gleich 500 Wörter	5	302	39,43%

Tabelle 6: Beurteilung Länge

Excel-Formel zur Berechnung der Note:
WENN([@['#Worte]]<501;5;WENN([@['#Worte]]<1001;4;WENN([@['#Worte]]<1501;3;WENN([@['#Worte]]<2001;2;1))))

Gesamtnote Länge: 3,73

Top 3:

- *Roman* – 20.363 Wörter
- *Meister Eckert* – 17.254 Wörter
- *Der Renner* – 16.899 Wörter

Übersichtlichkeit

Basisdaten: Wörter pro Überschrift

Kriterium	Benotung	Anzahl Artikel	In Prozent
Weniger oder gleich 200 Wörter pro Überschrift	1	560	73,11%
Weniger oder gleich 300 Wörter pro Überschrift	2	128	16,71%
Weniger oder gleich 400 Wörter pro Überschrift	3	47	6,14%
Weniger oder gleich 500 Wörter pro Überschrift	4	20	2,61%
Über 500 Wörter pro Überschrift	5	11	1,44%

Tabelle 7: Beurteilung Übersichtlichkeit

Excel-Formel zur Berechnung der Note:
=WENN([@[W/Ü]]<201;1;WENN([@[W/Ü]]<301;2;WENN([@[W/Ü]]<401;3;WENN([@[W/Ü]]<501;4;5))))

Gesamtnote Übersichtlichkeit: 1,43

Top 3:

- *Burggraf von Lienz – 47 Wörter pro Überschrift*
- *Geltar – 47 Wörter pro Überschrift*
- *Elmar Seebold – 46,20 Wörter pro Überschrift*

Anschaulichkeit

Die Anschaulichkeit ergibt sich aus einer Kombination aus drei Noten:

Basisdaten 1: Wörter pro Bild

Kriterium	Benotung	Anzahl Artikel	In Prozent
Weniger oder gleich 700 Wörter pro Bild	1	211	27,55%
Weniger oder gleich 900 Wörter pro Bild	2	45	5,87%
Weniger oder gleich 1.100 Wörter pro Bild	3	18	2,35%
Weniger oder gleich 1.300 Wörter pro Bild	4	20	2,61%
Über 1.500 Wörter pro Bild oder kein Bild	5	472	61,62%

Tabelle 8: Beurteilung Anschaulichkeit 1 (Wörter pro Bild)

Excel-Formel zur Berechnung der Note:
=WENN([@[W/Bild]]<701;1;WENN([@[W/Bild]]<901;2;WENN([@[W/Bild]]<1101;3;WENN([@[W/Bild]]<1301;4;5))))

Teilnote 1: 3,65

Basisdaten 2: Wörter pro Tabelle

Kriterium	Benotung	Anzahl Artikel	In Prozent
Weniger oder gleich 3.500 Wörter pro Tabelle	1	490	63,97%
Weniger oder gleich 4.000 Wörter pro Tabelle	2	5	0,65%
Weniger oder gleich 4.500 Wörter pro Tabelle	3	5	0,65%
Weniger oder gleich 5.000 Wörter pro Tabelle	4	3	0,39%
Über 5.000 Wörter pro Tabelle oder keine Tabelle	5	263	34,33%

Tabelle 9: Beurteilung Anschaulichkeit 2 (Wörter pro Tabelle))

Excel-Formel zur Berechnung der Note:
=WENN([@[W/Tab]]<3501;1;WENN([@[W/Tab]]<4001;2;WENN([@[W/Tab]]<4501;3;WENN([@[W/Tab]]<5001;4;5))))

Teilnote 2: 2,40

Basisdaten 3: Wörter pro Liste

Kriterium	Benotung	Anzahl Artikel	In Prozent
Weniger oder gleich 500 Wörter pro Liste	1	731	95,43%
Weniger oder gleich 1.000 Wörter pro Liste	2	31	4,05%
Weniger oder gleich 1.500 Wörter pro Liste	3	3	0,39%
Weniger oder gleich 2.000 Wörter pro Liste	4	0	0,00%
Über 2.000 Wörter pro Liste	5	1	0,13%

Tabelle 10: Beurteilung Anschaulichkeit 3 (Wörter pro Liste)

Excel-Formel zur Berechnung der Note:
=WENN([@[W/List]]<501;1;WENN([@[W/List]]<1001;2;WENN([@[W/List]]<1501;3;WENN([@[W/List]]<2001;4;5))))

Teilnote 3: 1,05

Gesamtnote Anschaulichkeit: 2,37

Top 3:

- *Ulrich von Singenberg* – 134 W/Bild, 134 W/Tabelle, 44,67 W/Liste
- *Burggraf von Lienz* – 141 W/Bild, 141 W/Tabelle, 35,25 W/Liste
- *Heinrich von Stretelingen* – 217 W/Bild, 217 W/Tabelle, 36,17 W/Liste

Angebot an weiterführenden Informationen

Das Angebot an weiterführenden Informationen wird nicht in Relation zur Länge des Artikels gesetzt.

Basisdaten: Anzahl der Literaturhinweise und Weblinks addiert

Kriterium	Benotung	Anzahl Artikel	In Prozent
Mehr als 15 Angebote	1	173	22,58%
Zwischen 10 und 15 Angebote	2	123	16,06%
Zwischen 5 und 10 Angebote	3	202	26,37%
Zwischen 3 und 5 Angebote	4	159	20,76%
2 oder weniger weiterführende Informationen	5	109	14,23%

Tabelle 11: Beurteilung Angebot an weiterführender Literatur

Excel-Formel zur Berechnung der Note:
=WENN([@[Summe_Lit/Web]]<3;5;WENN([@[Summe_Lit/Web]]<6;4;WENN([@[Summe_Lit/Web]]<11;3;WENN([@[Summe_Lit/Web]]<16;2;1))))

Gesamtnote Angebot an weiterführenden Informationen: 2,88

Top 3:

- *Martin Luther* – 73 Literaturhinweise, 25 Weblinks
- *Max Hermann Jellinek* – 87 Literaturhinweise, 2 Weblinks
- *Dekonstruktion* – 63 Literaturhinweise, 4 Weblinks

Aktualität

Die Aktualität ergibt sich aus einer Kombination aus zwei Noten:

Basisdaten 1: Jahr des jüngsten Literaturhinweises

Kriterium	Benotung	Anzahl Artikel	In Prozent
Zwischen 2010 und 2015	1	269	35,12%
Zwischen 2005 und 2010	2	189	24,67%
Zwischen 2000 und 2005	3	127	16,58%
Zwischen 1995 und 2000	4	63	8,22%
Älter als 1995	5	118	15,40%

Tabelle 12: Beurteilung Aktualität 1 (jüngster Literaturhinweis)

Excel-Formel zur Berechnung der Note:
=WENN([@[AktuellsterLiteraturhinweis]]<1995;5;WENN([@[AktuellsterLiteraturhinweis]]<2000;4;WENN([@[AktuellsterLiteraturhinweis]]<2005;3;WENN([@[AktuellsterLiteraturhinweis]]<2010;2;1))))

Teilnote 1: 2,44

Basisdaten 2: Datum der letzten Bearbeitung

Kriterium	Benotung	Anzahl Artikel	In Prozent
Letzte Bearbeitung vor höchstens 90 Tagen	1	302	39,43%
Vor 91 bis 180 Tagen bearbeitet	2	122	15,93%
Vor 181 bis 270 Tagen bearbeitet	3	83	10,84%
Vor 271 bis 330 Tagen bearbeitet	4	42	5,48%
Letzte Bearbeitung vor mehr als 330 Tagen	5	217	28,33%

Tabelle 13: Beurteilung Aktualität 2 (Datum der letzten Bearbeitung)

Excel-Formel zur Berechnung der Note:
=WENN([@[Tage_seit_letzter_Bearb]]<91;1;WENN([@[Tage_seit_letzter_Bearb]]<181;2;WENN([@[Tage_seit_letzter_Bearb]]<271;3;WENN([@[Tage_seit_letzter_Bearb]]<331;4;5))))

Teilnote: 2,67

Gesamtnote Aktualität: 2,56

Top 3:

- *Oswald von Wolkenstein* – Literaturhinweis 2015, letzte Bearbeitung vor 1 Tag
- *Brüder Grimm* –Literaturhinweis 2015, letzte Bearbeitung vor 4 Tagen
- *Meister Eckhard* –Literaturhinweis 2015, letzte Bearbeitung vor 5 Tagen

Aufmerksamkeit

Zur Beurteilung der Aufmerksamkeit wurden vier Teilnoten ermittelt:

Basisdaten 1: Anzahl der Autoren gesamt

Kriterium	Benotung	Anzahl Artikel	In Prozent
Mehr oder gleich 80 Autoren	1	103	13,45%
Mehr oder gleich 60 Autoren	2	28	3,66%
Mehr oder gleich 40 Autoren	3	89	11,62%
Mehr oder gleich 20 Autoren	4	239	31,20%
Weniger als 20 Autoren	5	307	40,08%

Tabelle 14: Beurteilung Aufmerksamkeit 1 (Anzahl Autoren)

Excel-Formel zur Berechnung der Note:
=WENN([@['#Autoren]]<20;5;WENN([@['#Autoren]]<40;4;WENN([@['#Autoren]]<60;3;WENN([@['#Autoren]]<80;2;1))))

Teilnote: 3,81

Basisdaten 2: Anzahl der Wörter pro Autor

Kriterium	Benotung	Anzahl Artikel	In Prozent
Weniger als 50 Wörter pro Autor	1	103	13,45%
Weniger als 75 Wörter pro Autor	2	28	3,66%
Weniger als 100 Wörter pro Autor	3	89	11,62%
Weniger als 125 Wörter pro Autor	4	239	31,20%
125 oder mehr Wörter pro Autor	5	307	40,08%

Tabelle 15: Beurteilung Aufmerksamkeit 2 (Wörter pro Autor)

Excel-Formel zur Berechnung der Note:
=WENN([@[W/A]]<50;1;WENN([@[W/A]]<75;2;WENN([@[W/A]]<100;3;WENN([@[W/A]]<125;4;5))))

Teilnote: 1,55

Basisdaten 3: Bearbeitungen pro Autor

Kriterium	Benotung	Anzahl Artikel	In Prozent
Weniger als 2 Bearbeitungen pro Autor	1	533	69,58%
2 bis 2,9 Bearbeitungen pro Autor	2	171	22,32%
3 bis 3,9 Bearbeitungen pro Autor	3	31	4,05%
4 bis 4,9 Bearbeitungen pro Autor	4	9	1,17%
Über 5 Bearbeitungen pro Autor	5	22	2,87%

Tabelle 16: Bewertung Aufmerksamkeit 3 (Bearbeitungen pro Autor)

Excel-Formel zur Berechnung der Note:
=WENN([@[Bearb/A]]<1,9;1;WENN([@[Bearb/A]]<2,9;2;WENN([@[Bearb/A]]<3,9;3;WENN([@[Bearb/A]]<4,9;4;5))))

Teilnote: 1,45

Basisdaten 4: Bearbeitungen pro Jahr

Kriterium	Benotung	Anzahl Artikel	In Prozent
50 oder mehr Bearbeitungen pro Jahr	1	19	2,48%
Zwischen 40 und 49 Bearbeitungen pro Jahr	2	14	1,83%
Zwischen 30 und 39 Bearbeitungen pro Jahr	3	17	2,22%
Zwischen 20 und 29 Bearbeitungen pro Jahr	4	35	4,57%
Unter 20 Bearbeitungen im Jahr	5	681	88,90%

Tabelle 17: Beurteilung der Aufmerksamkeit 4 (Bearbeitungen pro Jahr)

Excel-Formel zur Berechnung der Note:
=WENN([@[Bearbeitungen/Jahr]]<20;5;WENN([@[Bearbeitungen/Jahr]]<30;4;WENN([@[Bearbeitungen/Jahr]]<40;3;WENN([@[Bearbeitungen/Jahr]]<50;2;1))))

Teilnote: 4,76

Gesamtnote Aufmerksamkeit: 2,89

Top 3:

- *Fabel* – 617 Autoren, 3,97 W/Aut., 1,76 Bearb/Aut., 731,03 Bearb/Jahr
- *Ballade* – 511 Autoren, 4,33 W/Aut., 1,76 Bearb/Aut., 129,42 Bearb/Jahr
- *Paracelsus* – 483 Autoren, 6,27 W/Aut., 1,59 Bearb/Aut., 64,08

Bearb/Jahr

Nach Einzelkategorien fiel die Bewertung der Artikel somit wie folgt aus:

Länge: 3,73

Übersichtlichkeit: 1,43

Anschaulichkeit: 2,37

Angebot an weiterführenden Informationen: 2,88

Aktualität: 2,56

Aufmerksamkeit: 2,89

Als durchschnittliche Gesamtnote für alle 766 Artikel ergibt sich daraus 2,64. Ein Blick auf die Verteilung der Noten zeigt, dass es wenige sehr gute oder sehr schlechte Artikel gibt:

Benotung	Anzahl Artikel	In Prozent
1	27	3,52%
2	262	34,20%
3	431	56,27%
4	46	6,01%
5	0	0,00%

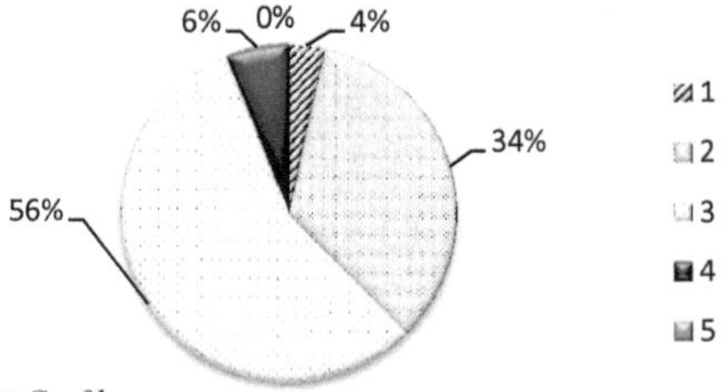

Tabelle 18: Auswertung Gesamtergebnis aller Artikel mit Grafik

Die meisten Einträge wurden mit zwei oder drei beurteilt. Es gab keine Beurteilung mit fünf, allerdings erhielten 46 Artikel die Note vier. Dabei handelte es sich nahezu durchgehend um sehr kurze Artikel zwischen 86 und 711, also unter 1.000 Wörtern, mit wenigen weiterführenden Informationen. Lediglich der Artikel *Otlohs Gebet*[164], der ebenfalls mit vier beurteilt wurde, hatte 1.414 Wörter, wobei 877 davon eine Transkription des althochdeutschen Textes darstellen. Eine Übersetzung wird nur teilweise in Form von Bildunterschriften zu den zwei Bildern der Handschrift angeboten.

Es finden sich aber auch 27 Artikel mit der Bestnote, darunter sieben, die bereits die Auszeichnung *exzellent* oder *lesenswert* erhalten haben. Die beste Benotung (1,08) erhielt der Artikel über Jacob Grimm[165], der in

164 Vgl. Wikipedia: Otlohs Gebet. URL: https://de.wikipedia.org/w/index.php?title=Otlohs_Gebet&oldid=140245380 [Stand: 2.11.2015]

165 Vgl. Wikipedia: Jacob Grimm. URL: https://de.wikipedia.org/w/index.php?title=Jacob_Grimm&oldid=147156267 [Stand: 2.11.2015]

nahezu allen Bereichen mit eins bewertet wurde. Er ist gut gegliedert, enthält ausreichend Bilder und auffällig viele weiterführende Informationen. Abstriche wurden lediglich im Bereich Aufmerksamkeit gemacht, da die Bearbeitungen pro Jahr mit rund 33 nur im Mittelfeld lagen.

Um der Gesamtbeurteilung der Artikel einen Vergleichswert gegenüberstellen zu können, wurde die Benotung der ausgezeichneten Artikel wieder gesondert herangezogen. Hier ergab das Beurteilungsschema die Gesamtnote 1,66. Die Verteilung sieht dabei wie folgt aus:

Benotung	Anzahl Artikel	In Prozent
1	7	43,75%
2	8	50,00%
3	1	6,25%
4	0	0,00%
5	0	0,00%

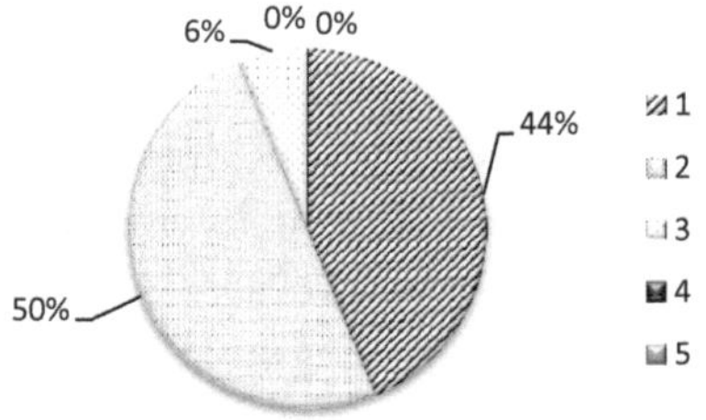

Tabelle 19: Auswertung Gesamtergebnis ausgezeichneter Artikel mit Grafik

Auch unter den ausgezeichneten Artikeln gab es zurecht einige, die keine Bestnoten erhielten:

Artikel	Qualifikatoren	Länge	Übersichtlichkeit	Anschaulichkeit	Weiterführende Information	Aktualität	Aufmerksamkeit	Gesamtnote
Attila	Exzellent	1,00	4,00	2,33	1,00	1,00	1,25	**1,76**
Carmina Burana	Lesenswert	1,00	3,00	1,33	1,00	1,50	1,00	**1,47**
Codex Manesse	Lesenswert	1,00	2,00	1,00	2,00	1,00	2,00	**1,50**
Das Kloster der Minne	Exzellent	1,00	2,00	3,00	1,00	1,50	3,75	**2,04**
Der arme Heinrich	Exzellent	1,00	1,00	1,33	1,00	2,50	2,00	**1,47**
Hartmann von Aue	Exzellent	1,00	2,00	1,00	1,00	1,00	1,75	**1,29**
Heinrich VI. (HRR)	Lesenswert	1,00	3,00	2,00	1,00	1,50	1,50	**1,67**
Ingeram-Codex	Lesenswert	2,00	3,00	1,00	4,00	3,00	3,25	**2,71**
Inkunabel	Exzellent	1,00	2,00	2,00	1,00	1,50	1,75	**1,54**
Iwein	Lesenswert	1,00	1,00	1,00	1,00	1,00	2,00	**1,17**
Johannes Tauler	Lesenswert	1,00	2,00	1,33	1,00	1,50	1,75	**1,43**
Martin Luther	Lesenswert	1,00	3,00	1,00	1,00	1,00	1,25	**1,38**
Meister Eckhart	Exzellent	1,00	5,00	4,00	1,00	1,00	1,25	**2,21**
Nibelungenlied	Lesenswert	1,00	3,00	2,33	1,00	1,00	1,25	**1,60**
Reineke Fuchs	Exzellent	1,00	2,00	1,67	1,00	1,00	2,25	**1,49**
Reynke de vos	Lesenswert	1,00	2,00	1,67	1,00	2,00	3,50	**1,86**
Gesamt:		**1,06**	**2,50**	**1,75**	**1,25**	**1,44**	**1,97**	**1,66**

Tabelle 20: Detailbeurteilung ausgezeichneter Artikel

Auffällig ist hier vor allem der Artikel *Meister Eckhart*[166], der in der Kategorie Übersichtlichkeit mit fünf und in der Kategorie Anschaulichkeit mit vier bewertet wurde. Tatsächlich gibt es besonders in der zweiten Hälfte des Artikels lange Textpassagen ohne Absätze, Zwischenüberschriften, Aufzählungen oder Bilder, wodurch der Artikel insgesamt weniger ansprechend wirkt. Auch der Artikel *Ingeram-Codex*[167] sticht aufgrund einer besonders schlechten Teilnote im Bereich weiterführende Informationen und einer Gesamtbeurteilung von 2,71, also aufgerundet drei, negativ hervor.

5.4.8 Hypothesen

Aus den geschilderten Beobachtungen lassen sich die folgenden drei Hypothesen ableiten, die anschließend im Rahmen der qualitativen Analyse anhand von Stichproben im Detail überprüft werden sollen:

Hypothese 1: Sehr gute Artikel können als Erstinformationsquelle und Erstübersicht genutzt werden.

Artikel mit der Bewertung eins bieten gleich viele oder mehr Informationen als herkömmliche Erstinformationsquellen der Fachrichtung.

Hypothese 2: Gute und befriedigende Artikel sind als Erstinformationsquelle geeignet. Sie bedürfen aber einer Überarbeitung.

Artikel mit einer Bewertung zwei oder drei bedürfen zwar einer Überarbeitung, halten aber dem Vergleich mit traditionellen Erstinformationsquellen trotzdem stand.

Hypothese 3: Genügende Artikel sind nicht als Erstinformationsquelle geeignet.

Artikel mit der Bewertung 4 sind nicht hinreichend dafür geeignet, einen guten, ersten Überblick über das jeweilige Thema zu geben und müssen grundlegend überarbeitet oder neu erstellt werden.

---

166 Vgl. Wikipedia: Meister Eckhart. URL: https://de.wikipedia.org/w/index.php?title=Meister_Eckhart&oldid=147130429 [Stand: 2.11.2015]

167 Vgl. Wikipedia: Ingeram-Codex. URL: https://de.wikipedia.org/w/index.php?title=Ingeram-Codex&oldid=146514401 [Stand: 2.11.2015]

6 Qualitative Analyse

Die bisher besprochenen quantitativen Daten erlauben natürlich nur eine sehr oberflächliche Einschätzung der Qualität. Um wirklich beurteilen zu können, wie nahe oder fern die Qualität eines Wikipedia-Artikels jener eines Fachlexikon-Eintrags ist, werden nun einige ausgewählte Artikel genauer betrachtet. Dabei sollen die drei zuvor aufgestellten Hypothesen geprüft werden.

6.1 Ausgewählte Artikel

Hypothese 1: Sehr gute Artikel können als Erstinformationsquelle und Erstübersicht genutzt werden.

Dazu wird der Artikel *Konrad von Megenberg* näher betrachtet. Dieser wurde mit der Note 1,36 sehr gut bewertet und liegt in etwa im Mittelfeld der mit eins bewerteten Artikel. Im Detail sah die Beurteilung wie folgt aus:

Länge	Übersichtlichkeit	Anschaulichkeit	Angebot an weiterf. Inf.	Aktualität	Aufmerksamkeit	Gesamt
1,00	1,00	1,67	1,00	1,50	2,00	**1,36**

Tabelle 21: Erstinformationsquelle Hypothese 1

Hypothese 2: Gute und befriedigende Artikel sind als Erstinformationsquelle geeignet. Sie bedürfen aber einer Überarbeitung.

Diese Hypothese wird anhand des Artikels *Annolied* geprüft:

Länge	Übersichtlichkeit	Anschaulichkeit	Angebot an weiterf. Inf.	Aktualität	Aufmerksamkeit	Gesamt
3,00	1,00	3,67	1,00	2,00	2,50	**2,19**

Tabelle 22: Erstinformationsquelle Hypothese 2

Hypothese 3: Genügende Artikel sind nicht als Erstinformationsquelle geeignet.

Diese Hypothese wird anhand des Artikels *Goldemar* geprüft:

Länge	Übersichtlichkeit	Anschaulichkeit	Angebot an weiterf. Inf.	Aktualität	Aufmerksamkeit	Gesamt
5,00	4,00	3,67	5,00	3,50	3,00	**4,03**

Tabelle 23: Erstinformationsquelle Hypothese 3

6.2 Vorgehensweise

Die Analyse gliedert sich grob in drei Teile:

- **Umfang und Struktur** – Vergleich oberflächlicher Merkmale der Wikipedia-Einträge mit Artikeln aus Fachlexika,
- **Inhalt** – detaillierter inhaltlicher Vergleich, wobei der Wikipedia-Eintrag im Mittelpunkt steht,
- **Abschließende Einschätzung** der Qualität und Vergleich des Ergebnisses mit jenem der quantitativen Analyse.

6.2.1 Umfang und Struktur

Um den Umfang der Einträge vergleichen zu können, war es nötig, zumindest die ungefähre Länge der gedruckten Artikel zu ermitteln. Die Wortzählung ist dazu ein zu aufwändiges Verfahren, daher wurde zum Vergleich die Zeichenanzahl herangezogen. Die Zeichen der gedruckten Artikel aus den ausgewählten Fachlexika wurden stichprobenartig in jeweils drei Zeilen des Eintrags gezählt, um eine ungefähre Durchschnittslänge pro Zeile zu erhalten. Anschließend wurden die Zeilen gezählt und die Summen multipliziert. Falls es Absätze mit unterschiedlichen Schriftgrößen gab, wurde der Vorgang für diese gesondert wiederholt. Die angegebenen Zahlen sind also nur eine Schätzung, aber für einen groben Vergleich des Umfangs der unterschiedlichen Beiträge ausreichend.

6.2.2 Inhalt

Zum Vergleich wurden zunächst die folgenden Nachschlagewerke herangezogen, die sich erfahrungsgemäß großer Beliebtheit als Erstinformationsquelle bei Lehrenden und Studierenden erfreuen:

- Elisabeth Frenzel, Herbert A. Frenzel: Daten deutscher Dichtung. Chronologischer Abriß der deutschen Literaturgeschichte. Band 1. Von den Anfängen bis zum Jungen Deutschland. 34. Ausgabe. München: dtv 2004. – Im Folgenden als *FR* zitiert.
- Die deutsche Literatur des Mittelalters. Verfasserlexikon. Verschiedene Ausgaben. Bd. 1-10. – Im Folgenden als *VL*+ Bandnummer oder nur *VL* zitiert.
- Deutsche Dichter. Band 1. Mittelalter. Stuttgart: Reclam 1989. – Im Folgenden als *DD* zitiert.
- Horst Brunner: Geschichte der deutschen Literatur des Mittelalters

und der Frühen Neuzeit im Überblick. Erw. u. bibl. erg. Ausg. Stuttgart: Reclam 2013. – Im Folgenden als *HB* zitiert.

Da die oben Genannten zu den Themen *Goldemar* bzw. *Albrecht von Kemenaten* und *Konrad von Megenburg* nur wenig Information boten, wurde zum Vergleich für diese beiden Artikel sowie für die Suche fehlender Informationen zu den anderen noch ein weiteres Nachschlagewerk hinzugezogen:

- Joachim Bumke, Thomas Cramer, Dieter Kartschoke: Geschichte der deutschen Literatur im Mittelalter. München: dtv 1990/2000. 3 Bände. – Im Folgenden mit *GLM* + Bandnummer zitiert.

6.3 Vergleich *Konrad von Megenberg* (Hypothese 1)

Der Eintrag *Konrad von Megenberg*[168] konnte in VL5[169] mit einer kleinen Ergänzung in VL11[170] sowie in HB[171] gefunden werden. FR und DD enthielten weder zum Dichter noch zu einem seiner Texte einen entsprechenden Eintrag, daher wurde GLM3[172] für den Vergleich hinzugezogen.

6.3.1 Umfang und Struktur

Quelle	Erscheinungsjahr	Band/ Spalte bzw. Seite	Zeichen	Zwischenüberschriften/ Abschnitte	Bilder	Literaturhinweise (ohne Links)	(davon Edit.)	Letztakt. Lit. (Jahr)	Textbeispiel
Wikipedia	2004		16.052	12	2	35	13	2009	nein
DD	-	-	-	-	-	-	-	-	-
FR	-	-	-	-	-	-	-	-	-
GLM3	1990	121, 123ff.	4.950	0	0	10	5	1986	nein
HB	2013	285f.	1.100	0	1	Literaturhinweise epochenübergreifend			nein
VL	1985/2004	5/221-236; 11/879	29.150	37	0	47	14	1998	nein

Tabelle 24: Umfang u. Struktur der Konrad v. Megenberg-Einträge in den unterschiedlichen Nachschlagewerken

---

168 Wikipedia: Konrad von Megenberg. URL: https://de.wikipedia.org/w/index.php?title=Konrad_von_ Megenberg&oldid=145649321 [Stand: 5.11.2015]

169 Georg Steer: Konrad von Megenberg. In: Die deutsche Literatur des Mittelalters. Verfasserlexikon. Band 5. Hrsg. von Kurt Ruh [u.a.]. Berlin, New York: de Gruyter 1985, Sp. 221–236.

170 Konrad von Megenburg. In: Die deutsche Literatur des Mittelalters. Verfasserlexikon. Band 11. Hrsg. von Kurt Ruh [u.a.] Berlin, New York: de Gruyter 2004, Sp. 879.

171 Horst Brunner: Geschichte der deutschen Literatur des Mittelalters und der Frühen Neuzeit im Überblick. Erw. u. bibl. erg. Ausg. Stuttgart: Reclam 2007, S. 89ff.

172 Thomas Cramer: Geschichte der deutschen Literatur im späten Mittelalter. München: dtv 1990. (= Geschichte der deutschen Literatur im Mittelalter. 3.) S. 121, 123ff.

Da das VL11 lediglich einige Korrekturen und einen weiteren Literaturhinweis enthielt, wurden die Zahlen für das VL5 und das VL11 unter dem Titel VL in einer Zeile zusammengefasst. Bereits im oberflächlichen Vergleich heben sich das VL und der Wikipedia-Artikel deutlich von den anderen Einträgen ab, sowohl was die Länge und Gliederung, als auch was die Anzahl der Literaturhinweise betrifft. Der VL-Artikel ist dabei mit 29.150 Zeichen ganz besonders lang und ausführlich, mit 37 römisch oder lateinisch nummerierten Abschnitten, gefolgt vom Wikipedia-Eintrag mit rund 16.000 Zeichen und zwölf Zwischenüberschriften. Dazu sollte aber nicht unerwähnt bleiben, dass in der Wikipedia das *Buch der Natur*[173] in einem gesonderten Artikel behandelt wird, der seinerseits 32.400 Zeichen lang ist, während es im VL5 innerhalb des vorliegenden Artikels behandelt wird. Das VL stellt insgesamt 47 Literaturhinweise zur Verfügung[174], von denen der aktuellste aus dem Jahr 1998 im VL11 ergänzt wurde. Der Wikipedia-Artikel bietet im Vergleich dazu nur 35 Literaturhinweise an, besticht jedoch durch dessen Aktualität: Insgesamt werden fünf Literaturhinweise zwischen 1999 und 2009 angeführt.

In GLM3 sind Konrad von Megenberg und seine Texte Teil des Kapitels *Wissenschafts- und Sachliteratur*, welches neben einigen vereinzelten Erwähnungen auch einen gesonderten Absatz zu Konrad enthält. Insgesamt beschäftigen sich rund 5.000 Zeichen mit ihm, und es werden zehn weiterführende Schriften angeführt, die jüngste aus dem Jahr 1986[175]. Zwischenüberschriften innerhalb des Kapitels gibt es keine, ebenso bei HB. Brunner widmet dem Dichter rund 1.100 Zeichen innerhalb des Absatzes *Medizin und Naturheilkunde*[176]. Da die Literaturhinweise immer für die gesamte Epoche kumuliert werden, lässt sich ohne eingehende Prüfung schwer sagen, wie viele davon auch Informationen zu Konrad enthalten.

HB enthält eines, der Wikipedia-Artikel zwei Bilder aus dem *Buch der Natur*. Textbeispiele werden in keinem der Artikel angeboten, drei der Weblinks im Wikipedia-Artikel führen jedoch zu Textbeispielen und Digitalisaten, die online verfügbar sind.

6.3.2 Inhalt

In diesem Kapitel geht es vordergründig darum, den Inhalt des Wikipedia-Artikels zu verifizieren. Ganz bewusst sollen auch dafür soweit mög-

---

173 Vgl. Wikipedia: Das Buch der Natur. URL: https://de.wikipedia.org/w/index.php?title=Das_Buch_der_Natur &oldid=147573435 [Stand: 5.11.2015]

174 Vgl. VL5, Sp. 235f.; VL11, Sp. 879.

175 Vgl. GLM3, S. 124.

176 Vgl. HB, S. 285.

lich nur die genannten Erstinformationsquellen des Fachbereichs als Vergleichsinstrumente dienen. Weiterführende Fachliteratur wird lediglich zu Rate gezogen, wenn sich die zu überprüfende Information in den genannten Texten nicht finden lässt.

Der Wikipedia-Artikel *Konrad von Megenberg* ist wie folgt aufgebaut:

- **Einleitung** – ein Absatz; wichtigste Lebensdaten, Zusammenfassung seines Wirkens
- ***Leben*** – drei Absätze; Lebenslauf
- ***Werk*** – 10 Absätze; untergliedert in *theologische, politische und moralphilosophische Schriften, naturwissenschaftliche Schriften* und *Rezeption*
- ***Trivia*** – ein Absatz; außerliterarische Zeugnisse, Bildnisse, etc.
- ***Weiterführende Kapitel*** – *Literatur* (mit den Untergliederungen *Werkausgaben, Übersetzungen* und *Sekundärliteratur*), *Weblinks*

Einleitung

> **Konrad von Megenberg** (auch Konrad von Mengelberg und, latinisiert, Conradus de Montepuellarum) (* 1309 in Mäbenberg (zu Georgensgmünd) bei Nürnberg; † 14. April 1374 in Regensburg) war Autor von 22 lateinischen Schriften, die hagiographische, theologische, moralphilosophische und naturwissenschaftliche Themen behandeln.[177]

Namensvarianten und Lebensdaten:

Der Wikipedia-Artikel nennt zwei alternative Namen: *Konrad von Mengelberg* und die latinisierte Version *Conradus de Montepuellarum*. Ersterer wird in einem Einzelnachweis belegt mit der Verwendung des Namens in Christian Friedrich Harless' *Die Litteratur der ersten hundert Jahre nach der Erfindung der Typographie* aus dem Jahr 1840, wobei die Schreibweise dort korrekt *Conrad von Mengelberg* lautet[178]. Die latinisierte Version des Namens wird erst im späteren Kapitel *Trivia* wieder aufgegriffen und dort auch korrekt mit Ibach belegt[179]. Keine der drei Vergleichsquellen geht auf diese Thematik ein. Über Geburtsjahr und -ort

---

177 Wikipedia: Konrad von Megenberg.

178 Vgl. Christian Friedrich Harless: Die Litteratur der ersten hundert Jahre nach der Erfindung der Typographie in den meisten Hauptfächern der Wissenschaften. Fest'sche Verlagsbuchhandlung: Leipzig 1840, S. 188. Online unter: https://books.google.nl/books?id=eRwCAAAAQAAJ&pg=PA188#v=onepage&q&f=false [Stand: 5.11.2015]

179 Vgl. Helmut Ibach: Leben und Schriften des Konrad von Megenberg. Hrsg. von Friedrich Baethgen. Berlin: Junker und Dünnhaupt 1938. (= Neue deutsche Forschungen. Abt. Mittelalterliche Geschichte. 7) S. 10.

hingegen sind sich alle vier Artikel einig. Das VL5 betont zusätzlich, dass Konrad ausdrücklich nicht um Mainberg bei Schweinfurt geboren sei[180]. Weiters wird in allen vier Texten angegeben, dass Konrad am 14. April 1374 in Regensburg verstarb, wobei HB nur das Jahr nennt. Neben dem Wikipedia-Artikel geben auch das VL und GLM3 Niedermünster als letzte Ruhestätte Konrads an[181].

Dass 2006 die Datierung seines Todes in Zweifel gezogen wurde[182], erwähnt der Wikipedia-Artikel erst im Kapitel *Trivia*. In der Einleitung findet sich keine Anmerkung dazu. In den Vergleichsartikeln konnte diese neue Erkenntnis noch keinen Eingang finden, da diese bereits vor 2006 erschienen sind.

Wirken

Während in GLM3 von 22 lateinischen und drei deutschen Texten die Rede ist[183], zählt das VL5 insgesamt 30 auf, wovon fünf wiederum unter dem Titel *zweifelhafte und unechte Schriften* zusammengefasst werden[184], während es sich bei den übrigen 25 um die drei deutschen und demzufolge nur 21 lateinische Texte handelt. HB geht auf die Menge nicht ein. Der Wikipedia-Artikel nennt in der Einleitung 22 lateinische Schriften und vergisst an dieser Stelle die drei deutschsprachigen zu erwähnen. Später im Kapitel *Werke* werden die deutschen Texte jedoch behandelt.

„Leben"[185]

> Konrad von Megenberg wurde als Sohn eines Ministerialen geboren und kam im Alter von sieben Jahren als Schüler nach Erfurt. Später gab er dort Nachhilfestunden und verdiente sich so seinen Lebensunterhalt. Er erhielt eine Stelle als Lektor, die es ihm ermöglichte ein Studium der Artes liberales an der Sorbonne in Paris zu absolvieren und einen Magistergrad zu erwerben. An der Universität von Paris lehrte er in den Jahren 1334 bis 1342. In dieser Zeit wurde er auch zweimal zu Verhandlungen mit Papst Benedikt XII. nach Avignon geschickt.
>
> Aufgrund eines akademischen Streits verließ er Paris und übernahm das Amt eines Rektors an der Stephansschule in Wien (aus dieser ging im Jahre 1365

180 Vgl. VL5, Sp. 221.

181 Vgl. VL5, Sp. 221; HB, S. 285; GLM3, S. 123.

182 Vgl. Franz Fuchs: Neue Quellen zur Biographie Konrads von Megenberg. In: Konrad von Megenberg (1309-1374) und sein Werk. Das Wissen der Zeit. Hrsg. von. Claudia Märtl, Gisela Drossbach und Martin Kintzinger. München: Beck 2006. (= Zeitschrift für bayrische Landesgeschichte. Beiheft 31.) S. 64f.

183 Vgl. GLM3, S. 123.

184 Vgl. VL5, Sp. 234.

185 Wikipedia: Konrad von Megenberg.

die Wiener Universität hervor). Dabei stellte ihm die anglikanische Nation, der er in der Sorbonne angehört hatte, ein Empfehlungsschreiben für den Herzog von Österreich und den Rat der Stadt Wien aus. Seine deutschen Werke hat er möglicherweise für die Stephansschule verfasst oder für Mitglieder des Wiener Hofs.

Konrad von Megenberg zog im Jahr 1342 nach Regensburg. Es war ihm schon 1341 im Zuge einer Reise nach Avignon ein Kanonikat in Regensburg angeboten worden, das er nun annahm. Er war zunächst an der Domschule als Lehrer tätig. Schon 1349 reiste er erneut nach Avignon und versuchte wohl, in die Dienste Kaiser Karls IV., Herzog Rudolfs IV. von Österreich oder des Kardinals und späteren Papstes Pierre Roger de Beaufort treten zu können, was ihm allerdings nicht gelang. Im Jahr 1357 wurde er durch Vermittlung des Domdechants Konrad VI. von Haimberg (späterer Bischof von Regensburg) Dompfarrer von St. Ulrich, gab dieses Amt allerdings vier Jahre später wieder auf und lebte bis zu seinem Tod im Jahre 1374 als Domherr weiter in Regensburg. Begraben wurde er in der dortigen Dompfarrkirche Niedermünster. Ein von ihm gestiftetes Kirchenfenster im Regensburger Dom stellt seine Person dar.[186]

HB[187] gibt nicht viel Aufschluss über das Leben Konrads. Es wird lediglich in einem Nebensatz erwähnt, dass er in Wien und Regensburg wirkte. Herkunft und Lebenslauf bis zu seinem Umzug nach Wien und seine Übernahme der Rektorenstelle an der Stephansschule werden im VL5[188] und in GLM3[189] sehr ähnlich geschildert, außer dass GLM3 nicht erwähnt, dass Konrad der anglikanischen Nation angehörte. Die Daten stimmen mit jenen im Wikipedia-Artikel überein. Auch, dass Konrad seine deutschen Werke möglicherweise für die Stephansschule oder Mitglieder des Wiener Hofs verfasste, wird in GLM3 bestätigt, während sich das VL5 etwas vorsichtiger ausdrückt: „Mitglieder der Schule und wohl auch des Hofes vermochten ihn hier zur Abfassung seiner deutschen Werke anzuregen."[190]

Im dritten Absatz des Wikipedia-Artikels gibt es jedoch Ungereimtheiten. Zwar stimmen alle Stationen, die Konrad ab seinem Umzug von Wien nach Regensburg durchlief, mit dem VL5 und dort, wo GLM3 darauf eingeht, auch mit GLM3 überein, doch die Jahreszahlen weichen im Wikipedia-Artikel größtenteils von jenen in der Vergleichsliteratur ab. So ist in der Wikipedia sein Umzug nach Regensburg mit 1342 datiert, während das VL5 und GLM3 diesen mit 1348 datieren[191]. 1342 war Konrad

186 Wikipedia: Konrad von Megenberg.
187 Vgl. HB, S. 285.
188 Vgl. ebda, Sp. 221.
189 Vgl. GLM3, S. 123.
190 Vgl. VL5, Sp. 222.
191 Vgl. VL5, Sp. 222; GLM3, S. 123.

erst nach Wien übersiedelt. Der Wikipedia-Artikel gibt als Quelle an dieser Stelle die Homepage der *World Digital Library*[192] an, die von sich behauptet:

> Among the most distinctive features of the WDL are the descriptions provided for each item. These descriptions are intended to answer two questions: 'What is this item and why is it significant?' This information, written by curators and other experts, provides context for users and is designed to spark the curiosity of students and the general public to learn more about the cultural heritage of all countries.[193]

Auch wenn die von der *U.S. Library of Congress* betriebene Webseite angesichts ihres Betreibers und der genannten Experten vertrauenswürdig scheint, sind die dort angegebenen Daten zu Konrads Vita offenbar falsch.

Uneinigkeit herrscht auch in Bezug auf Konrads Reisen nach Avignon. Der Wikipedia-Artikel erwähnt zwei der vier Reisen und datiert diese mit 1341 und 1349. Das VL5 hingegen gibt an, dass er 1337 und 1341 an der päpstlichen Kurie in Avignon gewesen sei, die er später noch zweimal im Auftrag der Stadt Regensburg (1357) und des Kaisers (1361) aufgesucht habe[194]. GLM3 geht nicht auf diese Reisen ein.

Des Weiteren trat Konrad das Amt als Dompfarrer von St. Ulrich laut Wikipedia 1357 an, laut dem VL5 und GLM3 übernahm er dieses aber erst 1359[195]. Der Wikipedia-Artikel verweist an dieser Stelle auf einen Ausstellungskatalog, der anlässlich des 700. Geburtsjahres Konrads veröffentlicht wurde[196]. Darüber, dass er sein Amt nach vier Jahren wieder zurücklegte, bis zu seinem Tod 1374 als Domherr in Regensburg lebte und in Niedermünster begraben wurde, sind sich alle drei Artikel wieder einig.

Woher die Jahreszahlen im Wikipedia-Artikel bezogen wurden, wird nur im Falle des Umzugs nach Regensburg und dem Antritt des Amts als Dompfarrer genannt. Alle weiteren bleiben unbelegt.

Zum Abschluss erwähnt der Wikipedia-Artikel noch, dass ein von Konrad gestiftetes Kirchenfenster im Regensburger Dom seine Person

---

192 Vgl. World Digital Library. Book of Nature. URL: http://www.wdl.org/en/item/3158/ [Stand: 6.11.2015]

193 Vgl. World Digital Library. About the World Digital Library: Background. URL: http://www.wdl.org/en/ background/ [Stand: 6.11.2015]

194 Vgl. VL5, Sp. 221.

195 Vgl. ebda.

196 Vgl. Werner Chrobak [u.a.]: Konrad von Megenberg. Regensburger Domherr, Dompfarrer und Gelehrter (1309-1374). Hrsg. von Paul Mai. Regensburg: Schnell & Steiner 2009.

darstelle. Diese Information fand sich in keinem der drei gedruckten Artikel. Die Thematik der Bildnisse wird im Kapitel *Trivia* ausführlicher besprochen.

„Werk“[197]

Konrads Werke gliedern sich in drei Schaffensphasen. Die Pariser Phase um 1337, die Wiener Phase sowie die Regensburger Phase von 1348-1374. Insbesondere kann die Zeit von 1348-1354 als seine produktivste bezeichnet werden. Während er an der Domschule unterrichtete, vollendete er Werke, die er in Wien begonnen hatte und verfasste weitere.

Theologische, politische und moralphilosophische Schriften

Konrads von Megenberg politische Schriften *Planctus ecclesiae in Germaniam* und *Tractatus de translatione imperii* zeigen, dass er sich in den Auseinandersetzungen von Ludwig dem Bayern mit Papst Johannes XXII. nicht auf die Seite einer der beiden Parteien stellte, sondern eine Mittelstellung einnahm.

Seine theologische Schrift *Lacrimae ecclesiae* wendet sich gegen die Bettelorden und ist möglicherweise identisch mit dem Werk *Tractatus contra mendicantes ad papam Urbanum V*. Konrad nahm gegenüber den Franziskanern am Hof Ludwigs eine negative, nicht vor Satire zurückscheuende Haltung ein; dem am Hof tätigen Wilhelm von Ockham war er dabei besonders negativ gesinnt.

Ebenfalls von Konrad von Megenberg stammen einige bedeutsame kirchenrechtliche Schriften wie der *Tractatus de arboris consanguinitatis et affinitatis*, das *Repertorium nuptiale*, die *Statuta et consuetudines capituli ecclesiae Ratisbonensis* sowie der *Tractatus de limitibus pariochialibus in Ratisbona*.

Konrads Hauptwerk, neben dem wirkmächtigen *Buch der Natur* sind seine moralphilosophischen Schriften, die *Monastica* oder *Speculum felicitatis humane* und vor allem seine äußerst umfangreiche *Yconomica* (Ökonomik).

Naturwissenschaftliche Schriften

Seine deutschen Werke widmen sich naturwissenschaftlichen Themen und sind von ihm ausdrücklich für Laien geschrieben worden.

Im Jahre 1349 verfasste Konrad von Megenberg die *Causa terre motus*, eine Abhandlung über die Zusammenhänge von Erdbeben und Pestepidemien.

Die *Deutsche Sphaera* ist eine Übersetzung von Johannes von Sacrobosco (ca. 1200–1256) Werk *Sphaera mundi*, welches im Mittelalter das Standard-Lehrbuch der Astronomie war.

In den Jahren 1348 bis 1350 schrieb er das *Buch der Natur* (oder: *Buch von den natürlichen Dingen*), das allgemein als das „erste systematisierte deutschsprachige Kompendium des Wissens über die geschaffene Natur“ angesehen wird. Er bediente sich dabei vor allem des *Liber de natura rerum* von Thomas von Cantimpré als Quelle. Es erlangte große Bedeutung und Verbreitung und

197 Wikipedia: Konrad von Megenberg.

wurde noch in den Jahren 1536 und 1540 in Frankfurt als *Naturbuch* nachgedruckt.

Rezeption

Abgesehen vom *Buch der Natur* erlangten die Schriften Konrads von Megenberg vermutlich keine große Verbreitung. Von den meisten Texten sind nur der Titel oder aber ein bis höchstens drei Handschriften erhalten. Ausnahmen bilden hier das *Tractatus de limitibus parochiarum civitatis Ratisponensis* mit neun und die *Deutsche Sphaera* mit zehn Handschriften.[198]

Schaffensphasen:

Der Wikipedia-Artikel gliedert Konrads Werke in drei Schaffensphasen:

1.) Pariser Phase um 1337

2.) Wiener Phase (nicht datiert)

3.) Regensburger Phase von 1348 bis 1374

An dieser Stelle ist also der Umzug nach Regensburg mit 1348 korrekt datiert. Die Phasen werden zwar in keinem der drei Vergleichsartikel in dieser Form dargestellt, lassen sich aber anhand des Lebenslaufs im VL5 und in GLM3 verifizieren.

„Theologische, politische und moralphilosophische Schriften"[199]*:*

Der Wikipedia-Artikel geht in diesem Abschnitt auf zehn der lateinischen Werke Konrads oberflächlich ein. Da HB und GLM3 diese ausklammern, ist ein Vergleich nur mit dem VL5 möglich, das jeder der 30 Schriften (21 lateinische, drei deutsche, fünf zweifelhafte/unechte) einen Abschnitt widmet.

Im ersten Absatz werden die Schriften *Planctus ecclesiae in Germaniam* und *Tractatus de translatione imperii* erwähnt. Das VL5[200] ordnet diese als kirchenpolitisch, die Wikipedia als politische Schriften ein. Dass Konrad darin eine neutrale Vermittlerstellung zwischen Papst und Kaiser einzunehmen versucht, geht auch aus den Beschreibungen der Texte im VL5 hervor. Der Wikipedia-Artikel bezieht sich dabei auf den Streit zwischen Johannes XXII. mit Kaiser Ludwig dem Bayern, der sich entgegen der päpstlichen Entscheidung zum Kaiser krönen ließ[201]. Zum Zeitpunkt der Entstehung des Textes jedoch war Johannes XXII. nicht mehr im Amt,

---

198 Wikipedia: Konrad von Megenberg.

199 Ebda.

200 Vgl. VL5, Sp. 224f.

201 Vgl. Harald Zimmermann. Das Papsttum im Mittelalter. Eine Papstgeschichte im Spiegel der Historiographie. Stuttgart: Ulmer 1981. (= UTB. 1151.) S. 178f.

denn bereits 1334 folgte ihm Benedikt XII. nach[202], den der Wikipedia-Artikel nicht erwähnt. Dass die ältere der beiden Schriften laut VL5 erst 1337/38 entstand, schließt zwar nicht aus, dass sich Konrad darin auch auf den Streit zwischen Johannes XXII. und Ludwig von Bayern bezogen haben könnte, das VL5 stellt jedoch fest: „Voll Verständnis für Ludwig von Bayern warnt K. Benedikt XII., vom Kaiser nichts zu verlangen, was gegen dessen Ehre geht."[203] Dass es sich um Benedikt XII. handelt, bestätigt auch Hans-Jürgen Becker: „Der erste Teil bietet einen Streitdialog zwischen der Kirche und Papst Benedikt XII. über das Reich und über die Wiederaufnahme des gebannten und abgesetzten Kaisers Ludwig des Bayern in die päpstliche Gnade."[204] Johannes XXII. wird in diesem Zusammenhang weder bei Becker noch im VL5 erwähnt.

Im nächsten Absatz wendet sich die Wikipedia dem Text *Lacrimae ecclesiae* zu, der als theologische Schrift bezeichnet wird, während das VL5[205] auch diesen den kirchenpolitischen Schriften Konrads zuordnet. Dass der Text mit dem Werk *Tractatus contra mendicantes ad papam Urbanum V.* ident ist, wird im Wikipedia-Artikel relativiert („möglicherweise"), das VL5 nimmt dies als gegeben an. Darüber, dass Konrad sich mit dieser Schrift gegen die Bettlerorden richtet, herrscht wiederum Einigkeit. Die Behauptung des Wikipedia-Artikels, Konrad sei den Franziskanern am Hof Ludwigs feindlich gesinnt gewesen, lässt sich anhand der Angaben im VL5 nicht verifizieren, wohl aber seine Feindschaft gegenüber Wilhelm Ockham. Der Wikipedia-Artikel versäumt jedoch zu erwähnen, dass Konrad darüber einen gesonderten Traktat, *Tractatus conrtra Wilhelmum Occam*, verfasste[206].

Als kirchenrechtliche Schriften werden in der Wikipedia dieselben Texte genannt wie im VL5[207], allerdings weichen die Schreibweisen und zum Teil auch die Bezeichnungen mancher Schriften markant voneinander ab. Zur Verifizierung wurde für die nachfolgende Tabelle auch Becker[208] hinzugezogen:

---

202 Vgl. Harald Zimmermann: Das Papsttum im Mittelalter, S. 178f.

203 VL5, Sp. 225.

204 Hans-Jürgen Becker: Das Spannungsfeld Kaisertum – Papsttum – Konzil aus der Sicht des Konrad von Megenberg. In: Konrad von Megenberg (1309-1374): ein spätmittelalterlicher „Enzyklopädist" im europäischen Kontext. Hrsg. von Edith Feistner. Wiesbaden: Reichert 2011. (= JOWG. 18.) S. 332.

205 Vgl. VL5, Sp. 226.

206 Vgl. ebda.

207 Vgl. VL5, Sp. 226–228.

208 Vgl. Hans-Jürgen Becker: Das Spannungsfeld, S. 330–334.

Kirchenrechtliche Schriften Wikipedia	Kirchenrechtliche Schriften VL	Schreibweise Becker
Tractatus de arbor**is** consanguinitatis et affinitatis	Tractatus de arbor**ibus** consanguinitatis et affinitatis	Tractatus de arbor**ibus** consanguinitatis et affinitatis
Repertorium nuptial	**Canones poenitentiales**	**Canones peniteniales**
Statuta **et consuetudines** capituli ecclesi**ae** Ratis**b**onensis	Statuta capituli ecclensi**e** Ratis**p**onensis	Statuta capituli ecclensi**e** Ratis**b**onensis
Tractatus de limitibus pariochia**libus in** Ratis**bona**	Tractatus de limitibus parochia**rum civitatis** Ratis**ponensis**	Tractatus de limitibus parochia**rum civitatis** Ratis**ponensis**

Tabelle 25: Titel der kirchenrechtlichen Schriften Konrads von Megenburg im Vergleich (Abweichungen rot markiert)

Im späteren Abschnitt *Rezeption* des Wikipedia-Artikels wird der zuvor als *Tractatus de limitibus pariochialibus in Ratisbona* bezeichnete *Tractatus de limitibus parochiarum civitatis Ratisponensis* wie in VL5 geschrieben. Der Vergleich zwischen VL5 und Becker lässt erkennen, dass sich auch die Fachliteratur nicht wirklich einig ist. Im Jahrbuch der Oswald von Wolkenstein-Gesellschaft, in dem Beckers Beitrag erschienen ist, wird der letztgenannte Traktat wiederum als *Tractatus de limitibus parochiarum civitatis Ratisbonensis*[209] genannt.

Die beiden moralphilosophischen Schriften *Speculum felicitatis humanae*, auch *Monastica* genannt, und *Yconomica* werden im Wikipedia-Artikel neben dem *Buch der Natur* als Konrads Hauptwerke bezeichnet. Ihr Inhalt wird nicht erläutert. Die Zuordnung stimmt mit dem VL5[210] überein, bei ersterem weicht die Schreibweise jedoch wieder leicht ab: VL5: „humanae"[211], Wikipedia: „humane".

„Naturwissenschaftliche Schriften"[212]*:*

Sowohl GLM3[213] als auch das VL5[214] bestätigen, dass sich Konrads deutsche Schriften naturwissenschaftlichen Themen widmeten und ausdrücklich für Laien bestimmt waren. Der Wikipedia-Artikel geht in der Folge auf alle drei Schriften kurz ein:

209 Heinrich Wanderwitz: Konrad von Megenberg (1309-1374) und Aventin (1477-1534) – zwei Regensburger Gelehrte. In: Konrad von Megenberg (1309-1374): ein spätmittelalterlicher „Enzyklopädist" im europäischen Kontext. Hrsg. von Edith Feistner. Wiesbaden: Reichert 2011. (= JOWG. 18.) S. 371.

210 Vgl. VL5, Sp. 228f.

211 Vgl. ebda. Sp. 228.

212 Wikipedia: Konrad von Megenberg.

213 Vgl. GLM3, S. 121.

214 Vgl. VL5, Sp. 231f.

Zur *Causa terre motus* wird erwähnt, dass sie im Jahr 1349 verfasst wurde und es sich um eine Abhandlung über die Zusammenhänge von Erdbeben und Pestepidemien handelt. Die gleichen und in etwa ebenso viele Informationen dazu geben GLM3 und das VL5[215]. HB erwähnt die *Causa terre motus* nicht.

Auf die *Deutschen Sphaera* gehen alle Artikel ein, sind sich aber uneinig, was die Nähe zum lateinischen Original von Johannes von Sacrobosco anbelangt: Während HB den Text als „Bearbeitung"[216] der lateinischen Vorlage bezeichnet, sprechen GLM3[217] und der Wikipedia-Artikel von einer „Übersetzung". Der weit genauere Eintrag des VL5 erklärt, dass es sich bei der *Deutschen Sphaera* nicht um die Umsetzung des Lateinischen ins Deutsche handle, sondern um die Vermittlung des gelehrten Wissens über Astronomie nach Maßgabe der *Sphaera mundi* in neuer laienkonformer Sprache, weswegen die deutsche Fassung Konrads gegenüber der lateinischen Vorlage viele sach- und begriffserklärenden Zusätze enthalte[218]. Das Entstehungsjahr der Schrift nennt nur HB mit 1230[219]. Brunner bestätigt außerdem die Lebensdaten Johannes' von Sacrobosco, die im Wikipedia-Artikel mit 1200 bis 1256 angegeben sind.

Mit dem *Buch der Natur* beschäftigen sich alle vier Artikel etwas ausführlicher, allen voran erneut das VL5. Die Entstehung ist in allen Einträgen mit 1348 bis 1350 datiert. Außer bei HB nennen alle Artikel auch die alternative Bezeichnung *Buch von den natürlichen Dingen*. Für die Beschreibung des Inhalts bedienen sich sowohl der Wikipedia-Artikel als auch das VL5 und GLM3 eines wörtlichen Zitats von Uwe Ruberg, der das *Buch der Natur* als das „erste systematisierte deutschsprachige Kompendium des Wissens über die geschaffene Natur"[220] bezeichnete. Allerdings geben weder der Wikipedia-Artikel noch GLM3 die Quelle dieses Zitats an und führen Rubergs Text auch nicht unter den Literaturhinweisen auf.

Das *Liber de natura rerum* von Thomas von Cantimpré wird in allen Artikeln als Konrads Quelle genannt, wobei der Wikipedia-Artikel suggeriert, es sei die einzige Quelle gewesen. Das VL5 hingegen gibt neben Thomas' von Camtimpré Text fünf weitere Quellen an[221]. HB und GLM3

215 Vgl. GLM3, S. 123; VL5, Sp. 230.

216 HB, S. 285.

217 Vgl. GLM3, S. 123.

218 Vgl. VL5, Sp. 231.

219 Vgl. HB, S. 285.

220 Uwe Ruberg: Allegorisches im "Buch der Natur" Konrads von Megenberg. In: Frühmittelalterliche Studien 12 (1978), H. 1., S. 310–325. Zit. nach VL, Sp. 233.

221 Vgl. VL5, Sp. 232.

implizieren zumindest weitere Vorlagen, ohne diese aufzuzählen[222].

Um die Bedeutung des Textes hervorzuheben, erwähnt der Wikipedia-Artikel, dass das *Buch der Natur* noch in den Jahren 1536 und 1540 in Frankfurt als *Naturbuch* nachgedruckt worden sei, was das VL5 und GLM3 bestätigen[223].

„Rezeption"[224]*:*

In diesem Kapitel geht der Wikipedia-Artikel oberflächlich auf die zeitgenössische Bedeutung der Texte Konrads ein, die mit Ausnahme des *Buchs der Natur* eher gering eingeschätzt wird, da von den meisten Texten lediglich der Titel und ein bis drei Handschriften erhalten seien. In HB und GLM3 finden sich dazu keine Angaben. Das VL5 gibt zu jedem der Texte die Anzahl der Handschriften und Drucke an, aufgrund derer sich die Angaben im Wikipedia-Artikel bestätigen lassen. Auch die beiden genannten Ausnahmen, der *Tractatus de limitibus parochiarum civitatis Ratisponensis* mit neun und die *Deutsche Sphaera* mit zehn Überlieferungen stimmen mit den Angaben im VL5[225] überein. Dass das *Buch der Natur* in über 100 Handschriften erhalten ist, erwähnt der Wikipedia-Artikel im Gegensatz zur Vergleichsliteratur allerdings nicht.

„Trivia" [226]

> Der Name Konrad von Megenbergs wurde 1337-38 in Paris zu Conradus de Montepuellarum latinisiert (dt. Berg der Mädchen), aufgrund von Problemen der Artikulation. Weitere außerliterarische Zeugnisse Konrads sind sein Siegel mit Wappen, welches aus einem geteilten Schild besteht, wobei im oberen Abschnitt drei Frauenbüsten abgebildet sind. Im unteren Abschnitt ist ein Dreiberg dargestellt, auf welchem ein dreiästiger Eichenzweig mit jeweils einem Blatt auf jedem Zweig sprießt. Außerdem existiert ein Bildnis Konrads auf einem Glasfenster im Regensburger Dom. Im Augustinerkloster Regensburg wird Konrad auf zwei Bildnissen mit der Aufschrift "Conradus de Frauenberg" abgebildet. Ferner existiert in Regensburg eine Maidenbergstraße, welche nach ihm benannt wurde. Obwohl weitläufig die Annahme besteht, Konrad sei am 14. April 1374 gestorben, widerlegte dies die Ludwig-Maximilians-Universität München 2006. Dieses Datum sei lediglich der Tag seines selbstgestifteten Anniversars.[227]

Im Kapitel *Trivia* werden im Wikipedia-Artikel im Grunde drei Themen aufgegriffen und kurz behandelt: Die Latinisierung des Namens in Paris,

---

222 Vgl. HB, S. 285; GLM3, S. 124.
223 Vgl. VL5, Sp. 234; GLM3, S. 124.
224 Wikipedia: Konrad von Megenberg.
225 Vgl. VL5, Sp. 227, 231.
226 Wikipedia: Konrad von Megenberg.
227 Ebda.

außerliterarische Zeugnisse sowie die Widerlegung des Todestages 2006. Diese Informationen ließen sich anhand der Vergleichsartikel nicht verifizieren.

„Außerliterarische Zeugnisse“[228]*:*

Der Wikipedia-Artikel zählt folgende außerliterarische Zeugnisse Konrads auf:

- das Siegel mit Wappen
- ein Bildnis im Glasfenster des Regensburger Doms
- zwei Bildnisse im Augustinerkloster Regensburg mit der Aufschrift *Conradus de Frauenberg*
- die Maidenbergstraße in Regensburg

Nur im Falle der Maidenbergstraße wird Ibach als Quelle angegeben[229]. Alle anderen werden nicht belegt.

Konrads Todestag:

Konrads Todestag wurde von Franz Fuchs 2006 angezweifelt, da aus dem Nekrolog von Niedermünster lediglich hervorgehe, dass um den 14. April 1374 Konrads Anniversar begangen worden sei. „Auch wenn der Anniversar meist am Tosdestag oder am Beisetzungstag gefeiert wurde, so ist beobachtet worden, dass manche Personen schon zu Lebzeiten ihren Anniversartermin festgelegt haben.“[230]

6.3.3 Abschließende Beurteilung des Wikipediaartikels *Konrad von Megenberg*

Der Wikipedia-Artikel *Konrad von Megenberg* hält dem Vergleich mit HB durchaus stand, der Artikel im VL5 ist dagegen weitaus umfangreicher und vollständiger. Was Umfang und Art der Informationen betrifft ist der Wikipedia-Artikel am ehesten mit GLM3 vergleichbar. In allen Artikeln fanden sich kleine Inkonsistenzen, wie das Ruberg-Zitat ohne Quellenangabe in GLM3 oder die Abweichungen bei der Anzahl der lateinischen Werke. Im Wikipedia-Artikel wurden folgende Fehler und inhaltliche Inkonsistenzen gefunden:

- Ein Hinweis auf die Widerlegung des Todestags in der Einleitung fehlt (wird im Verlauf des Artikels erwähnt).

---

228 Wikipedia: Konrad von Megenberg.

229 Vgl. Ibach: Leben und Schriften, S. 15.

230 Franz Fuchs: Neue Quellen zur Biographie Konrads von Megenberg, S. 65.

- Konrads deutsche Werke fehlen ebenfalls in der Einleitung (werden im Verlauf des Artikels erwähnt).
- Im Zusammenhang mit den kirchenpolitischen Schriften wird zwar Johannes XXII., nicht aber Benedikt der XII. genannt.
- Weitere Quellen für das *Buch der Natur* neben dem *Liber de natura rerum* wurden nicht erwähnt.
- Mehrere Jahreszahlen in der Vita Konrads sind falsch.

Außerdem fehlt (ebenso wie im VL5) eine konkrete sprachliche Einordnung des Autors. Auch eine vollständige Liste der Werke Konrads wäre wünschenswert.

Inwieweit die Schreibweise der lateinischen Schriften als Fehler gewertet werden muss, bedürfte einer tieferen Auseinandersetzung mit den Überlieferungen, da sich diesbezüglich auch die erwähnte Fachliteratur nicht ganz einig zu sein scheint.

Der Wikipedia-Artikel liefert aber auch Informationen, die in den Vergleichsartikeln nicht oder nur teilweise zu finden sind, wie die unterschiedlichen Schreibweisen des Namens oder den Hinweis auf Trivia. Auch der Hinweis auf die Widerlegung des Todestages wurde aus Gründen der Aktualität nur im Wikipedia-Artikel erwähnt. Zusammenfassend lässt sich sagen, dass der Wikipedia-Artikel zwar durchaus als Erstinformationsquelle geeignet ist, jedoch keine verlässlichen Detailinformationen bietet und somit als Erstüberblick nicht empfehlenswert ist.

Die oberflächliche Einschätzung durch die quantitative Analyse hat mit 1,36 allerdings einen sehr guten Wert ergeben, was sich vor allem auf die vielen Literaturhinweise und Weblinks zurückführen lässt. Da diese bei der Ermittlung der Artikellänge mitgezählt wurden, ergab sich allerdings ein verfälschtes Bild. Zieht man die Wortanzahl der Literaturhinweise und Weblinks ab, so ergibt sich eine Länge von nur rund 1.100 Wörtern für den Artikel selbst, wodurch die Länge anstatt mit eins mit drei benotet worden wäre, was wiederum die Gesamtbewertung auf 1,69 (gerundet zwei) verschlechtert hätte. Diese Bewertung hätte eher dem tatsächlichen Zustand des Artikels entsprochen. Die Auswertung müsste also dahingehend noch angepasst werden.

6.4 Vergleich *Annolied* (Hypothese 2)

Der Eintrag *Annolied*[231] konnte in FR[232], im VL1[233] mit einer kleinen Ergänzung im VL11[234] (in Tabelle 26 kumuliert) sowie in DD[235] und HB[236] gefunden werden. GLM1 wurde daher nicht für den Vergleich herangezogen.

6.4.1 Umfang und Struktur

Quelle	Erscheinungsjahr	Band/ Spalte bzw. Seite	Zeichen	Zwischenüberschriften/ Abschnitte	Bilder	Literaturhinweise (ohne Links)	(davon Edit.)	Letztakt. Lit. (Jahr)	Textbeispiel
Wikipedia	2004	-	8.557	6	0	16	5	2007	nein
DD	1989	55-63	11.650	0	1	8	1	1981	nein
FR	2004	16f.	900	0	0	0	0	-	nein
HB	1997	89ff.	3.610	0	0	Literaturhinweise epochenübergreifend			ja
VL	1978 / 2004	1/366-371; 11/108	11.250	8	0	44	5	1986	nein

Tabelle 26: Umfang und Struktur der Annolied-Einträge in den unterschiedlichen Nachschlagewerken

Wieder stechen das VL und der Wikipedia-Artikel besonders hervor: Beide Einträge sind durch Zwischenüberschriften beziehungsweise im Fall des VL1 durch nummerierte Abschnitte gegliedert, beide enthalten eine zweistellige Anzahl von Literaturhinweisen, wobei hier das VL1 mit 43 stark dominiert. Der Wikipedia-Artikel weist lediglich 16 Literaturhinweise auf, besticht jedoch wiederum durch die Aktualität derselben, denn die aktuellste genannte Veröffentlichung stammt aus dem Jahr 2007, während das VL11 2004 die Bibliografie des VL1 zwar um einen Eintrag aus dem Jahr 1986 erweitert, jedoch trotzdem keine aktuelleren Angaben enthalten kann. In DD finden sich zumindest acht Verweise auf weiterführende Literatur, der aktuellste stammt aus dem Jahr 1981. HB

231 Wikipedia: Annolied. URL: https://de.wikipedia.org/w/index.php?title=Annolied&oldid=142377409 [Stand: 14.11.2015]

232 Elisabeth Frenzel; Herbert A. Frenzel: Daten deutscher Dichtung. Chronologischer Abriß der deutschen Literaturgeschichte. Band 1. Von den Anfängen bis zum Jungen Deutschland. 34. Ausg. München: dtv 2004, S. 16f.

233 Eberhard Nellmann: Annolied. In: Die deutsche Literatur des Mittelalters. Verfasserlexikon. Band 1. Hrsg. von Kurt Ruh [u.a.]. Berlin, New York: de Gruyter 1978, Sp. 366–371.

234 VL11, Sp. 108.

235 Arne Holtorf: Annolied. In: Deutsche Dichter. Band 1. Mittelalter. Stuttgart: Reclam 1989, S. 55–63.

236 Brunner: Geschichte der deutschen Literatur des Mittelalters und der Frühen Neuzeit im Überblick, S. 89ff.

widmet dem *Annolied* einen eigenen Artikel, der wiederum Teil des Kapitels *Frühmittelhochdeutsche Literatur* ist. Demzufolge sind auch die Literaturhinweise nicht speziell zum *Annolied* angeführt, sondern werden für das gesamte Kapitel aufgelistet. In welchem der 29 angeführten Texte wiederum auf das *Annolied* im Speziellen Bezug genommen wird, lässt sich außer im Fall der genannten Werksausgabe von Nellmann 1975 nicht erkennen.

Einen Auszug aus dem Text bietet nur HB in Form der ersten acht Verse an. Der Wikipedia-Artikel enthält zwar drei Weblinks zur Handschrift und zu den im Internet verfügbaren Ausgaben von Roediger und Dunphy, im Artikel selbst wird jedoch kein Textbeispiel angeführt. Was die Länge der Einträge betrifft, befindet sich der Wikipedia-Artikel mit rund 8.550 Zeichen im Mittelfeld hinter DD mit etwa 11.650 Zeichen und dem VL1 mit etwa 11.250. Auffällig am Wikipedia-Artikel ist, dass es keine Einzelnachweise gibt. Im Text wird nur vereinzelt auf theoretische Grundlagen hingewiesen, der Großteil der Angaben bleibt jedoch unbelegt.

6.4.2 Inhalt

Der Wikipedia-Artikel ist wie folgt aufgebaut:

- **Einleitung** – zwei Absätze; beschreibt die formale Struktur und Umfang, Entstehungszeit und -ort, Sprache, Textquellen und Forschung,
- ***Inhalt und Struktur*** – drei Absätze; geografische und zeitliche Einordnung des Textes, kurze Inhaltsangabe, Interpretationsangebot, Zahlensymbolik, sonstige Besonderheiten,
- ***Quellen des* Annoliedes** – ein Absatz; Quellen, Methodik des Dichters
- **Weiterführende Kapitel** – *Siehe auch* (innerhalb Wikipedia), *Editionen, Literatur, Weblinks.*

Einleitung

> Das 49 Strophen umfassende volkssprachige Annolied wurde wahrscheinlich zwischen 1077 und 1081, jedenfalls vor 1100, in frühmittelhochdeutschen Reimpaarversen vermutlich von einem Siegburger Mönch verfasst. Als Anhaltspunkt für die Datierung gilt die Erwähnung von Mainz als Krönungsort. Die Krönungen der deutschen Könige fanden üblicherweise in Aachen statt; deswegen kann sich die Angabe nur auf die Zeit nach der Krönung des Gegenkönigs Rudolf von Rheinfelden 1077 oder auf die Krönung Heinrichs V. 1106 beziehen. Der Autor ist anonym, die meisten Indizien sprechen für seine

Herkunft aus dem rheinfränkischen Raum, insbesondere aus dem Dreieck Hersfeld-Saalfeld-Bamberg. Als Auftraggeber kommt Abt Reginhard von Siegburg in Frage.

Die Originalhandschrift des Annoliedes ist verschollen. Früheste erhaltene Zeugnisse sind Martin Opitzens Erstdruck von 1639 und ein Teilabdruck durch Bonaventura Vulcanius. Beide benutzten eng verwandte, aber nicht identische Vorlagen. Seit seiner Erstedition hat das Annolied großes Forscherinteresse auf sich gezogen, entsprechend umfangreich ist die Forschungsliteratur. Hervorzuheben sind die Arbeiten von Opitz (1639), Parnassus Boicus (1723), Wilhelm Wilmanns (1887), Roediger (1895), Ittenbach (1937/38), Knab (1962), Thomas (1968/77), Nellmann (Neuedition 1975) und Eickermann (Handschriftenfund 1976).[237]

Formale Struktur und Umfang:

Dass das *Annolied* 49 Abschnitte umfasst, ist korrekt, allerdings fehlt ein Hinweis auf die ungleiche Länge der einzelnen Teilabschnitte, eine Auffälligkeit, die selbst in der Kürze des FR-Eintrags Erwähnung findet: „Ungleiche Abschnitte von sechs bis zwölf Reimpaaren“[238]. „49 Strophen“ und „in frühmittelhochdeutschen Reimpaarversen“ bleiben im Wikipedia-Artikel die einzigen Angaben zur formalen Struktur.

Die Bezeichnung der Abschnitte als *Strophen* ist in der *Annolied*-Forschung umstritten. HB und FR sprechen durchgehend von *Abschnitten* (zum Teil auch von *Teilabschnitten* oder *Initialenabschnitten*). Auch das VL1 hält sich an diese Bezeichnung, weist jedoch auf die unterschiedlichen Auffassungen der Forschung zu diesem Thema hin[239]. DD benutzt wiederum ohne weitere Erläuterung den Begriff *Strophen*. Die Angabe, das *Annolied* umfasse 49 Strophen, ist also nicht grundlegend falsch, sollte jedoch erläutert werden.

Datierung:

Die Frage der Datierung wird im Wikipedia-Artikel ebenso wie im VL1 in Zusammenhang mit der Nennung von Mainz als Krönungsort geklärt. Angenommen werden im Allgemeinen zwei Datierungsbereiche: Einerseits die Zeit zwischen 1077 (erste Krönung in Mainz) und 1081 (nächste nicht in Mainz stattfindende Krönung) und andererseits die Zeit nach 1106 (wiederum die nächste in Mainz abgehaltene Krönung)[240]. Der Wikipedia-Eintrag erwähnt beide Datierungsbereiche ohne weitere Priorisierung, das VL1 bevorzugt den früheren. DD nennt ohne Erwähnung

237 Wikipedia: Annolied.
238 FR, S. 18.
239 Vgl. VL1, Sp. 370.
240 Vgl. ebda. Sp. 367.

der Krönungsort-These nur den früheren Datierungsbereich[241]. HB gibt ebenfalls ohne weitere Erläuterung an, das *Annolied* sei am wahrscheinlichsten um 1080 entstanden[242]. Bei FR ist der Artikel Teil des Kapitels *1063 – 1140/50*, es findet sich jedoch kein dezidiertes Datierungsangebot für das *Annolied* im Speziellen.

Herkunft des Autors und Entstehungsort:

Der Wikipedia-Artikel weist die Sprachepoche korrekt als frühmittelhochdeutsch aus. Was die Herkunft des anonymen Autors und somit die regionalsprachlichen Merkmale des Texts angeht, wird der Text dem Rheinfränkischen zugeordnet, „insbesondere aus dem Dreieck Hersfeld-Saalfeld-Bamberg“[243]. Hierbei handelt es sich um einen eindeutigen Fehler, denn das genannte geographische Dreieck befindet sich nicht im rheinfränkischen, sondern im ostfränkischen Raum. Dieser Fehler wurde bereits im Juni 2012 auf der Diskussionsseite zum Artikel besprochen[244]. Der Benutzer *El bes*[245], seiner Benutzerseite zufolge ein sehr produktiver Wikipedianer, kommentierte den Hinweis auf den Fehler wie folgt:

> Das stimmt, das ist unlogisch. In dieser Zeitepoche unterteilt man das Fränkische in Niederfränkisch (Holland, Flandern), Mittelfränkisch (Köln, Echternach, Trier, Prüm), Rheinfränkisch (Worms, Mainz, Frankfurt, Lorsch, Spreyer), Südrheinfränkisch (Weißenburg) und Ostfränkisch (Fulda, Würzburg, Bamberg, Ebersberg). Siehe Stefan Sonderegger: Althochdeutsche Sprache und Literatur: Eine Einführung in das älteste Deutsch, Seite 80.
>
> Der Wikipedia-Autor, der das geschrieben hat, hat sich das mit Hersfeld-Saalfeld-Bamberg jedoch nicht ausgedacht, das findet sich in der Sekundärliteratur, zb bei Wilhelm Kühlmann,Achim Aurnhammer: Killy Literaturlexikon: Autoren Und Werke Des Deutschsprachigen Kulturraumes: Annolied (Seite 170). Geographisch ist dieser Raum wie dort richtig erwähnt osthessich-thüringisch. Sprachlich hingegen müsste man Ostfränkisch schreiben. Also wenn die Sprache des Annoliedes auf diese Region hindeutet, dann ist es Ostfränkisch und nicht Rheinfränkisch. Zu beachten ist, dass Sonderegger den Schreibort Frankfurt noch zu Rheinfränkisch zählt, obwohl Frankfurt ja bekanntlich nicht am Rhein liegt, aber eben nicht weit davon entfernt. Man muss sich also strikt an die linguistischen Termini halten und diese von geographischen unterscheiden.[246]

---

241 Vgl. DD, S. 58.

242 Vgl. HB, S. 89.

243 Wikipedia: Annolied.

244 Wikipedia: Diskussion:Annolied. URL: https://de.wikipedia.org/w/index.php?title=Diskussion:Annolied&oldid=104423371 [Stand: 14.11.2015]

245 Wikipedia: Benutzer:El bes. URL: https://de.wikipedia.org/w/index.php?title=Benutzer:El_bes&oldid=146339791 [Stand: 14.11.2015]

246 Wikipedia: Diskussion:Annolied.

Leider floss dieser Kommentar bis dato nicht in den Hauptartikel ein. Die Diskussion wurde nicht weitergeführt.

Über die Herkunft des unbekannten Autors des *Annoliedes* sind sich auch die zum Vergleich herangezogenen Nachschlagewerke nicht einig. Es herrscht Konsens darüber, dass es sich um einen fränkischen Text handelt. Die Frage, ob der Autor mittelfränkischer, rheinfränkischer oder ostfränkischer Herkunft war, wird jedoch unterschiedlich behandelt. Am ausführlichsten geht das VL1 auf diese Frage ein. Nellmann erwähnt alle drei Möglichkeiten und führt Gigglbergers Theorie, das Original sei rheinfränkisch, die Opitz-Quelle sei ostfränkisch, beruhend auf einem mittelfränkischen Original, kurz näher aus[247]. HB und DD machen hierzu widersprüchliche Angaben: Während HB die Herkunft des Autors auf den Raum Ostfranken – Osthessen – Thüringen einschränkt[248], leitet DD vom Entstehungsort Siegburg direkt den „westmitteldeutsch-fränkischen Raum“[249] als sprachliches Ursprungsgebiet des Texts ab.

Das Kloster Siegburg wird in allen fünf Einträgen als wahrscheinlichster Abfassungsort genannt. Was sowohl der Wikipedia-Artikel als auch DD und FR nicht erwähnen, ist, dass es auch alternative Theorien gibt, die Köln als Entstehungsort annehmen[250].

Der Wikipedia-Artikel gibt an, dass Abt Reginhard von Siegburg als Auftraggeber in Frage komme. Darauf gehen die anderen Nachschlagewerke nicht ein. Das VL1 und DD erwähnen Reginhard als Verfasser einer älteren Anno-Vita, die mit dem *Annolied* in Verbindung stehe[251]. Da Reginhard in der Zeit von 1076 bis 1105 Abt des Klosters Siegburg war[252], ist die Annahme im Wikipedia-Artikel zwar berechtigt, doch leider geht nicht hervor, woher diese Information bezogen wird.

Überlieferung:

Martin Opitz' Überlieferung des *Annoliedes* in Form eines Abdrucks aus dem Jahr 1639 wird in allen Artikeln angeführt. Der Teilabdruck von Bonaventura Vulcanius findet hingegen nur im VL1 und im Wikipedia-Artikel Erwähnung. Auf die den Überlieferungen vorangegangenen, nicht erhaltenen Handschriften geht der Wikipedia-Artikel immerhin vage ein: „Beide [Opitz und Vulcanius] benutzten eng verwandte, aber

247 Vgl. VL1, Sp. 367.
248 Vgl. HB, S. 89.
249 DD, S. 58.
250 Vgl. HB, S. 85; VL1, Sp. 367.
251 Vgl. VL1, Sp. 369; DD, S. 60.
252 Vgl. VL1, Sp. 369.

nicht identische Vorlagen."[253] Dass eine dieser beiden wahrscheinlich aus Breslau stammt, geben das VL1 und DD an[254]. HB und FR erwähnen die Handschriften gar nicht.

Forschungsinteresse:

Der Wikipedia-Artikel gibt als Abschluss der Einleitung exemplarisch neun Autoren an, von denen sieben auch im Literaturverzeichnis aufgeführt werden.

„Inhalt und Struktur"[255]

> Das Annolied ist ein einzigartiger, atypischer, aber nicht singulärer Text, der sich einer eindeutigen Gattungszuweisung entzieht; am ehesten ist das Annolied als Geschichtsdichtung zu bezeichnen. Sein Hauptthema ist die Verherrlichung des umstrittenen Kölner Erzbischofs Anno II. (um 1010-1075) zum Zwecke der Heiligsprechung. Dabei wird das Leben Annos stilisiert und entindividualisiert dargestellt, im Vordergrund steht die zeitlose Modellhaftigkeit seines Lebens und Wirkens. Größeren Raum als die Vita Annos (Strophen 33-49) nimmt ein doppelter Geschichtsdiskurs vom Anbeginn der Zeit bis in die Gegenwart des Dichters ein: ein Strang stellt die Heilsgeschichte dar, der andere die Weltgeschichte. In der Heilsgeschichte (Strophen 2-7) fällt das Dreiweltenschema auf, nach dem Gott die Schöpfung in eine geistliche, eine dingliche und eine dritte Welt unterteilt, die zwischen den anderen beiden Welten steht und durch den Menschen verkörpert wird. Ihr Idealrepräsentant ist Anno. Im weltgeschichtlichen Teil (Strophen 8-33) verknüpft der Annolied-Dichter die römische Geschichte mit der Geschichte der Deutschen so, dass Cäsar als Anfangspunkt der deutschen Geschichte erscheint. Cäsar erhebt die deutschen Stämme zur Mit- und Weltherrschaft. Am Ende dieses Stranges steht Anno als 33. Bischof Kölns.
>
> Eine neuere Interpretation von Dunphy und Herweg sieht als Schlüssel zur Struktur des Werkes die Aussage des Dichters im Prolog, dass Gott ursprünglich zwei „Welten" geschaffen habe, eine profane und eine geistliche, dass er diese dann gemischt habe, um so den Menschen zu erschaffen, der sozusagen eine „dritte Welt" sei. Diese Vorstellung geht auf die Theologie von Johannes Scotus Eriugena zurück. Der Vers ist von zentraler Bedeutung, wenn man die Struktur des ganzen Werkes in diesem Licht versteht: Der Dichter berichtet zuerst die Heilsgeschichte, dann die Profangeschichte, und dann vermischt er beides in der Biographie eines Menschen: Anno. So ist die Verbindung von Chronik und Heiligenvita, die lange als rätselhaft galt, gut zu verstehen.
>
> Für die strukturelle Gliederung ist die Zahlensymbolik von einer gewissen Bedeutung, v.a. die Schlüsselzahlen 3, 4, 7 und 33. Das Annolied gilt als Modellfall zahlhaft gestalteter Dichtung, eine zahlensymbolische Durchdrin-

253 Wikipedia: Annolied.
254 Vgl. VL1, Sp. 366; DD, S. 55.
255 Wikipedia: Annolied.

gung hat sich allerdings bei der Interpretation nicht bewährt. Das Geschichtsbild des Annoliedes räumt profanen Argumenten ungewöhnlich hohen Rang ein. Entstehung und Wesen des Reiches stehen auf einer neuen, der Kaiser-Papst-Problematik enthobenen Basis. Für das Verständnis des Annoliedes sind die historischen Hintergründe (Reichswirren, Investiturstreit) von sehr großer Bedeutung. Im ersten Abschnitt des Annolieds wird ein seltenes Stilmittel, das Akrostichon verwendet: Die Anfangsbuchstaben der ersten sieben Verse bis zu dem Abschnitt, in dem die Heilsgeschichte beendet wird, ergeben den mittelhochdeutschen Begriff für „allbekannt". Dieser Begriff ist sozusagen die Klammer, die die abgehandelte Heilsgeschichte zusammenhält. Außerdem findet sich im Annolied einer der frühesten Belege für das Wort „deutsch", der früheste als Sammelbezeichnung für die Stämme der Sachsen, Baiern und Franken.[256]

Gattungsdebatte:

Der Wikipedia-Artikel nennt keine konkrete Gattung, sondern stellt fest, dass sich der Text einer eindeutigen Gattungszuweisung entziehe, am ehesten aber als Geschichtsdichtung zu bezeichnen sei. Mit dieser vorsichtigen Formulierung liegt der Artikel zwar nicht falsch, aber auch hier sollte ein Hinweis auf die unterschiedlichen Auffassungen innerhalb der Forschung nicht fehlen. Die Beschreibung des *Annolieds* als „einzigartig [...], atypisch [...], aber nicht singulär" enthält einen Widerspruch, der nicht weiter erläutert wird.

Die zum Vergleich herangezogenen Fachlexika vertreten sehr unterschiedliche Ansichten. So hält sich das VL1 an Knab (1962) und ordnet das *Annolied* dem Umkreis der Bistums- und Klosterchroniken zu, wenngleich es zwischen den Gattungen stehe, sich also einer genauen Zuordnung entziehe[257], was wiederum die Aussage in der Wikipedia bestätigt. FR und HB drücken sich sehr vage aus: FR spricht vom ersten zeitgeschichtlichen und biographischen Werk in deutscher Sprache, legt sich also auf keinen Gattungsbegriff fest und betont die Singularität des Texts[258]. HB bleibt ebenfalls bei einer weitläufigen Beschreibung der thematischen Oberfläche: das *Annolied* sei Heils-, Welt- und Reichsgeschichte in Verbindung mit der Biographie einer wichtigen politischen Figur. Einige Zeilen weiter spricht Brunner von einem „Gedicht"[259]. Völlig anders ordnet Holtorf in DD den Text ein: „Das *Annolied* ist ein kleines geistliches Epos"[260]. Die These wird nicht weiter erläutert.

256 Wikipedia: Annolied.
257 Vgl. VL1, Sp. 367,
258 Vgl. FR, S. 16.
259 HB, S. 89.
260 DD, S. 55.

Inhaltsangabe:

Die Zusammenfassung des Inhalts sowie die Beschreibung der Gliederung fallen im Wikipedia-Artikel verhältnismäßig kurz aus. Innerhalb eines Absatzes wird der Aufbau umrissen, wobei der Eindruck entsteht, die Zusammenfassung sei bereits auf die später ausgeführte These von Dunphy und Herweg zugeschnitten, welcher sich wiederum ein ganzer Absatz, der beinahe ebenso lag ist wie die Inhaltsangabe, widmet. Wichtige Aspekte, wie zum Beispiel die Wunder, die Anno nach seinem Tod gewirkt haben soll, werden völlig ausgespart.

Dass ein Überblick über den Inhalt nicht lang sein muss, stellt FR unter Beweis. In wenigen, stichwortartigen Sätzen werden hier die wichtigsten Eckdaten des *Annoliedes* zusammengefasst[261].

DD widmet der Inhaltsangabe knapp zwei Seiten, also fast ein Drittel des gesamten Artikels. Holtorf fasst die Abschnitte des *Annolieds* in sechs Gruppierungen zusammen: Prolog, geistliche Weltgeschichte, säkulare Weltgeschichte, Annos Lebensgeschichte, Annos Wunderwirken nach seinem Tod, Epilog. Durch diese Gliederung ist die Zusammenfassung besonders übersichtlich. Die Inhaltsangabe ist knapp, aber ausführlich und enthält keine Interpretationen[262]. Ebenso neutral führt HB die wichtigsten Eckpunkte des Inhalts an, wobei dieser das *Annolied* in drei Teilen beschreibt. Zusätzlich sind die ersten acht Verse samt Übersetzung als Textbeispiel angegeben[263]. Im VL1 wird der Inhaltsangabe verhältnismäßig wenig Platz eingeräumt (Sp. 367f). Auch Nellmann gliedert das *Annolied* dabei in drei Teile und geht in gewohnter Manier auch auf die theoretischen Grundlagen für diese dreiteilige Anlage ein[264]. Die Gliederung Holtorfs steht dabei in keinem Widerspruch zu jener von Brunner und Nellmann, sondern untergliedert lediglich Teil III:

DD	HB und VL1
Prolog – Str. 1	Prolog – Abschn. 1
Die geistliche Geschichte der Welt – Str. 2-7	Teil I – Abschn. 2-7
Die säkulare Geschichte der Welt – Str. 8-33	Teil II – Abschn. 8-33
Die Geschichte Annos – Str. 34-44 **Annos wundertätiges Wirken aus dem Jenseits – Str. 45-48** **Epilog – Str. 49**	Teil III – Abschn. 34-49

Tabelle 27: Gliederung des Annolieds im Vergleich

261 Vgl. FR, S. 15f.
262 Vgl. DD, S. 56, 58.
263 Vgl. HB, S. 86f.
264 Vgl. VL1, Sp. 367f.

Zusammenfassend lässt sich sagen, dass DD und HB jeweils eine neutrale, abgeschlossene Inhaltsangabe liefern. Im VL1 geht die Inhaltsangabe sehr schnell in die Besprechung theoretischer Grundlagen über. Wikipedia und FR verbinden die Schilderung des Inhalts mit einer Interpretation, was gegen den Grundsatz des neutralen Standpunkts verstößt.

Zahlensymbolik:

Im Wikipedia-Artikel wird die Bedeutung der Zahlensymbolik für die strukturelle Gliederung des Textes und die daraus resultierende Modellhaftigkeit des *Annolieds* für zahlhaft gestaltete Dichtung betont. Der Artikel weist aber auch darauf hin, dass sich Zahlensymbolik für die Interpretation des Textes als nicht relevant erwiesen hat. Dass die Zählung der Abschnitte zum Teil mit dem Inhalt korrespondiere und die Großgliederung des Textes durch Zahlen gestützt sei, erwähnt auch das VL1, stellt aber fest, dass sonstige Spekulationen zur Zahlenkomposition ohne Verbindlichkeit seien.[265] DD, HB und FR gehen nicht auf die Zahlensymbolik ein.

Historische Zusammenhänge:

Der Wikipedia-Artikel konstatiert: „Entstehung und Wesen des Reiches stehen auf einer neuen, der Kaiser-Papst-Problematik enthobenen Basis. Für das Verständnis des *Annoliedes* sind die historischen Hintergründe (Reichswirren, Investiturstreit) von sehr großer Bedeutung."[266] DD bestätigt dies, indem der Artikel sehr ausführlich auf die politischen Zusammenhänge eingeht. Holtorf bemerkt, dass inmitten des Investiturstreits Kirche und Staat in Form des zweisträngigen Geschichtsdiskurses gleichwertig dargestellt würden. Sie liefen parallel und träfen in der Person Annos aufeinander. Daher sieht er im *Annolied* eine für seine Entstehungszeit einzigartige Geschichtsauffassung wiedergegeben, nach der Anno als christlicher Regent an der Seite der Kaiser zum Ideal beider Welten – der geistlichen und der weltlichen – stilisiert werde[267].

FR fasst dies zusammen mit: „Weltverneinende Haltung der kluniazensischen Reform, weltlicher Herrschaftsanspruch der Kirche"[268], während das VL1 und HB sich so gut wie gar nicht mit dem historisch-politischen Umkreis des Texts auseinandersetzen.

265 Vgl. VL1, Sp. 369.
266 Wikipedia: Annolied.
267 Vgl. DD, S. 59.
268 FR, S. 17.

Akrostichon

Hinweise auf das im Wikipedia-Artikel erwähnte, aber nicht explizit genannte Akrostichon ließen sich in keinem der Vergleichsartikel finden. Auch die einschlägige Fachliteratur gibt keinen Aufschluss darüber. Der Wikipedia-Artikel drückt sich etwas missverständlich aus. Gemeint ist wahrscheinlich, dass die Anfangsbuchstaben der jeweils ersten Verse der ersten sieben Abschnitte das oben genannte Wort ergeben sollen. Nach Nellmanns Edition der Überlieferung von Opitz ergäbe das allerdings „IDCVDC"[269].

Frühester Beleg für deutsch *als Volksbezeichnung:*

Auch die durchaus interessante Feststellung, dass das *Annolied* einer der frühesten Belege für die Verwendung des Wortes *deutsch* als gemeinsame Bezeichnung für Sachsen, Baiern und Franken darstellt, findet in keines der gedruckten Nachschlagewerke Eingang. Der *dtv-Atlas – Deutsche Sprache* bestätigt aber: „Erst um 1090 (im ‚Annolied') wird *diutisc* auf Sprache, Volk und Land angewendet"[270].

„Quellen des Annoliedes"[271]

> Der Annolied-Dichter hat auf vielfältige Quellen zurückgegriffen. Neben der Bibel sind dies u.a. Vergils *Aeneis*, eine Schrift des Johannes Scotus, der *Alexanderroman*, die rheinisch-lotharingische Regionalhistoriographie, die *Hystoria* Treverorum, die ältere *Annovita* und möglicherweise die *Annalen* Lamperts von Hersfeld. Seine Quellen hat der Dichter zu einer kunstvollen Komposition verknüpft, in der sich Heils- und Weltgeschichte durchdringen (so z.B. in der Verknüpfung des Danielstraumes mit Herkunftssagen deutscher Stämme, etwa mit dem niederrheinischen Trojamythos, und römischer Geschichte). Dabei zeichnet sich der Dichter durch große Selbständigkeit aus. Teile des Annoliedes wurden in die spätere mittelhochdeutsche Kaiserchronik aufgenommen; die beiden Werke werden häufig zusammen besprochen.[272]

In der Nennung der Quellen gibt es sehr starke Abweichungen bis hin zu Widersprüchen in der Vergleichsliteratur. Die folgende Tabelle gibt einen Überblick über alle in den Artikeln genannten Quellen:

---

269 Das Annolied: Mittelhochdeutsch und Neuhochdeutsch. Hrsg. von Eberhard Nellmann. Stuttgart: Reclam 1975. S. 4–12.

270 Werner König: dtv-Atlas Deutsche Sprache. 15., durchges. u. aktual. Aufl. München: dtv 2005. S. 59.

271 Wikipedia: Annolied.

272 Ebda.

Quelle	Wikipedia	VL1	DD	HB	FR
Aeneis (Vergil)	Ja	Ja (Sp. 369)	Nein	Nein	Nein
Johannes Scotus Eriugena	Ja	Ja (Sp. 367f.)	Nein	Ja (S. 86)	Nein
Alexanderroman	Ja	Ja (Sp. 369)	Nein	Nein	Nein
Rheinisch-lotharingische Regionalhistoriographie	Ja	Ja (Sp. 369)	Ja (S. 60)	Nein	Nein
Hystoria Treverorum	Ja	Nein	Nein	Nein	Nein
Ältere Annovita	Ja	Ja (Sp. 369)	Nein	Nein	Ja (S. 16)
„Vita Annonis"	Fraglich	Nein	Ja (S. 60)	Nein	Nein
Lamperts von Hersfeld Annalen	Ja	Ja (Sp. 369)	Ja (S. 60)	Nein	Nein
Hieronimus' Danielkommentar	Nein	Ja (Sp. 369)	Nein	Nein	Nein
Lucan	Nein	Ja (Sp. 369)	Nein	Nein	Nein
Boethius' „Consolatio"	Nein	Ja (Sp. 369)	Nein	Nein	Nein

Tabelle 28: Gegenüberstellung der Quellen des Annolieds

Ausführlich setzen sich das VL1 und der Wikipedia-Artikel mit den Quellen des Verfassers auseinander. Besondere Uneinigkeit herrscht in Bezug auf die ältere Annovita und die *Vita Annonis*. Während der Wikipedia-Artikel nur sehr vage von einer älteren Annovita spricht, führen das VL1 und FR aus, dass es eine *Vita Annonis* von Abt Reginhard gebe, die Gemeinsamkeiten mit dem *Annolied* aufweise, woraus wiederum geschlossen werde, dass es eine gemeinsame Quelle in Form einer älteren, nicht näher bekannten Annovita gebe. FR geht sogar so weit, diese als einzige Quelle anzugeben: „Quelle wahrscheinlich eine Vita, die zugleich auch der *Vita Annonis* von 1105 als Quelle gedient hat."[273] In DD wiederum wird die ältere Vita mit der *Vita Annonis* gleichgesetzt: „Immerhin haben dem *Annolied*-Dichter in dieser Hinsicht zugearbeitet Lampert von Hersfeld […] und wohl auch die (erste) *Vita Annonis* des Siegburger Abtes Reginhard (nur in zwei Fragmenten erhalten, vor 1088)."[274]

Die Selbständigkeit des *Annolied*-Verfassers bemerken neben der Wikipedia auch das VL1[275] und DD[276]. Dass das *Annolied* neben anderen als Quelle für die *Kaiserchronik* diente, erwähnen das VL1[277] und HB[278]

273 FR, S. 16.
274 DD, S. 60.
275 Vgl. VL1, Sp. 369.
276 Vgl. DD, S. 59f.
277 Vgl. VL1, Sp. 370.
278 Vgl. HB, S. 95.

6.4.3 Abschließende Beurteilung des Wikipedia-Artikels *Annolied*

Der Artikel *Annolied* macht insgesamt einen guten Eindruck, wenngleich er einige Auslassungen und einen Fehler aufweist und daher überarbeitet werden sollte:

- Ein Hinweis auf die ungleiche Länge der Abschnitte in der Einleitung fehlt.
- Die Verwendung der Bezeichnung *Strophe* wird nicht erläutert.
- Die regional-sprachliche Einordnung enthält einen Fehler.
- Siegburg als wahrscheinlicher Abfassungsort wird nicht genannt.
- Inhaltsangabe und Interpretation sind nicht neutral, sondern auf Dunphy/Herweg ausgerichtet.
- Das erwähnte Akrostichon lässt sich nicht belegen.
- Die Einzelnachweise fehlen.

Der Vergleich mit der Fachliteratur ergab jedoch, dass auch diese mehrere Widersprüche und irreführende Informationen enthielt:

- Die Bezeichnung *Strophe* wurde auch in DD ohne weitere Erläuterungen benutzt.
- Die zeitliche Einordnung des Textes wird in DD und HB nicht näher erläutert.
- In der regional-sprachlichen Einordnung weichen DD und HB stark voneinander ab.
- Der Teilabdruck von Bonaventura Vulcanius wird nur im VL1 und dem Wikipedia-Artikel erwähnt.
- Die Gattungszuordnung ist in jedem Artikel anders.
- Auf die Zahlensymbolik im Text gehen nur das VL1 und der Wikipedia-Artikel ein.
- Die Verwendung des Wortes *deutsch* als Volksbezeichnung wird in keinem der Vergleichsartikel behandelt.
- Die Nennung der Quellen weist in FR und DD Fehler auf.

Den neutralsten Überblick zum Thema gibt wie bei Konrad von Megenberg das VL1, das versucht, alternative Forschungsansätze nebeneinander abzubilden.

In der quantitativen Analyse wurde der Artikel *Annolied* mit 2,19 benotet. Abstriche gab es vor allem angesichts der fehlenden Bilder und Tabellen. Die Note scheint im detaillierten Vergleich mit renommierter Fachliteratur durchaus berechtigt. Als Erstinformationsquelle ist der Artikel durchaus geeignet, denn er bietet aber tatsächlich auch einen guten Erstüberblick zum Text.

6.5 Vergleich *Goldemar* (Hypothese 3)

6.5.1 Umfang und Struktur

Der Eintrag *Goldemar*[279] konnte im VL1[280], in GLM2[281], sowie in HB[282] gefunden werden:

Quelle	Erscheinungsjahr	Band/ Spalte bzw. Seite	Zeichen	Zwischenüberschriften/ Abschnitte	Bilder	Literaturhinweise (ohne Links)	(davon Edit.)	Letztakt. Lit. (Jahr)	Textbeispiel
Wikipedia	2007	-	3.198	1	0	2	1	1999	nein
DD	-	-	-	-	-	-	-	-	-
FR	-	-	-	-	-	-	-	-	-
GLM2	2000	261f., 266	800	1	0	1	1	1978	nein
HB	2013	248, 253	200	0	0	Literaturhinweise epochenübergreifend			nein
VL1	1978	196ff.	3.100	0	0	12	4	1978	nein

Tabelle 29: Umfang und Struktur der Goldemar-Einträge in den unterschiedlichen Nachschlagewerken

Der Wikipedia-Artikel zum Dietrichepos *Goldemar* von Albrecht von Keme-naten ist mit rund 3.200 Zeichen verhältnismäßig kurz, enthält nur eine Zwischenüberschrift und keinerlei Bilder oder Tabellen. Es werden außerdem nur zwei Literaturhinweise und keinerlei Weblinks angeboten.

In den zum Vergleich herangezogenen Nachschlagewerken wird das Epos allerdings noch kürzer oder gar nicht behandelt mit Ausnahme von VL1, dass sich im Rahmen des rund 5.250 Zeichen umfassenden Artikels *Albrecht von Kemenaten* ausführlicher mit dem *Goldemar* beschäftigt. Wie

279 Wikipedia: Goldemar. URL: https://de.wikipedia.org/w/index.php?title=Goldemar&oldid=139591092 [Stand: 14.11.2015]

280 Joachim Heinzle: Albrecht von Kemenaten. In: Die deutsche Literatur des Mittelalters. Verfasserlexikon. Band 1. Hrsg. von Kurt Ruh [u.a.]. Berlin, New York: de Gruyter 1978, Sp. 195–198.

281 Joachim Bumke: Geschichte der deutschen Literatur im hohen Mittelalter. München: dtv 2000. (= Geschichte der deutschen Literatur im Mittelalter. 2.) S. 261f. und S. 266.

282 Brunner: Geschichte der deutschen Literatur des Mittelalters und der Frühen Neuzeit im Überblick, S. 248 und S. 253.

schon bei Konrad von Megenberg findet sich in DD und FR kein Eintrag. HB erwähnt den *Goldemar* nur mit einem Satz im Kapitel *Großepik – Heldenepische Dichtungen* sowie in einer Aufzählung aventuirenhafter Dietrichepik und kann daher lediglich im ersten Absatz des Wikipedia-Artikels für den Vergleich herangezogen werden. GLM2 widmet dem Text einen eigenen Absatz sowie zwei Erwähnungen im allgemeinen Teil des Kapitels *Heldenepik*.

6.5.2 Inhalt

Der Wikipedia-Artikel hat zwar keine Zwischenüberschriften, ist aber in thematisch abgegrenzte Absätze gegliedert.

- **Einleitung** – Gattungszuordnung, zeitliche Einordnung, Autor,
- **Inhalt des erhaltenen Fragements** – Zusammenfassung der Handlung, Umfang der erhaltenen Überlieferung,
- **Inhalt der Zusammenfassung im Heldenbuch** – Fortsetzung der Handlung auf Basis der jüngeren Prosafassung,
- **Dietrich als Minneritter** – Erläuterung der besonderen Rolle Dietrichs im *Goldemar*.

Einleitung

> **Goldemar** ist Titel eines zur Gruppe der aventiurehaften Dietrichepik gehörenden, nur als Fragment erhaltenen Heldengedichts aus dem 13.Jh. von Albrecht von Kemenaten.[283]

Die Zuordnung des Textes zur Dietrichepik nehmen alle Artikel gleichermaßen vor, wobei nur HB die detailliertere Einordnung in die aventuirenhafte Dietrichepik[284] anbietet. Auch die zeitliche Einordung ist in allen vier Artikeln ähnlich. HB[285], GLM2[286] und das VL1[287] sind dabei etwas genauer als der Wikipedia-Artikel und grenzen auf die erste Hälfte des 13. Jahrhunderts ein. Nur das VL1 geht etwas näher auf die Forschungsdebatte um Albrechts von Kemenaten Wirkungszeit ein und stellt verschiedene Theorien zu dessen Wirkungszeit vor[288].

283 Wikipedia: Goldemar.
284 Vgl. HB, S. 253.
285 Vgl. ebda.
286 Vgl. GLM2, S. 262.
287 Vgl. VL1, Sp. 195f.
288 Vgl. ebda.

Inhalt des erhaltenen Fragments

> Es wird erzählt, wie Dietrich von Bern auszieht, um die gewaltigen Riesen in einem Wald namens Trutmunt zu sehen, von denen ihm berichtet wurde. Dort sieht er inmitten von Zwergen ein Mädchen, das sein Verlangen (‚senden muot') erweckt. Er fragt die Zwerge über das Mädchen aus, und deren König Goldemar antwortet ihm. Dann bricht der Text nach 9 Strophen und knapp 3 Versen ab.[289]

Vergleichbare Inhaltsangaben gibt es nur im VL1[290] und in GLM2[291], wobei letztere besonders kurz ausfällt und im Vergleich zum VL1 und dem Wikipedia-Artikel den Inhalt etwas verzerrt: „Dietrich trifft im Wald Zwerge, die ein Mädchen wegführen. Auf Dietrichs Frage antwortet der Zwergenkönig Goldemar, dass er nicht mit ihm kämpfen wolle."[292] Das VL1 fasst den Inhalt ähnlich zusammen wie der Wikipedia-Artikel. Dass Dietrich die Riesen „in einem Wald namens Trutmunt"[293] sucht, lässt sich anhand der drei Vergleichsartikel nicht verifizieren. Dabei scheint sich der Wikipedia-Artikel an Heinzles *Einführung in die mittelhochdeutsche Dietrichepik* zu halten, in der ebenfalls von einem Wald Trutmunt die Rede ist[294]. Im *Goldemar* heißt es jedoch: „Dô wart dem tugenthaften man von grôzen risen kunt getân, die wæren in dem walde: dâ vunde man sî zaller stunt. Daz birge heizet Trûtmunt."[295]. Trutmunt ist also nicht der Name des Waldes, sondern des Gebirges, in dem sich der Wald befindet.

Die Länge ist im Wikipedia-Artikel korrekt mit „9 Strophen und knapp 3 Versen"[296] angegeben. Das VL1 bestätigt, dass es etwas mehr als neun Strophen seien[297]. GLM2 spricht hingegen von zehn Strophen[298].

Inhalt der Zusammenfassung im Heldenbuch

> Erhalten ist aber noch die Zusammenfassung aus der ‚Heldenbuch-Prosa': Dietrich kann das Mädchen mit den Namen *Hertlin* nur unter großen Mühen aus der Gewalt des Zwergenkönigs Goldemar befreien. Sie hatte, wie die

---

289 Wikipedia: Goldemar.

290 Vgl. VL1, Sp. 196f.

291 Vgl. GLM2, S. 266.

292 GLM2, S. 266.

293 Wikipedia: Goldemar.

294 Vgl. Joachim Heinzle: Einführung in die mittelhochdeutsche Dietrichepik. Berlin, New York: de Gruyter 1999. S. 105.

295 Albrecht von Kemenaten: Dietrichs Abenteuer. Nebst den Bruchstücken von Dietrich und Wenezlan. Hrsg. von Julius Zupitza. Berlin: 1870. (= Deutsches Heldenbuch. 5.) S. 203.

296 Wikipedia: Goldemar.

297 Vgl. VL1, Sp. 196.

298 Vgl. GLM2, S. 266.

> Prosafassung ausdrücklich erwähnt, ihre Jungfernschaft bewahrt und wurde so zur ersten Frau Dietrichs. Als sie gestorben war, nahm Dietrich dann *Herrat*, die Tochter von König Etzels Schwester, zur Frau. Was unter den großen Mühen (Heldenprosa-Text: ‚mit großer Arbeit') zu verstehen ist, lässt sich aus einer Strophe des Abenteuerromans Reinfried von Braunschweig vom Ende des 13. Jh. erschließen: Goldemar ruft die legendären Riesen des Waldes Trutmunt zu Hilfe. Dabei werden Wald und Berg zerstört.[299]

Der Wikipedia-Artikel geht nicht näher darauf ein, was es mit der *Heldenbuch-Prosa* auf sich hat, und auch GLM2 gibt mit der Formulierung „Aus späteren Zeugnissen ergibt sich"[300] keinen näheren Aufschluss über die Quelle zum weiteren Verlauf des Epos. Das VL1 erläutert hingegen, dass dieser einem Resümee in der Vorrede bzw. dem Anhang des Straßburger Heldenbuchs zu entnehmen sei[301].

Einigkeit besteht im VL1, GLM2 und dem Wikipedia-Artikel über die Befreiung Hertlins unter großen Mühen und darüber, dass Dietrich sie anschließend zu seiner ersten Frau vor Herrat nimmt. Über die im Wikipedia-Artikel erwähnte Jungfernschaft Hertlins geben die beiden Vergleichsartikel keinen Aufschluss, wohl aber der Text selbst: „Dannoch belibe sie vor Goldemar maget."[302] Der Bezug auf den Ende des 13. Jahrhunderts verfassten Text Reinfrieds von Braunschweig wird im VL1 erwähnt, aber nicht so ausführlich wie im Wikipedia-Artikel, der sich auch hier Heinzles Einführung zu bedienen scheint:

> Das deutet darauf hin, daß der Befreiung Hertlins ein Kampf zwischen Dietrich und seinen Gesellen und Goldemar vorausging, in dessen Verlauf Goldemar zur Abwehr der Berner von den legendären Riesen den Wald Trutmunt niederhauen und die Berghöhlen der Zwerge verschütten (oder zum Einsturz bringen?) ließ.[303]

Dietrich als Minneritter

> Obwohl diese Sage nur bruchstückhaft bzw. als Prosazusammenfassung erhalten ist, ist sie doch interessant, weil Dietrich im Unterschied zu anderen Dietrichdichtungen hier nicht einfach kämpft, um seinen Ruf als der beste Kämpfer zu bewahren und zu mehren, sondern nach Anblick von Hertlin zum Frauendiener wird, der um der Minne willen kämpft. Dadurch unterscheidet sich der Charakter der Dichtung wesentlich vor allem vom im Verlauf ähnlichen Laurin-Epos, bei dem Dietrich davon abgehalten werden muss, Laurin zu töten, und erst nicht wahrhaben will, dass man Laurin schonen muss, um Dietleibs Schwester Künhild zu retten. Albrecht von Keme-

---

299 Wikipedia: Goldemar.
300 GLM2, S, 266.
301 Vgl. VL1, Sp. 197.
302 Joachim Heinzle: Einführung in die mittelhochdeutsche Dietrichepik, S. 106.
303 Ebda, S. 107.

> naten möchte hier den als Kämpfer bekannten Berner zum Minneritter machen und so in die höfische Form des Ritterromans überführen. Dass der Autor sein Werk als höfische Dichtung versteht, wird dadurch gestützt, dass er sich selber in der zweiten Strophe nennt – bei höfischer Dichtung die Regel, bei der Heldendichtung dagegen war Anonymität üblich.[304]

Auf diese Singularität des *Goldemar* innerhalb der Dietrichsepik bezüglich der Darstellung Dietrichs als Minneritter nimmt keiner der Vergleichsartikel Bezug. Erneut hält sich der Wikipedia-Eintrag an Heinzle und fasst dessen Auffassung der Rolle Dietrichs im *Goldemar* schlüssig zusammen[305]. Dass Albrecht sich selbst als höfischer Dichter versteht, weil er seinen Namen in der zweiten Strophe nennt, ist allerdings eine Behauptung, die sich nicht belegen lässt, denn dezidierte Angaben zu Albrechts Selbstverständnis als Dichter liegen abseits des *Goldemar* nicht vor. Richtig ist wiederum, dass sein Text aus heutiger Sicht der höfischen Literatur zugeordnet wird.

6.5.3 Abschließende Beurteilung des Artikels *Goldemar*

Eine schlechte Beurteilung im Rahmen der quantitativen Analyse ist durchaus zulässig, da der Artikel nicht gut gegliedert ist, keine Bilder und zu wenig weiterführende Informationen enthält. Außerdem fehlen Hinweise auf den Bernerton, die formale Struktur und die sprachliche und geografische Einordnung des *Goldemar*. Aufgrund der Kürze des Artikels und der wenigen Literaturhinweise lässt sich zwar schnell erkennen, woher die Informationen bezogen werden, trotzdem wären Einzelnachweise von Vorteil.

Dezidierte Fehler ließen sich im Wikipedia-Artikel keine finden und er hielt dem Vergleich mit etablierter Erstinformationsliteratur, die sich dem Epos ihrerseits nur spärlich zuwendet, durchaus stand. Das heißt, auch dieser Artikel bedarf einer gründlichen Überarbeitung, kann aber trotzdem als Erstinformationsquelle empfohlen werden.

---

304 Wikipedia: Goldemar.

305 Vgl. Joachim Heinzle: Einführung in die mittelhochdeutsche Dietrichsepik, S. 107ff.

6.6 Zusammenfassung der qualitativen Analyse

In der detaillierten Analyse wiesen alle drei Artikel zwar Mängel auf, enthielten zum Teil aber auch einen Mehrwert an Informationen gegenüber den Einträgen in gedruckten Erstinformationsquellen der Fachrichtung. Die Ergebnisse der quantitativen Analyse stimmen weitgehend mit dem Zustand der Artikel überein. Als Erstüberblicksquelle für Studierende ist das *Verfasserlexikon* allen anderen Artikeln vorzuziehen, da dieses die Themen in angemessener Ausführlichkeit behandelt und auch bemüht ist, unterschiedliche Forschungsmeinungen darzustellen. Horst Brunners *Geschichte der deutschen Literatur des Mittelalters und der Frühen Neuzeit* bietet einen neutralen Blick und verlässliche Informationen und war im Beispiel des *Annoliedes* eine gute Informationsquelle. Der *Goldemar* und Konrad von Megenberg werden darin allerdings nicht besonders ausführlich behandelt. Arne Holtorfs Artikel zum *Annolied* in *Deutsche Dichter* scheint merklich von der Forschungsmeinung des Autors gefärbt. Elisabeth und Herbert Frenzels Artikel sind bewusst sehr kurz gehalten und erlauben daher nur einen sehr oberflächlichen Einblick.

Wie in Kapitel 6.3.3 erläutert wurde, stellte sich bezüglich der quantitativen Analyse heraus, dass das Bewertungsschema leicht angepasst werden müsste: Um die Länge des tatsächlichen Artikels herauszufinden, müssten die Wörter in Listen bei der Längenzählung ausgeschlossen werden.

Die zuvor aufgestellten Hypothesen konnten wie folgt nur zum Teil bestätigt werden:

Hypothese 1: Sehr gute Artikel können als Erstinformationsquelle und Erstübersicht genutzt werden.

Artikel mit der Bewertung eins bieten gleich viel oder mehr Informationen als herkömmliche Erstinformationsquellen der Fachrichtung.

Der Artikel *Konrad von Megenberg* erhielt zwar die Bewertung eins, stellte sich jedoch bei genauerer Betrachtung durchaus als überarbeitungsbedürftig heraus. Er eignet sich zwar als Erstinformationsquelle, aber nicht als Erstübersicht.

Interessant wäre es, einen ausführlicheren und vielleicht sogar als *exzellent* oder *lesenswert* gekennzeichneten Artikel zu analysieren, was allerdings im Rahmen der vorliegenden Arbeit zu umfangreich gewesen wäre. Die Hypothese 1 wurde demnach widerlegt.

Hypothese 2: Gute und befriedigende Artikel sind als Erstinformationsquelle geeignet. Sie bedürfen aber einer Überarbeitung.

Artikel mit einer Bewertung zwei oder drei bedürfen zwar einer Überarbeitung, halten aber dem Vergleich mit traditionellen Erstinformationsquellen trotzdem stand.

Die Gesamtnote zwei für den Artikel *Annolied* stellte sich im Vergleich mit der Fachliteratur als durchaus passend heraus. Es gab zwar kleine Auslassungen und einen Fehler, doch der Informationsgehalt qualifiziert den Artikel nicht nur als Erstinformationsquelle, sondern sogar als Erstübersicht. Die Hypothese 2 wurde demnach bestätigt.

Hypothese 3: Genügende Artikel sind nicht als Erstinformationsquelle geeignet.

Artikel mit der Bewertung vier sind nicht hinreichend geeignet, einen guten, ersten Überblick über das jeweilige Thema zu geben und müssen grundlegend überarbeitet oder neu erstellt werden.

Tatsächlich war der Wikipedia-Eintrag zum *Goldemar-E*pos wenig ausführlich, anschaulich oder weiterführend. Dass das Lemma jedoch in zwei der fünf ausgewählten gedruckten Erstinformationsquellen gar nicht zu finden war und in einer weiteren nur sehr kurz Erwähnung fand, zeigt, dass der Wikipedia-Eintrag trotzdem eine praktische Alternative darstellt. Daher wurde auch Hypothese 3 im ausgewählten Beispiel widerlegt, denn der Artikel kann durchaus als Erstinformationsquelle empfohlen werden.

Um die Hypothesen wirklich hinreichend zu prüfen, müssten zwar weit mehr Artikel im Detail analysiert werden, anhand dieser wenigen Beispiele es hat sich jedoch tendenziell gezeigt, dass Wikipedia-Artikel unter dem kritischen Auge junger Akademiker durchaus als Erstinformationsquelle geeignet sind.

7 Ausblick und Proklamation

Die Wikipedia ist heute die meist genutzte Wissensquelle weltweit und hat Druckenzyklopädien und Konversationslexika weitgehend verdrängt. Zu teuer und zu schwerfällig sind der traditionelle redaktionelle Prozess, der Druck, der Vertrieb angesichts des Überangebots an Informationen im Netz. Die Anforderungen an die Online-Enzyklopädie sind mittlerweile bereits hoch und werden in Zukunft noch weiter steigen, wenn alternative Nachschlagewerke nach und nach wegfallen. Der Bereich der Fachlexika scheint diese Entwicklungen bislang noch weitgehend unbeschadet überstanden zu haben, doch lässt sich beobachten, dass Studierende nur zu gern ihre Erstinformationen in der Online-Enzyklopädie nachschlagen, bevor sie auf traditionelle Einführungsliteratur zurückgreifen.

Was profane Inhalte wie die sagenumwobenen Geburtsdaten diverser Stars und Sternchen oder Inhaltszusammenfassungen aktueller Blockbuster angeht, mag das gesammelte Wissen der Wikipedia-Community schon heute ausreichen, um vergleichsweise verlässliche Inhalte zu generieren. Doch in wissenschaftlichen Fachbereichen ist die akademische Gemeinschaft gefordert.

Schon jetzt vermag die Wikipedia Aufschluss zu Themen zu geben, die sich in gedruckten Nachschlagewerken nur schwer finden lassen. Zum Beispiel befassen sich 45 Artikel mit Überlieferungsträgern und bieten jeweils allgemeine Informationen und einen Überblick über die enthaltenen Texte. Um dieselben Informationen in gedruckter Form nachschlagen zu können, müssen mehrere Bücher zurate gezogen werden. Ebenso verhält es sich mit Biographien germanistischer Mediävisten, die sich, vor allem was zeitgenössische Wissenschaftler angeht, nur vereinzelt oder gar nicht in gedruckter Form finden lassen. Die Wikipedia-Kategorie *Germanistischer Mediävist* umfasste zum Zeitpunkt der Auswertung bereits über 190 Artikel mit Informationen zu Persönlichkeiten des Fachbereichs.

Die qualitative Analyse hat gezeigt, dass Wikipedia-Artikel durchaus das Potential haben, eine verlässliche Erstinformationsquelle zu werden. Mit dem kritischen Auge des Fachbereichs wäre es ein Leichtes, die vorhandenen Fehler und Auslassungen zu beseitigen

Leider hat die quantitative Analyse allerdings ergeben, dass die Artikel des Fachbereichs zum Teil sehr wenig aktive Pflege erfahren. Eine Auswertung der Artikel nach ihrem Erstellungsjahr zeigt, dass interessierte Wikipedianer 2004 besonders aktiv neue Artikel zum Themengebiet germanistische Mediävistik verfasst haben. In den letzten Jahren stagnierte die Produktion bei durchschnittlich etwa 35 Artikeln im Jahr. 2015 wurden bis 13. Oktober (Zeitpunkt der Auswertung) erst elf neue Artikel erstellt:

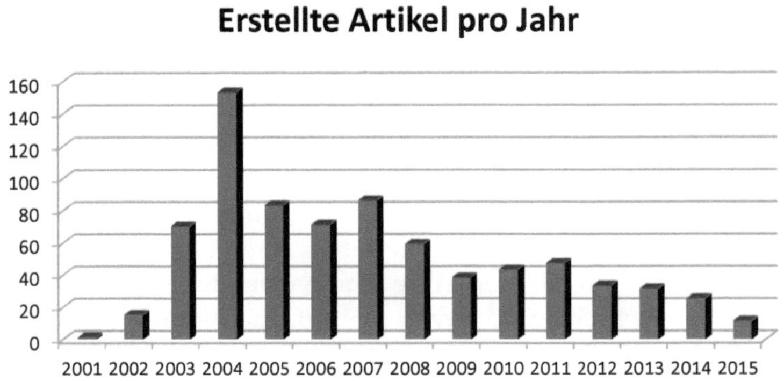

Abbildung 13: Diagramm der erstellten Artikel zur germanistischen Mediävistik pro Jahr

Ein Blick auf das Datum der letzten Bearbeitung verrät außerdem, dass rund 33 % der 766 Artikel 2015 nicht bearbeitet und somit auch nicht gewartet oder weiterentwickelt wurden.

Eine punktuelle, aber dennoch repräsentative Einschätzung erlaubt diesbezüglich auch der Wikipedia-Artikel *Germanistische Mediävistik*[306], der im Zuge der Vorbereitungen für diese Studie von der Autorin der vorliegenden Arbeit im April 2013 erstellt wurde. In der quantitativen Analyse wurde der Artikel mit der Gesamtnote 1,76 bewertet, was vor allem darauf zurückzuführen ist, dass er im Bereich *Aufmerksamkeit* lediglich die Teilnote 3,75 erhielt. Nur 23 Autoren hatten seit der Erstellung insgesamt 51 Bearbeitungen vorgenommen. Immerhin verlinken aber rund 80 andere Wikipedia-Einträge[307] auf die Seite, und die Abrufstatistik[308] verrät, dass sie monatlich zwischen 350 und 450 Mal aufgerufen wird. Es herrscht also durchaus reges Interesse an den Inhalten des Artikels, doch nur wenige tragen auch zur weiteren Entwicklung und Verbesserung des Eintrags bei.

306 Wikipedia: Germanistische Mediävistik. URL: https://de.wikipedia.org/w/index.php?title=Germanistische_Medi%C3%A4vistik&oldid=145875408 [Stand: 25.11.2015]

307 Vgl. Wikipedia: Germanistische Mediävitik. Links auf diese Seite. URL: https://de.wikipedia.org/wiki/Spezial:Linkliste/Germanistische_Medi%C3%A4vistik [Stand: 07.01.2016]

308 Vgl. Abrufstatistik zum Artikel Germanistische Mediävistik. URL: http://stats.grok.se/de/latest90/germanistische%20medi%C3%A4vistik [Stand: 07.01.2016]

7.1 Wege zur Verbesserung der Qualität

Gute und richtige Wikipedia-Artikel sollten der Fachrichtung nicht nur im Sinne ihrer Studierenden ein Anliegen sein. Sie stellen auch eine wichtige Schnittstelle zur außerakademischen Welt dar. Einige Lehrende, wie zum Beispiel der Betreuer dieser Masterarbeit, nutzen die Online-Enzyklopädie bereits heute als Lehrmaterial und lassen die Studierenden selbst im Rahmen von Lehrveranstaltungen Wikipedia-Einträge erarbeiten bzw. optimieren. Diese Herangehensweise birgt neben der Verbesserung der Qualität der Artikel auch einen pädagogischen Mehrwert, nicht nur was die Beschäftigung mit dem jeweiligen Thema angeht, sondern vor allem auch im Hinblick auf den kritischen Umgang mit dem Medium Wikipedia. Wichtig ist dabei allerdings, nicht den eigentlichen Zweck der Wikipedia aus den Augen zu verlieren: Die Artikel sollen inhaltlich solide Lexikoneinträge, jedoch keine wissenschaftlichen Arbeiten sein.

Um die gemeinsame Wartung der Artikel zu vereinfachen und die Kompetenzen zu bündeln, aber auch um die Suche nach artverwandten Artikeln zu bequemer zu gestalten, steht das Portal *Deutsche Literatur* zur Verfügung, wobei auch ein Subportal denkbar wäre, das sich speziell der germanistischen Mediävistik widmet. Zudem könnte im Rahmen eines Gruppenprojekts auch die bislang fehlende Kategorie *Germanistische Mediävistik* erstellt werden.

Einer der Hauptkritikpunkte des akademischen Betriebs an der Wikipedia ist die Multiautorenschaft und die große Anzahl an nicht registrierten Usern, wodurch es in den meisten Fällen unmöglich ist, die Quelle der jeweiligen Informationen zu eruieren. Seriöse Bearbeiter sollten daher mit ausführlichen Benutzerprofilen arbeiten, in denen auch ihre fachliche Kompetenz erkennbar ist.

Leider fehlt in der Online-Enzyklopädie bislang noch ein verlässliches Werkzeug, um geprüfte Artikel entsprechend zu markieren. Das Attribut *Gesichtete Version* trifft keine Aussage über die Richtigkeit der Informationen. Auch die Auszeichnungen *exzellent* und *lesenswert* sind zwar ein Anhaltspunkt, werden jedoch nicht zwangsläufig von Experten vergeben.

Das im Kapitel 4.2.8 *Kontrollhilfen außerhalb der Wikipedia* erwähnte *Austria-Forum*[309] bietet diese Funktion an, indem es auf der Subseite *AustriaWiki* gezielt Wikipedia-Artikel sammelt, die von namhaften Persönlichkeiten des jeweiligen Fachgebiets[310] gesichtet und empfohlen

---

309 Austria-Forum. URL: http://austria-forum.org/ [Stand: 24.05.2016]

310 Ebda: Editorial Board. URL: http://austria-forum.org/af/Infos_zum_AF/Editorial_Board [Stand: 24.05.2016]

wurden.

7.2 Abschließender Exkurs: Wikipedia zitieren

Nach wie vor gibt es viele Lehrende, die die Wikipedia kategorisch ablehnen und die Zuhilfenahme der Online-Enzyklopädie gänzlich verbieten, doch eine der Konsequenzen aus dem Wegfallen gedruckter Enzyklopädien ist, dass das Zitieren der Wikipedia im akademischen Kontext unter gewissen Umständen über kurz oder lang wird erlaubt werden müssen. Dafür ist die die Wikipedia in der Tradition der Reallexika zu sehen, deren Zitation in wissenschaftlichen Arbeiten auch nur in Ausnahmefällen für nicht fachbereichskritische Randthemen sinnvoll war. Fundiertes Fachwissen sollte und wird wohl noch lange aus der entsprechenden Fachliteratur bezogen werden, doch für fächerübergreifende Erstinformationen ist die Wikipedia schon längst unentbehrlich und zitierfähig geworden, und manche Bildmaterialen auf *WikiCommons* stellen auch für die Fachrichtungen selbst eine wichtige und oft sogar die einzige Bezugsquelle dar.

Da die Frage nach der Zitierbarkeit immer wieder an mich herangetragen wurde, stellt dieses abschließende Kapitel den Versuch dar, auf Basis der im Verlauf der Arbeit gewonnenen Erkenntnisse Stellung zu den gängigsten Argumenten der Wikipedia-Gegner zu beziehen:

7.2.1 Argumente der Gegner und Antworten

„Die Multiautorenschaft in der Wikipedia macht es unmöglich, die tatsächliche Quelle eines Zitates ausfindig zu machen.“

Das ist durchaus ein berechtigter Einwand, doch auch bei gedruckten Enzyklopädien kannte man lediglich den Namen der Autorin oder des Autors, setzte sich aber nicht bei jedem Zitat mit dessen fachlicher Kompetenz zum jeweiligen Lemma auseinander. Zwar ist es beruhigender, eine konkrete Person, einen Namen mit der zitierten Information in Verbindung zu bringen, doch die Verlässlichkeit der Information ist damit noch nicht hundertprozentig gewährleistet. Im Vergleich mit gedruckten Lexika werden in der Wikipedia in vielen Fällen auch Einzelnachweise angegeben, sodass die einzelnen Informationen auch nachvollzogen werden können.

„Online-Inhalte verändern sich ständig. Der heute zitierte Text sieht morgen vielleicht schon ganz anders aus.“

Auch das ist richtig, doch alle Änderungen innerhalb eines Wikipedia-Artikels werden konsequent gespeichert und nachvollziehbar gehalten.

Das heißt, zitiert man aus der Wikipedia, ist es wichtig, einen permanenten Link zu verwenden. Das ist jener Link, der immer zur zitierten Version des jeweiligen Artikels führt. So kann garantiert werden, dass die Quelle des Zitats trotz laufender Veränderungen am Artikel erhalten bleibt.

Die Wikipedia stellt zu diesem Zweck in der linken Menüleiste zu jedem Artikel die Werkzeuge „Permanenter Link" sowie „Artikel zitieren" zur Verfügung. „Permanenter Link" wandelt die URL in einen mit einer Identifikationsnummer versehenen Link um:

Der normale Link lautet: https://de.wikipedia.org/wiki/Germanistische_Mediävistik. Unter dieser URL ist immer die aktuellste Version des Artikels zugänglich.

Der permanente Link lautet: https://de.wikipedia.org/w/index.php?title=Germanistische_Mediävistik&oldid=143986801. Zusätzlich zur Standard-URL ist dem permanenten Link noch eine Identifikationsnummer hinzugefügt, über die direkt zur zitierten Version verlinkt wird.

Das Werkzeug *Artikel zitieren* geht noch weiter und stellt ganze Titelzitate zur Verfügung, die im akademischen Kontext genutzt werden können. So würde ein korrektes Zitat aus der Sicht der Wikipedia idealerweise aussehen:

> Seite „Germanistische Mediävistik". In: Wikipedia, Die freie Enzyklopädie. Bearbeitungsstand: 13. Juli 2015, 11:45 UTC. URL: https://de.wikipedia.org/w/index.php?title=Germanistische_Medi%C3%A4vistik&oldid=143986801 (Abgerufen: 7. September 2015, 11:26 UTC)

Ob es nötig ist, auch den Bearbeitungsstand und die Uhrzeit des Abrufs anzuführen, wenn bereits ein eindeutiger permanenter Link angegeben wird, bleibt zu diskutieren. In der vorliegenden Arbeit wurde neben dem Suchbegriff und dem permanenten Link auch das Datum, jedoch keine Uhrzeit angegeben, weil letztere nicht unbedingt nötig ist, um den konkreten zitierten Artikel aufzufinden.

8 Quellenverzeichnis

8.1 Literatur- und Siglenverzeichnis

Becker, Hans-Jürgen: Das Spannungsfeld Kaisertum – Papsttum – Konzil aus der Sicht des Konrad von Megenberg. In: Konrad von Megenberg (1309-1374): ein spätmittelalterlicher „Enzyklopädist" im europäischen Kontext. Hrsg. von Edith Feistner. Wiesbaden: Reichert 2011. (= JOWG. 18.) S. 329–344.

Brändle, Andreas: Zu wenige Köche verderben den Brei. Eine Inhaltsanalyse der Wikipedia aus Perspektive der journalistischen Qualität, des Netzeffekts und der Ökonomie der Aufmerksamkeit. Zürich, Lizentiatsarb. 2005. Online unter: https://www.academia.edu/283259/Zu_Wenige_K%C3%B6che_Verderben_Den_Brei

Brunner, Horst: Geschichte der deutschen Literatur des Mittelalters und der Frühen Neuzeit im Überblick. Erw. u. bibl. erg. Ausg. Stuttgart: Reclam 2007.

Bumke, Joachim: Geschichte der deutschen Literatur im hohen Mittelalter. München: dtv 2000. (= Geschichte der deutschen Literatur im Mittelalter. 2.)

Chrobak, Werner [u.a.]: Konrad von Megenberg. Regensburger Domherr, Dompfarrer und Gelehrter (1309-1374). Hrsg. von Paul Mai. Regensburg: Schnell u. Steiner 2009. (= Kataloge und Schriften. Bischöfliches Zentralarchiv und Bischöfliche Zentralbibliothek Regensburg. 26.)

Conversations-Lexicon oder kurz gefaßtes Handwörterbuch für die in der gesellschaftlichen Unterhaltung aus den Wissenschaften und Künsten vorkommenden Gegenstände mit besonderer Rücksicht auf die Ereignisse der älteren und neueren Zeit. 6 Bände. Hrsg. von Arnold Brockhaus. Amsterdam: Kunst- und Industrie-Comptoir 1809.

Cramer, Thomas: Geschichte der deutschen Literatur im späten Mittelalter. München: dtv 1990. (= Geschichte der deutschen Literatur im Mittelalter. 3.)

Dalby, Andrew: The World and Wikipedia. How we are editing reality. Somerset: Siduri 2009.

Deutsche Dichter. Band 1. Mittelalter. Stuttgart: Reclam 1989.

Die deutsche Literatur des Mittelalters. Verfasserlexikon . 2., völlig neu bearb. Aufl. unter Mitarb. zahlreicher Fachgelehrter. Hrsg. von Kurt Ruh [u.a.]. 14 Bde. Berlin, New York: de Gruyter 1978–2008.

Duden. Das Fremdwörterbuch. 9., aktual. Aufl. Hrsg. von der Dudenredaktion. Mannheim [u.a.]: Dudenverlag 2007. (= Der Duden in zwölf Bänden. 5.)

Frenzel, Elisabeth; Frenzel, Herbert A.: Daten deutscher Dichtung. Chronologischer Abriß der deutschen Literaturgeschichte. Band 1. Von den Anfängen bis zum Jungen Deutschland. 34. Ausg. München: dtv 2004.

Fuchs, Franz: Neue Quellen zur Biographie Konrads von Megenberg. In: Konrad von Megenberg (1309-1374) und sein Werk. Das Wissen der Zeit. Hrsg. von. Claudia Märtl, Gisela Drossbach und Martin Kintzinger. München: Beck 2006. (= Zeitschrift für bayrische Landesgeschichte. Beiheft 31.) S. 43–72.

Gätje, Olaf: Von der Enzyklopädie zu Wikipedia. In: Neue Medien – neue Formate. Ausdifferenzierung von Konvergenz in der Medienkommunikation. Hrsg. von Hans-Jürgen Bucher, Thomas Gloning und Katrin Lehnen. Frankfurt a. Main: Campus 2010. (= Interaktiva. 10.) S. 183–299.

Giles, Jim: Internet encyclopaedias go head to head. In: Nature 438 (2005), H. 7070, S. 900–901.

Grosses vollständiges Universal-Lexicon aller Wissenschafften und Künste, welche bisher durch menschlichen Verstand und Witz erfunden worden. Hrsg. von Johann Heinrich Zedler. 64 Bde. Leipzig: Zedler 1732–1754.

Hammwöhner, Rainer [u.a.]: Qualität der Wikipedia. Eine vergleichende Studie. In: Open Innovation: neue Perspektiven im Kontext von Information und Wissen. Beiträge des 10. Internationalen Symposiums für Informationswissenschaft und der 13. Jahrestagung der IuK-Initiative Wissenschaft. Köln, 30. Mai - 1. Juni 2007. Hrsg. von Achim Oßwald, Maximilian Stempfhuber und Christian Wolff. Konstanz: UVK 2007. (= Schriften zur Informationswissenschaft. 46.) S. 77–90. Online unter: http://www-nw.uni-regensburg.de/~har16557/Litera tur/isi_2007.pdf

Harless, Christian Friedrich: Die Litteratur der ersten hundert Jahre nach der Erfindung der Typographie in den meisten Hauptfächern der Wissenschaften. Fest'sche Verlagsbuchhandlung: Leipzig 1840. Online unter: https://books.google.nl/books?id=eRwCAAAAQAAJ&pg=PA18

8#v=onepage&q&f=false

Hegel, Georg Wilhelm Friedrich: Enzyklopädie der philosophischen Wissenschaften im Grundrisse (1817). Hrsg. von Wolfgang Bonsiepen [u.a.]. Hamburg: Meiner 2000. (= Gesammelte Werke. 13.)

Heinzle, Joachim: Einführung in die mittelhochdeutsche Dietrichepik. Berlin, New York: de Gruyter 1999.

Ibach, Helmut: Leben und Schriften des Konrad von Megenberg. Hrsg. von Friedrich Baethgen. Berlin: Junker und Dünnhaupt 1938. (= Neue deutsche Forschungen. Abt. Mittelalterliche Geschichte. 7.)

Jachniok, Meike: Wikipedia und ihre Nutzer. Zum Bildungswert der Online-Enzyklopädie. Marburg: Tectum 2007.

Kemenaten, Albrecht, von: Dietrichs Abenteuer. Nebst den Bruchstücken von Dietrich und Wenezlan. Hrsg. von Julius Zupitza. Berlin: Weidmann 1870. (= Deutsches Heldenbuch. 5.)

Kluge, Friedrich: Etymologisches Wörterbuch der deutschen Sprache. 22., völlig neu bearb. Aufl. Hrsg. von Max Bürgisser, Bernd Gregor und Elmar Seebold. Berlin: de Gruyter 1989.

Koch, Hans-Albrecht: Lexikon. In: Reallexikon der deutschen Literaturwissenschaft. Neubearbeitung des Reallexikons der deutschen Literaturgeschichte. Band I. A-G. Hrsg. von Harald Fricke. Berlin, New York: de Gruyter 2007, S. 414.

König, René; Nentwich, Michael: Cyberscience 2.0. Research in the Age of Digital Social Networks. Frankfurt, New York: Campus 2012. (= Interaktiva. 11.)

König, Werner: dtv-Atlas Deutsche Sprache. 15., durchges. u. aktual. Aufl. München: dtv 2005.

Lih, Andrew: The Wikipedia Revolution. How a bunch of nobodies created the world's greatest encyclopedia. New York: Hyperion 2009.

Meier, Christel: Enzyklopädie. In: Reallexikon der deutschen Literaturwissenschaft. Neubearbeitung des Reallexikons der deutschen Literaturgeschichte. Band I. A-G. Hrsg. von Klaus Weimar. Berlin, New York: de Gruyter 2007, S. 451f.

Meyer, Heinz: Enzyklopädie. In: Sachlexikon Literatur. Hrsg. von Volker Meid. München: dtv 2000, S. 216–218.

Mittelstraß, Jürgen: Enzyklopädie. In Enzyklopädie Philosophie und

Wissenschaftstheorie 1. A-G. Hrsg. von Jürgen Mittelstraß. Mannheim [u.a.]: B.I. Wissenschaftsverlag 1980, S. 558f.

Möllenkamp, Andreas: Wer schreibt die Wikipedia? Die Online-Enzyklopädie in der Vorstellungs- und Lebenswelt ihrer aktivsten Autoren. Universität Leipzig, Mag.-Arb. 2007. Online unter: http://www.cultiv.net/cultiv/index.php?id=633&docid=121

Neues Konversations-Lexikon für alle Stände. Hrsg. von Herrmann Meyer. 15 Bde. Hildburghausen: Bibliographisches Institut 1857-1861.

Roth, Johann: Gemeinnütziges Lexikon für Leser aller Klassen, besonders für Unstudierte; oder kurze und deutliche Erklärung der, in mündlichen Unterhaltungen und in schriftlichen Aufsätzen gebräuchlichsten Ausdrücke und Kunstworte; in alphabetischer Ordnung. 2 Bde. Halle: Regersche Buchhandlung 1807.

Ruberg, Uwe: Allegorisches im "Buch der Natur" Konrads von Megenberg. In: Frühmittelalterliche Studien 12 (1978), H. 1, S. 310–325.

Scheidling, Oliver: Hypertext/Hypertextualität. In: Metzler Lexikon Literatur- und Kulturtheorie. Ansätze – Personen – Grunbegriffe. 4., aktual. und erw. Ausg. Hrsg. von Ansgar Nünning. Metzler: Weimar 2008, S. 298f.

Schuler, Günter: Wikipedia inside. Die Online-Enzyklopädie und ihre Community. Münster: Unrast 2007.

Spree, Ulrike: Das Streben nach Wissen. Eine vergleichende Gattungsgeschichte der populären Enzyklopädie in Deutschland und Großbritannien im 19. Jahrhundert. Tübingen: Niemeier 2000. (= Communicatio. Studien zur europäischen Literatur- und Kulturgeschichte. 24.)

Wilpert, Gero, von: Sachwörterbuch der Literatur. 8., verb. u. erw. Aufl. Stuttgart: Kröner 2001.

Zimmermann, Harald: Das Papsttum im Mittelalter. Eine Papstgeschichte im Spiegel der Historiographie. Stuttgart: Ulmer 1981. (= UTB. 1151.)

8.1.1 Siglen

DD	Deutsche Dichter, Band 1
FR	Frenzel: Daten deutscher Dichtung
HB	Horst Brunner: Geschichte der deutschen Literatur des Mittelalters
VL bzw. **VL1, VL5, VL11**	Verfasserlexikon mit jeweiliger Bandnummer

8.2 Weblinkverzeichnis

Bei den vorliegenden, aufgelisteten Wikipedia-Links wurde das Abrufdatum entsprechend der in Kapitel 5 diskutierten quantitativen Analyse dokumentiert.

8.2.1 Wikipedia

Annolied.
URL: https://de.wikipedia.org/w/index.php?title=Annolied&oldid=142377409 [Stand: 14.11.2015]

Benutzer:El bes.
URL: https://de.wikipedia.org/w/index.php?title=Benutzer:El_bes&oldid=146339791 [Stand: 14.11.2015]

Bibliographisches Institut & F. A. Brockhaus.
URL: https://de.wikipedia.org/w/index.php?title=Bibliographisches_Institut_%26_F._A._Brockhaus&oldid=139737184 [Stand: 21.04.2015]

Codex Manesse/Inhalt.
URL: https://de.wikipedia.org/w/index.php?title=Codex_Manesse/Inhalt&oldid=138949934 [Stand: 3.11.2015]

Das Buch der Natur.
URL: https://de.wikipedia.org/w/index.php?title=Das_Buch_der_Natur&oldid=147573435 [Stand: 5.11.2015]

Der arme Heinrich.
URL: https://de.wikipedia.org/w/index.php?title=Der_arme_Heinrich&oldid=147478758 [Stand: 31.10.2015]

Der Kanon.
URL: https://de.wikipedia.org/w/index.php?title=Der_Kanon&oldid=144720619 [Stand: 23.09.2015]

Diskussion:Annolied.
URL: https://de.wikipedia.org/w/index.php?title=Diskussion:Annolied&oldid=10 4423371 [Stand: 14.11.2015]
Goldemar.
URL: https://de.wikipedia.org/w/index.php?title=Goldemar&oldid=139591092 [Stand: 14.11.2015]
Hilfe:FAQ Rechtliches.
URL: https://de.wikipedia.org/wiki/Hilfe:FAQ_Rechtliches [Stand: 08.09.2015]
Hilfe:FAQ zu Bildern.
URL: https://de.wikipedia.org/wiki/Hilfe:FAQ_zu_Bildern [Stand: 08.09.2015]
Hilfe:Namensräume.
URL: https://de.wikipedia.org/w/index.php?title=Hilfe:Namensr%C3%A4ume&oldid=145326600 [Stand: 12.09.2015]
Ingeram-Codex.
URL: https://de.wikipedia.org/w/index.php?title=Ingeram-Codex&oldid=14651 4401 [Stand: 31.10.2015]
Jacob Grimm.
URL: https://de.wikipedia.org/w/index.php?title=Jacob_Grimm&oldid=1471562 67 [Stand: 2.11.2015]
John Seigenthaler senior.
URL: https://de.wikipedia.org/w/index.php?title=John_Seigenthaler_senior&oldid=143825888 [Stand: 25.09.2015]
Kaiserchronik.
URL: https://de.wikipedia.org/w/index.php?title=Kaiserchronik&oldid=1167366 69 [Stand: 27.10.2015]
Kategorie:!Hauptkategorie.
URL: https://de.wikipedia.org/w/index.php?title=Kategorie:!Hauptkategorie&oldid=124462672 [Stand: 23.09.2015]
Kategorie:Althochdeutscher Zauberspruch.
URL: https://de.wikipedia.org/w/index.php?title=Kategorie:Althochdeutscher_Zauberspruch&oldid=120966311 [Stand: 28.09.2015]
Kategorie:Germanistischer Mediävist.
URL: https://de.wikipedia.org/w/index.php?title=Kategorie:Germanistischer_Medi%C3%A4vist&oldid=117776213 [Stand: 28.09.2015]
Kategorie:Liste (Literatur).
URL: https://de.wikipedia.org/w/index.php?title=Kategorie:Liste_%28Literatur%29&oldid=131310530 [Stand: 23.09.2015]
Kategorie:Literatur (Althochdeutsch).
URL: https://de.wikipedia.org/w/index.php?title=Kategorie:Literatur_%28Althochdeutsch%29&oldid=116657590 [Stand: 28.09.2015]

Kategorie:Literatur (Frühneuhochdeutsch).

URL: https://de.wikipedia.org/w/index.php?title=Kategorie:Literatur_%28Fr%C3%BChneuhochdeutsch%29&oldid=115580218 [Stand: 28.09.2015]

Kategorie:Literatur (Mittelhochdeutsch).

URL: https://de.wikipedia.org/w/index.php?title=Kategorie:Literatur_%28 Mittelhochdeutsch%29&oldid=116393462 [Stand: 28.09.2015]

Kategorie:Minnesang.

URL: https://de.wikipedia.org/w/index.php?title=Kategorie:Minnesang&oldid=145675683 [Stand: 28.09.2015]

Kategorie:Mittelalter (Literatur).

URL: https://de.wikipedia.org/w/index.php?title=Kategorie:Mittelalter_%28Literatur%29&oldid=145675717 [28.09.2015]

Kategorie:Spruchdichtung.

URL: https://de.wikipedia.org/w/index.php?title=Kategorie:Spruchdichtung&oldid=116451725 [Stand: 28.09.2015]

Konrad von Megenberg.

URL: https://de.wikipedia.org/w/index.php?title=Konrad_von_Megenberg&oldid=145649321 [Stand: 5.11.2015]

Locus Amoenus.

URL: https://de.wikipedia.org/w/index.php?title=Locus_amoenus&oldid=145884071 [Stand: 27.10.2015]

Meister Eckhart.

URL: https://de.wikipedia.org/w/index.php?title=Meister_Eckhart&oldid=147130429 [Stand: 2.11.2015]

Nupedia.

URL: https://de.wikipedia.org/w/index.php?title=Nupedia&oldid=138931846 [Stand: 10.09.2015]

Otlohs Gebet.

URL: https://de.wikipedia.org/w/index.php?title=Otlohs_Gebet&oldid=140245380 [Stand: 2.11.2015]

Portal:Deutsche Literatur.

URL: https://de.wikipedia.org/wiki/Portal:Deutsche_Literatur [Stand: 23.09.2015]

Portal:Literatur/Liste deutscher Novellen.

URL: https://de.wikipedia.org/w/index.php?title=Portal:Literatur/Liste_deutscher_Novellen&oldid=140652067 [Stand: 23.09.2015]

Portal:Wikipedia nach Themen.

URL: https://de.wikipedia.org/w/index.php?title=Portal:Wikipedia_nach_Themen&oldid=144913991 [Stand: 12.09.2015]

Spezial:Letzte Änderungen.
URL: http://de.wikipedia.org/wiki/Spezial:Letzte_%C3%84nderungen [Stand: 13.06.2015]
Spezial:Neue Seiten.
URL: http://de.wikipedia.org/wiki/Spezial:Neue_Seiten [Stand: 13.06.2015]
Spezial:Statistik.
URL: https://de.wikipedia.org/wiki/Spezial:Statistik [Stand: 3.11.2015]
Stewards.
URL: https://meta.wikimedia.org/w/index.php?title=Stewards&oldid=14274672 [Stand: 12.11.2015]
Wikipedia. Grundsätze.
URL: https://de.wikipedia.org/w/index.php?title=Wikipedia&oldid=146157733 [Stand: 23.09.2015]
Wikipedia.
URL: https://de.wikipedia.org/w/index.php?title=Wikipedia&oldid=145823106 [Stand: 08.09.2015]
Wikipedia.
URL: https://de.wikipedia.org/w/index.php?title=Wikipedia&oldid=145836680 [Stand: 10.09.2015]
Wikipedia: Kandidaturen von Artikeln, Listen und Portalen.
URL: https://de.wikipedia.org/w/index.php?title=Wikipedia:Kandidaturen_von_Artikeln,_Listen_und_Portalen&oldid=108473321 [Stand: 24.09.2015]
Wikipedia:Administratoren.
URL: https://de.wikipedia.org/w/index.php?title=Wikipedia:Administratoren&oldid=143747537 [Stand: 11.09.2015]
Wikipedia:Allgemeinverständlichkeit.
URL: https://de.wikipedia.org/w/index.php?title=Wikipedia:Allgemeinverst%C3%A4ndlichkeit&oldid=107757824 [Stand: 24.09.2015]
Wikipedia:Autorenportal.
URL: https://de.wikipedia.org/w/index.php?title=Wikipedia:Autorenportal&oldid=124606545 [Stand: 23.11.2013]
Wikipedia:Benutzer.
URL: https://de.wikipedia.org/w/index.php?title=Hilfe:Benutzer&oldid=142701840 [Stand: 11.09.2015]
Wikipedia:Bots.
URL: https://de.wikipedia.org/w/index.php?title=Wikipedia:Bots&oldid=104375981 [Stand: 20.12.2015]
Wikipedia:Bürokraten.
URL: https://de.wikipedia.org/w/index.php?title=Wikipedia:B%C3%BCrokraten&oldid=142852167 [Stand: 11.09.2015]

Wikipedia:Edit-War.
URL: https://de.wikipedia.org/w/index.php?title=Wikipedia:Edit-War&oldid=146660131 [Stand: 31.10.2015]
Wikipedia:Eingangskontrolle.
URL: https://de.wikipedia.org/w/index.php?title=Wikipedia:Eingangskontrolle&oldid=99687111 [Stand: 13.06.2015]
Wikipedia:Geprüfte Versionen.
URL: https://de.wikipedia.org/w/index.php?title=Wikipedia:Archiv/Technik/Gepr%C3%BCfte_Versionen&oldid=139185410 [Stand: 23.09.2015]
Wikipedia:Gesichtete Version.
URL: https://de.wikipedia.org/w/index.php?title=Wikipedia:Gesichtete_Versionen&oldid=137749163 [Stand: 11.09.2015]
Wikipedia:Gesichtete Versionen.
URL: https://de.wikipedia.org/w/index.php?title=Wikipedia:Gesichtete_Versionen&oldid=104353618 [Stand: 20.12.2015]
Wikipedia:Gesichtete Versionen/Anfragen.
URL: https://de.wikipedia.org/w/index.php?title=Wikipedia:Gesichtete_Versionen/Anfragen&oldid=111720689 [Stand: 20.12.2015]
Wikipedia:Kategorien.
URL: https://de.wikipedia.org/w/index.php?title=Wikipedia:Kategorien&oldid=146027641 [Stand: 23.09.2015]
Wikipedia:Listen.
URL: https://de.wikipedia.org/w/index.php?title=Wikipedia:Listen&oldid=145033584 [Stand: 23.09.2015]
Wikipedia:Neutraler Standpunkt.
URL: https://de.wikipedia.org/w/index.php?title=Wikipedia:Neutraler_Standpunkt&oldid=145178728 [Stand: 23.09.2015]
Wikipedia:Qualitätssicherung.
URL: https://de.wikipedia.org/w/index.php?title=Wikipedia:Qualit%C3%A4tssicherung&oldid=104196620 [Stand: 13.06. 2014]
Wikipedia:Redaktionen.
URL: https://de.wikipedia.org/w/index.php?title=Wikipedia:Redaktionen&oldid=136762401 [Stand: 12.09.2015]
Wikipedia:Review.
URL: https://de.wikipedia.org/w/index.php?title=Wikipedia:Review&oldid=124211842 [Stand: 24.11.2013]
Wikipedia:Schiedsgericht.
URL: https://de.wikipedia.org/w/index.php?title=Wikipedia:Schiedsgericht&oldid=144250972 [Stand: 11.09.2015]

Wikipedia:Sprachen.
URL: https://de.wikipedia.org/w/index.php?title=Wikipedia:Sprachen&oldid=145624819 [Stand: 12.09.2015]
Wikipedia:Statistik.
URL: https://de.wikipedia.org/wiki/Spezial:Statistik [Stand: 10.09.2015]
Wikipedia:Stewards.
URL: https://meta.wikimedia.org/w/index.php?title=Stewards/de&oldid=12926669 [Stand: 11.09.2015]
Wikipedia:Stimmberechtigung.
URL: https://de.wikipedia.org/w/index.php?title=Wikipedia:Stimmberechtigung&oldid=139327913 [Stand: 11.09.2015]
Wikipedia:Technik/Labs/Tools/wikilint.
URL: https://de.wikipedia.org/w/index.php?title=Wikipedia:Technik/Labs/Tools/wikilint&oldid=134535891 [Stand: 23.09.2015]
Wikipedia:Wartung.
URL: https://de.wikipedia.org/w/index.php?title=Wikipedia:Wartung&oldid=10827256 [Stand: 25.09.2012]
Wikipedia:Was Wikipedia nicht ist.
URL: https://de.wikipedia.org/w/index.php?title=Wikipedia:Was_Wikipedia_nicht_ist&oldid=107757737 [Stand: 24.09.2015]
Wikipedia:Wie schreibe ich gute Artikel.
URL: https://de.wikipedia.org/w/index.php?title=Wikipedia:Wie_schreibe_ich_gute_Artikel&oldid=107868941 [Stand: 24.09.2015]
Wikipedia:Wikipedistik/Soziologie.
URL: https://de.wikipedia.org/w/index.php?title=Wikipedia:Wikipedistik/Soziologie&oldid=142737716 [Stand: 10.09.2015]
Wikipedia:Wikipedistik/Wachstumsprognose.
URL: https://de.wikipedia.org/w/index.php?title=Wikipedia:Wikipedistik/Wachstumsprognose&oldid=146143945 [Stand: 23.09.2015]
Wikipedia:WikiProjekt Literatur.
URL: https://de.wikipedia.org/w/index.php?title=Wikipedia:WikiProjekt_Literatur&oldid=124736764 [Stand: 23.11.2013]
Wikipedia:WikiProjekt Literatur/Gutenberg DE.
URL: https://de.wikipedia.org/w/index.php?title=Wikipedia:WikiProjekt_Literatur/Gutenberg_DE&oldid=118005434 [Stand: 23.11.2013]
Wikipedia:WikiProjekt.
URL: https://de.wikipedia.org/w/index.php?title=Wikipedia:WikiProjekt&oldid=124636787 [Stand: 23.11.2013]
WikiTrust.
URL: https://de.wikipedia.org/w/index.php?title=WikiTrust&oldid=143055473 [Stand: 23.09.2015]

8.2.2 Sonstige Weblinks

Adler, B. Thomas; de Alfaro, Luca; Pye, Ian: Detecting Wikipedia Vandalism using WikiTrust. Lab Report for PAN at CLEF 2010. URL: http://users.soe.ucsc.edu/~luca/papers/10/c62-pan2010.pdf [Stand: 24.05.2017]

Alexa. Top Sites. Global. URL: http://www.alexa.com/topsites/global [Stand: 24.05.2017]

Austria-Forum. URL: http://austria-forum.org [Stand: 24.05.2017]

Brockhaus: Offizielle Homepage. Brockhaus Enzyklopädie. Brockhaus Enzyklopädie in 30 Bänden. URL: http://www.brockhaus.de/enzyklopaedie/30baende/index.php [Stand: 24.09.2015]

Brockhaus Wissensservice. URL: http://www.brockhaus-wissensservice.com [Stand: 21.04.2015]

Cunningham, Ward: Wiki Design Principles. URL: http://wiki.c2.com/?WikiDesignPrinciples [Stand: 24.05.2017]

DMOZ. Top. World. Deutsch. Wissen. Enzyklopädien. URL: http://www.dmoz.org/World/Deutsch/Wissen/Enzyklop%C3%A4dien/ [Stand: 07.09.2015]

Endgültiges Aus. Der gedruckte Brockhaus ist Geschichte. URL: http://www.focus.de/kultur/buecher/medien-der-gedruckte-brockhaus-ist-geschichte_ id_4065445.html [Stand: 22.04.2015]

Heiligenlexikon. Thekla oder Isidor – wer erhört die Klagen der Web-User? URL: https://www.heiligenlexikon.de/Aktuell/Heilige_Cyberspace.html [Stand: 24.05.2017]

Impressum. inmediaONE]. URL: http://www.inmediaone.de/service/impressum [Stand: 29.03.2017]

Lih, Andrew: Wikipedia as Participatory Journalism: Reliable Sources? Metrics for evaluating collaborative media as a news resource. Paper for the 5th International Symposium on Online Journalism. Austin: 2004. URLhttps://pdfs.semanticscholar.org/f5d4/720f9b5ed36efb629409240c1f194e733316.pdf [Stand: 24.05.2017]

MediaeWiki: Hauptseite. URL: http://mediaewiki.de/w/index.php?title=MediaeWiki_-_Das_Wiki_f%C3%BCr_Inhalte_der_Medi%C3%A4vistik&oldid=17188 [Stand: 09.09.2015]

Nupedia. Archivierte Version. URL: http://web.archive.org/web/20030406021659/http://www.nupedia.com/main.shtml [Stand: 12.09.2015]

O'Reilly, Tim: What is Web 2.0? Design Patterns and Business Models for the Next Generation of Software. 2005. URL: http://www.oreilly.com/lpt/a/1 [Stand: 24.05.2015]

Our projects. Wikimedia-Foundation. URL: https://wikimediafoundation.org/w/index.php?title=Our_projects&oldid=101350 [Stand: 10.09.2015]

Pande, Mani: Wikipedia Editors Study. Results from the Editors Survey 2011. URL: https://meta.wikimedia.org/wiki/Research:Wikipedia_Editors_Survey_2011_November [Stand: 24.05.2017]

Ruby, der beste Freund eines Programmierers. Über Ruby. URL: https://www.ruby-lang.org/de/about/ [Stand: 24.05.2013]

Sourceforge. About. URL: http://sourceforge.net/about [Stand: 24.05.2013]

Wikimedia Report Card: Pageviews for All Wikimedia Projects (mobile + desktop). URL: http://reportcard.wmflabs.org/#core-graphs-tab [Stand: 09.09.2015]

Wikimedia-Foundation. Startseite. URL: https://wikimediafoundation.org/w/index.php? title=Home&oldid=102737 [Stand: 24.05.2015]

Wiktionary: Wiktionary:Liste der Wiktionarys in anderen Sprachen. URL: https://de.wiktionary.org/wiki/Wiktionary:Liste_der_Wiktionarys_in_anderen_Sprachen [Stand: 24.05.2017]

World Digital Library: About the World Digital Library: Background. URL: http://www.wdl.org/en/background/ [Stand: 24.05.2017]

World Digital Library: Book of Nature. URL: http://www.wdl.org/en/item/3158/ [Stand: 24.05.2015]

9 Abbildungs- und Tabellenverzeichnis

10 Anhang

10.1 Überblick Auswertung

Gesamtergebnis über alle Artikel: 2,64

Noten	Anzahl Artikel	in Prozent
1	27	3,52%
2	262	34,20%
3	431	56,27%
4	46	6,01%
5	0	0,00%

Gesamtergebnis über ausgezeichnete Artikel: 1,66

Noten	Anzahl Artikel	in Prozent
1	7	43,75%
2	8	50,00%
3	1	6,25%
4	0	0,00%
5	0	0,00%

2,64

3,73	
1,43	
2,37	
2,88	
2,56	
2,89	

Noten	Anzahl A	in Proze
1	111	14,49%
2	47	6,14%
3	82	10,70%
4	224	29,24%
5	302	39,43%

Gesamtnote: 3,73

Übersichtlichkeit:

Noten	Anzahl A	in Proze
1	560	73,11%
2	128	16,71%
3	47	6,14%
4	20	2,61%
5	11	1,44%

Gesamtnote: 1,43

Anschaulichkeit 1 (W/Bild):

Noten	Anzahl A	in Proze
1	211	27,55%
2	45	5,87%
3	18	2,35%
4	20	2,61%
5	472	61,62%

Teilnote 1: 3,65

Anschaulichkeit 2 (W/Tab):

Noten	Anzahl A	in Prozer
1	490	63,97%
2	5	0,65%
3	5	0,65%
4	3	0,39%
5	263	34,33%

Teilnote 2: 2,40

Anschaulichkeit 3 (W/List):

Noten	Anzahl A	in Prozer
1	731	95,43%
2	31	4,05%
3	3	0,39%
4	0	0,00%
5	1	0,13%

Teilnote 3: 1,05

Angebot weiterf. Information:

Noten	Anzahl A	in Proze
1	173	22,58%
2	123	16,06%
3	202	26,37%
4	159	20,76%
5	109	14,23%

Gesamtnote: 2,88

Aktualität 1 (Alter jüngster LitHinweis):

Noten	Anzahl A	in Proze
1	269	35,12%
2	189	24,67%
3	127	16,58%
4	63	8,22%
5	118	15,40%

Teilnote 1: 2,44

Aktualität 2 (Tage seit letzter Bearb.):

Noten	Anzahl A	in Prozer
1	302	39,43%
2	122	15,93%
3	83	10,84%
4	42	5,48%
5	217	28,33%

Teilnote 2: 2,67

Aufmerksamkeit 1 (Anzahl der Autoren/innen):

Noten	Anzahl A	in Proze
1	103	13,45%
2	28	3,66%
3	89	11,62%
4	239	31,20%
5	307	40,08%

Teilnote 1: 3,81

Aufmerksamkeit 2 (Wörter pro Autor/in):

Noten	Anzahl A	in Prozer
1	581	75,85%
2	79	10,31%
3	35	4,57%
4	14	1,83%
5	57	7,44%

Teilnote 2: 1,55

Aufmerksamkeit 3 (Bearbeitungen pro Autor/in):

Noten	Anzahl A	in Prozer
1	533	69,58%
2	171	22,32%
3	31	4,05%
4	9	1,17%
5	22	2,87%

Teilnote 3: 1,45

Aufmerksamkeit 4 (Bearbeitungen pro Jahr):

Noten	Anzahl A	in Proze
1	19	2,48%
2	14	1,83%
3	17	2,22%
4	35	4,57%
5	681	88,90%

Teilnote 4: 4,76

10.2 Auswertung im Detail

Artikel	Kategorie	Länge	Übersichtlichkeit	Anschaulichkeit	Angebot an weiterführenden Informationen	Aktualität	Aufmerksamkeit	Gesamtnote	Gesamtnote gerundet
Abdinghofer Blutsegen	Text	5,00	1,00	3,67	3,00	1,50	3,25	2,90	**3,00**
Abecedarium Nordmannicum	Text	3,00	2,00	2,33	3,00	2,50	3,75	2,76	**3,00**
Abor und das Meerweib	Text	4,00	1,00	3,67	3,00	4,00	3,50	3,19	**3,00**
Abrogans	Text	4,00	1,00	1,00	3,00	1,00	2,25	2,04	**2,00**
Adam Reusner	Dichter/Sänger	5,00	1,00	2,33	4,00	4,50	2,75	3,26	**3,00**
Adeline Rittershaus-Bjarnason	Wissenschaftler	4,00	1,00	1,00	3,00	3,50	2,75	2,54	**3,00**
Ainune	Text	5,00	1,00	3,67	4,00	5,00	3,00	3,61	**4,00**
Alber von Windberg	Dichter/Sänger	5,00	1,00	2,33	4,00	2,00	2,75	2,85	**3,00**
Albert Bachmann (Philologe)	Wissenschaftler	3,00	1,00	2,00	1,00	2,00	3,25	2,04	**2,00**
Albrecht Greule	Wissenschaftler	5,00	1,00	2,33	4,00	2,00	3,25	2,93	**3,00**
Albrecht II. (Hohenberg-Rotenburg)	Dichter/Sänger	4,00	1,00	1,00	4,00	4,00	2,75	2,79	**3,00**
Albrecht von Halberstadt	Dichter/Sänger	5,00	1,00	2,33	3,00	4,00	2,75	3,01	**3,00**
Albrecht von Johansdorf	Dichter/Sänger	3,00	1,00	2,00	1,00	3,50	2,50	2,17	**2,00**
Albrecht von Kemenaten	Dichter/Sänger	5,00	1,00	2,33	3,00	4,50	3,00	3,14	**3,00**
Albrecht von Rapperswil	Dichter/Sänger	3,00	1,00	1,00	4,00	4,00	3,25	2,71	**3,00**
Albrecht von Scharfenberg	Dichter/Sänger	4,00	1,00	2,33	3,00	1,50	2,50	2,39	**2,00**
Alexanderlied	Text	4,00	1,00	3,67	3,00	1,50	2,75	2,65	**3,00**
Alfred Ebenbauer	Wissenschaftler	4,00	1,00	1,00	2,00	2,50	2,50	2,17	**2,00**
Alfred Hübner	Wissenschaftler	5,00	1,00	2,33	4,00	4,00	3,00	3,22	**3,00**
Alois Maria Haas	Wissenschaftler	3,00	1,00	1,67	1,00	2,00	3,25	1,99	**2,00**
Alois Wolf	Wissenschaftler	5,00	1,00	1,00	4,00	1,50	3,00	2,58	**3,00**
Alpharts Tod	Text	4,00	1,00	3,67	4,00	2,50	3,50	3,11	**3,00**
Altbairisch	Fachbegriff	2,00	1,00	2,33	1,00	2,50	2,75	1,93	**2,00**
Altdeutsche Genesis	Text	1,00	2,00	3,67	4,00	2,00	3,75	2,74	**3,00**
Altdeutsche Textbibliothek	ÜTräger	5,00	1,00	3,67	5,00	3,00	3,00	3,44	**3,00**
Altdeutsches Decamerone	Fachbegriff	3,00	1,00	3,67	3,00	3,00	4,75	3,07	**3,00**
Althochdeutsch	Fachbegriff	1,00	1,00	2,33	1,00	1,00	1,50	1,31	**1,00**
Althochdeutsche Literatur	Fachbegriff	2,00	1,00	3,67	3,00	1,00	2,00	2,11	**2,00**
Althochdeutscher Isidor	Text	4,00	1,00	2,33	4,00	2,50	3,00	2,81	**3,00**

Artikel	Kategorie	Länge	Übersicht-lichkeit	Anschau-lichkeit	Angebot an weiter-führenden Informa-tionen	Aktuali-tät	Aufmerk-samkeit	Ge-samt-note	Gesamt-note ge-rundet
Althochdeutscher Tatian	Text	4,00	1,00	2,33	2,00	1,50	2,75	2,26	**2,00**
Althochdeutsches Schlummerlied	Text	3,00	3,00	3,33	3,00	2,50	3,75	3,10	**3,00**
Altsächsische Genesis	Text	5,00	1,00	3,67	5,00	3,00	2,75	3,40	**3,00**
Altsächsische Sprache	Fachbegriff	3,00	1,00	2,33	4,00	3,00	2,00	2,56	**3,00**
Ambraser Heldenbuch	ÜTräger	4,00	1,00	2,67	3,00	1,50	2,75	2,49	**2,00**
Ambrosius Blarer	Dichter/Sänger	4,00	1,00	1,00	1,00	2,00	2,25	1,88	**2,00**
Anatoly Liberman	Wissenschaftler	5,00	1,00	2,33	4,00	3,50	3,75	3,26	**3,00**
Andreas Heusler (Altgermanist)	Wissenschaftler	3,00	1,00	2,33	1,00	1,00	3,00	1,89	**2,00**
Andreas Kraß	Wissenschaftler	5,00	1,00	2,33	2,00	1,50	2,75	2,43	**2,00**
Annolied	Text	3,00	1,00	3,67	1,00	2,00	2,50	2,19	**2,00**
Antikenroman	Fachbegriff	4,00	1,00	3,67	5,00	2,00	2,75	3,07	**3,00**
Anton Emanuel Schönbach	Wissenschaftler	5,00	1,00	1,00	1,00	2,50	3,00	2,25	**2,00**
Anton Schwob	Wissenschaftler	4,00	1,00	2,33	2,00	3,50	2,75	2,60	**3,00**
Aristoteles und Phyllis	Text	1,00	2,00	4,00	2,00	1,50	3,50	2,33	**2,00**
Armin Schulz	Wissenschaftler	5,00	2,00	1,00	4,00	1,50	2,75	2,71	**3,00**
Arno Mentzel-Reuters	Wissenschaftler	5,00	1,00	1,00	4,00	3,00	4,50	3,08	**3,00**
Arnulf Krause	Wissenschaftler	5,00	1,00	2,33	3,00	3,00	3,50	2,97	**3,00**
Artusroman	Fachbegriff	1,00	4,00	2,33	1,00	2,50	2,75	2,26	**2,00**
Attila	Figur	1,00	4,00	2,33	1,00	1,00	1,25	1,76	**2,00**
Aufgesang	Fachbegriff	5,00	1,00	3,67	5,00	4,00	3,00	3,61	**4,00**
Ava (Dichterin)	Dichter/Sänger	4,00	1,00	2,33	1,00	1,00	2,25	1,93	**2,00**
Âventiure	Fachbegriff	5,00	1,00	3,67	5,00	5,00	3,00	3,78	**4,00**
Aventiurehafte Dietrichepik	Fachbegriff	5,00	1,00	3,67	5,00	4,50	3,00	3,69	**4,00**
Bairisches Mittelhochdeutsch	Fachbegriff	2,00	2,00	2,33	4,00	1,50	3,25	2,51	**3,00**
Ballade	Fachbegriff	1,00	3,00	2,33	4,00	1,50	1,00	2,14	**2,00**
Balthasar-Behem-Kodex	ÜTräger	5,00	1,00	2,33	3,00	4,00	2,75	3,01	**3,00**
Bar (Meistergesang)	Fachbegriff	5,00	1,00	3,67	5,00	2,00	2,75	3,24	**3,00**
Barend Sijmons	Wissenschaftler	5,00	1,00	1,00	3,00	1,00	3,25	2,38	**2,00**
Barform	Fachbegriff	5,00	1,00	2,33	4,00	4,50	2,75	3,26	**3,00**
Basler Rezepte	Text	5,00	1,00	3,67	4,00	1,00	3,25	2,99	**3,00**
Bernd Thum	Wissenschaftler	5,00	4,00	2,33	4,00	3,00	3,00	3,56	**4,00**

Artikel	Kategorie	Länge	Übersicht-lichkeit	Anschau-lichkeit	Angebot an weiter-führenden Informa-tionen	Aktuali-tät	Aufmerk-samkeit	Ge-samt-note	Gesamt-note ge-rundet
Bernerton	Fachbegriff	5,00	2,00	2,33	5,00	3,00	3,00	3,39	**3,00**
Bernger von Horheim	Dichter/Sänger	5,00	1,00	1,00	3,00	3,00	2,75	2,63	**3,00**
Bernkopf	Dichter/Sänger	5,00	1,00	2,33	3,00	3,00	3,50	2,97	**3,00**
Berthold von Herbolzheim	Dichter/Sänger	3,00	3,00	2,67	3,00	4,00	3,25	3,15	**3,00**
Berthold von Holle	Dichter/Sänger	4,00	1,00	2,33	1,00	4,00	2,75	2,51	**3,00**
Berthold von Regensburg	Dichter/Sänger	4,00	1,00	1,33	1,00	4,00	2,25	2,26	**2,00**
Binger Inschrift	Text	3,00	2,00	3,33	3,00	1,00	4,25	2,76	**3,00**
Bîspel	Fachbegriff	4,00	1,00	3,67	4,00	2,00	3,00	2,94	**3,00**
Biterolf (Dichter)	Dichter/Sänger	5,00	1,00	2,33	5,00	5,00	3,00	3,56	**4,00**
Biterolf (literarische Figur)	Figur	5,00	1,00	3,67	5,00	3,00	3,00	3,44	**3,00**
Biterolf und Dietleib	Text	5,00	1,00	3,67	5,00	4,50	3,00	3,69	**4,00**
Blanschandin	Text	4,00	1,00	3,67	3,00	3,00	3,50	3,03	**3,00**
Bligger von Steinach	Dichter/Sänger	4,00	1,00	1,00	3,00	5,00	2,75	2,79	**3,00**
Boppe	Dichter/Sänger	4,00	1,00	1,00	2,00	1,50	3,00	2,08	**2,00**
Braunschweigische Reimchronik	Text	5,00	1,00	3,67	5,00	5,00	3,00	3,78	**4,00**
Brüder Grimm	Wissenschaftler	1,00	2,00	1,33	1,00	1,00	1,00	1,22	**1,00**
Bruder Wernher	Dichter/Sänger	4,00	1,00	1,33	1,00	3,00	2,50	2,14	**2,00**
Brünhild	Figur	1,00	2,00	2,33	2,00	2,50	2,00	1,97	**2,00**
Brunwart von Augheim	Dichter/Sänger	5,00	1,00	1,00	3,00	4,00	2,75	2,79	**3,00**
Büchlein	Fachbegriff	5,00	2,00	3,67	5,00	5,00	3,00	3,94	**4,00**
Burggraf von Lienz	Dichter/Sänger	5,00	1,00	1,00	4,00	3,00	2,75	2,79	**3,00**
Burggraf von Regensburg	Dichter/Sänger	5,00	1,00	1,00	4,00	4,50	3,00	3,08	**3,00**
Burghart Wachinger	Wissenschaftler	5,00	2,00	2,33	5,00	3,00	3,00	3,39	**3,00**
Burkart von Hohenfels	Dichter/Sänger	5,00	1,00	1,00	3,00	3,00	2,75	2,63	**3,00**
Carl Marstrander	Wissenschaftler	5,00	2,00	2,33	4,00	2,50	3,25	3,18	**3,00**
Carl von Kraus	Wissenschaftler	5,00	1,00	2,33	4,00	1,50	3,50	2,89	**3,00**
Carmen ad Deum	Text	5,00	2,00	3,67	2,00	3,00	4,00	3,28	**3,00**
Carmina Burana	ÜTräger	1,00	3,00	1,33	1,00	1,50	1,00	1,47	**1,00**
Chanson de geste	Fachbegriff	4,00	2,00	3,67	5,00	1,00	2,75	3,07	**3,00**
Christ ist erstanden	Text	4,00	1,00	2,33	3,00	3,00	2,75	2,68	**3,00**
Christa Baufeld	Wissenschaftler	4,00	1,00	2,33	2,00	4,00	3,25	2,76	**3,00**

Artikel	Kategorie	Länge	Übersichtlichkeit	Anschaulichkeit	Angebot an weiterführenden Informationen	Aktualität	Aufmerksamkeit	Gesamtnote	Gesamtnote gerundet
Christherre-Chronik	ÜTräger	5,00	1,00	3,67	3,00	3,50	3,00	3,19	**3,00**
Christi Hort	Text	1,00	2,00	3,67	3,00	3,50	3,75	2,82	**3,00**
Christoph Fasbender	Wissenschaftler	5,00	1,00	2,33	4,00	2,00	3,50	2,97	**3,00**
Christoph Heinrich Myller	Wissenschaftler	3,00	1,00	2,33	3,00	2,50	2,75	2,43	**2,00**
Christus und die minnende Seele	Text	4,00	1,00	3,67	3,00	2,00	3,00	2,78	**3,00**
Chronicon der mecklenburgischen Regenten	Text	5,00	1,00	2,33	4,00	3,50	3,75	3,26	**3,00**
Clara Hätzlerin	Dichter/Sänger	3,00	1,00	2,33	1,00	3,50	3,00	2,31	**2,00**
Clemens Lugowski	Wissenschaftler	4,00	1,00	2,33	3,00	2,00	3,50	2,64	**3,00**
Codex Einsidlensis 277	ÜTräger	3,00	1,00	1,00	3,00	3,00	4,00	2,50	**3,00**
Codex Einsidlensis 710	ÜTräger	4,00	1,00	1,00	4,00	3,50	4,00	2,92	**3,00**
Codex Manesse	ÜTräger	1,00	2,00	1,00	2,00	1,00	2,00	1,50	**2,00**
Codex Manesse/Inhalt	ÜTräger	4,00	5,00	1,33	5,00	2,50	3,75	3,60	**4,00**
Codex Palatinus Germanicus	ÜTräger	1,00	5,00	5,00	4,00	1,00	3,25	3,21	**3,00**
Codex Sangallensis 857	ÜTräger	4,00	1,00	3,67	4,00	2,00	3,00	2,94	**3,00**
Codex Vindobonensis 2696	ÜTräger	5,00	1,00	2,33	5,00	2,50	4,00	3,31	**3,00**
Cola Minis	Wissenschaftler	5,00	1,00	2,33	4,00	1,00	4,50	2,97	**3,00**
Conrad Grünenberg	Dichter/Sänger	5,00	1,00	1,00	2,00	1,00	2,50	2,08	**2,00**
Contra caducum morbum	Text	4,00	1,00	2,33	1,00	1,50	4,50	2,39	**2,00**
Cyriacus Spangenberg	Dichter/Sänger	4,00	1,00	1,00	2,00	1,00	2,50	1,92	**2,00**
Daniel von dem blühenden Tal	Text	1,00	4,00	3,67	1,00	1,50	3,75	2,49	**2,00**
Das Buch der Natur	Text	1,00	4,00	3,67	1,00	2,00	3,75	2,57	**3,00**
Das Buoch von guoter Spise	Text	2,00	2,00	2,33	2,00	1,50	3,00	2,14	**2,00**
Das Klagebüchlein	ÜTräger	1,00	2,00	4,00	1,00	2,00	4,00	2,33	**2,00**
Das Kloster der Minne	Text	1,00	2,00	3,00	1,00	1,50	3,75	2,04	**2,00**
Dekonstruktion	Fachbegriff	1,00	2,00	2,33	1,00	1,00	1,50	1,47	**1,00**
Der Ackermann aus Böhmen	Text	3,00	2,00	2,33	1,00	3,00	2,50	2,31	**2,00**
Der arme Hartmann	Dichter/Sänger	5,00	1,00	2,33	5,00	5,00	2,75	3,51	**4,00**
Der arme Heinrich	Text	1,00	1,00	1,33	1,00	2,50	2,00	1,47	**1,00**
Der Busant	Text	4,00	1,00	3,00	5,00	3,00	3,50	3,25	**3,00**
Der deutsche Lucidarius	Text	5,00	1,00	3,67	3,00	2,50	3,00	3,03	**3,00**
Der Düring	Dichter/Sänger	5,00	1,00	1,00	4,00	4,00	3,25	3,04	**3,00**

Artikel	Kategorie	Länge	Übersicht-lichkeit	Anschau-lichkeit	Angebot an weiter-führenden Informa-tionen	Aktuali-tät	Aufmerk-samkeit	Ge-samt-note	Gesamt-note ge-rundet
Der Mantel (Ambraser Heldenbuch)	Text	2,00	2,00	3,67	4,00	2,50	3,25	2,90	**3,00**
Der Marner	Dichter/Sänger	5,00	1,00	1,00	3,00	1,50	2,75	2,38	**2,00**
Der nackte Ritter	Text	5,00	1,00	3,67	5,00	4,50	3,00	3,69	**4,00**
Der Pfaffe Amis	Dichter/Sänger	1,00	3,00	4,00	1,00	2,50	3,75	2,54	**3,00**
Der Pfaffe Konrad	Dichter/Sänger	5,00	1,00	1,00	4,00	5,00	2,75	3,13	**3,00**
Der Püller	Dichter/Sänger	3,00	1,00	2,33	2,00	1,50	3,00	2,14	**2,00**
Der Renner	Text	1,00	2,00	3,67	1,00	2,00	3,50	2,19	**2,00**
Der Richter und der Teufel	Text	4,00	1,00	3,67	5,00	4,50	3,00	3,53	**4,00**
Der Ring (Lehrgedicht)	Text	1,00	2,00	3,67	2,00	3,00	4,00	2,61	**3,00**
Der Schwanritter	Text	4,00	1,00	3,67	2,00	3,50	3,75	2,99	**3,00**
Der Stricker	Dichter/Sänger	4,00	2,00	1,33	1,00	1,00	2,25	1,93	**2,00**
Der von Brauneck	Dichter/Sänger	5,00	1,00	2,33	5,00	5,00	3,00	3,56	**4,00**
Der von Buchein	Dichter/Sänger	4,00	2,00	1,00	3,00	1,00	2,75	2,29	**2,00**
Der von Kürenberg	Dichter/Sänger	1,00	2,00	2,33	1,00	1,00	2,00	1,56	**2,00**
Der von Suonegge	Dichter/Sänger	3,00	1,00	1,00	3,00	2,00	3,50	2,25	**2,00**
Der Welt Lohn	Text	5,00	1,00	2,33	4,00	4,00	3,25	3,26	**3,00**
Der wilde Alexander	Dichter/Sänger	4,00	1,00	1,00	2,00	3,50	3,00	2,42	**2,00**
Der wilde Mann	Dichter/Sänger	5,00	1,00	2,33	4,00	3,00	2,75	3,01	**3,00**
Der Winsbeke	Text	5,00	1,00	2,33	3,00	3,50	3,00	2,97	**3,00**
Deutsche Literatur des hohen Mittelalters	Fachbegriff	5,00	1,00	3,67	5,00	3,00	2,50	3,36	**3,00**
Deutsche Literatur des Spätmittelalters	Fachbegriff	5,00	1,00	3,67	4,00	2,00	2,50	3,03	**3,00**
Deutsche Literatur im Mittelalter	Fachbegriff	5,00	1,00	3,67	5,00	3,00	3,25	3,49	**3,00**
Deutschenspiegel	ÜTräger	5,00	1,00	3,67	4,00	3,00	2,75	3,24	**3,00**
Die drei Mönche zu Kolmar	Text	1,00	2,00	3,67	2,00	1,00	3,75	2,24	**2,00**
Die eingemauerte Frau	Text	1,00	4,00	4,00	2,00	2,50	4,00	2,92	**3,00**
Die Graserin	Text	5,00	1,00	3,67	3,00	3,00	3,00	3,11	**3,00**
Die zwölf alten Meister	Fachbegriff	5,00	2,00	2,33	4,00	3,50	3,00	3,31	**3,00**
Dietleib	Figur	5,00	1,00	2,33	4,00	1,50	3,00	2,81	**3,00**
Dietmar der Setzer	Dichter/Sänger	4,00	1,00	1,00	3,00	4,00	3,50	2,75	**3,00**
Dietmar von Aist	Dichter/Sänger	3,00	1,00	1,00	1,00	2,50	2,25	1,79	**2,00**
Dietrich Hofmann	Wissenschaftler	5,00	1,00	2,33	4,00	4,00	3,25	3,26	**3,00**

Artikel	Kategorie	Länge	Übersichtlichkeit	Anschaulichkeit	Angebot an weiterführenden Informationen	Aktualität	Aufmerksamkeit	Gesamtnote	Gesamtnote gerundet
Dietrich Kralik	Wissenschaftler	5,00	1,00	2,33	2,00	3,00	2,75	2,68	**3,00**
Dietrich und Wenezlan	Text	5,00	2,00	3,67	5,00	1,50	3,00	3,36	**3,00**
Dietrich von Apolda	Dichter/Sänger	5,00	1,00	2,33	3,00	1,50	2,75	2,60	**3,00**
Dietrich von Bern	Figur	1,00	3,00	3,67	1,00	1,50	1,75	1,99	**2,00**
Dietrich von der Glesse	Dichter/Sänger	4,00	1,00	2,33	2,00	1,50	3,50	2,39	**2,00**
Dietrichepik	Fachbegriff	4,00	2,00	3,67	2,00	1,50	3,00	2,69	**3,00**
Dietrichs Flucht	Text	3,00	1,00	3,67	4,00	3,00	3,00	2,94	**3,00**
Diphtongierung	Fachbegriff	5,00	1,00	3,67	4,00	1,00	3,00	2,94	**3,00**
Diskursanalyse	Fachbegriff	2,00	1,00	3,67	1,00	1,00	1,75	1,74	**2,00**
Donaueschinger Nibelungenhandschrift C	ÜTräger	4,00	1,00	2,33	4,00	3,00	2,75	2,85	**3,00**
Dörperliche Dichtung	Fachbegriff	2,00	1,00	3,67	3,00	1,50	3,25	2,40	**2,00**
Drama	Fachbegriff	4,00	2,00	1,33	3,00	3,00	2,00	2,56	**3,00**
Dresdner Sachsenspiegel	ÜTräger	5,00	1,00	2,33	5,00	1,00	3,25	2,93	**3,00**
Dukus Horant	Text	5,00	1,00	3,67	3,00	3,50	3,00	3,19	**3,00**
Ebene Minne	Fachbegriff	1,00	3,00	3,67	1,00	1,50	4,00	2,36	**2,00**
Eckart Conrad Lutz	Wissenschaftler	5,00	1,00	2,33	4,00	2,50	3,00	2,97	**3,00**
Ecke (Riese)	Figur	5,00	1,00	3,67	5,00	5,00	3,00	3,78	**4,00**
Eckenlied	Text	4,00	1,00	3,67	3,00	4,00	2,75	3,07	**3,00**
Edith Marold	Wissenschaftler	5,00	1,00	2,33	4,00	1,00	3,25	2,76	**3,00**
Edolanz	Text	3,00	1,00	3,67	3,00	4,00	3,25	2,99	**3,00**
Eduard Hoffmann-Krayer	Wissenschaftler	4,00	1,00	2,33	3,00	2,50	2,75	2,60	**3,00**
Eduard Neumann	Wissenschaftler	5,00	1,00	1,00	5,00	4,00	3,00	3,17	**3,00**
Eduard Sievers	Wissenschaftler	5,00	1,00	1,00	2,00	1,00	2,50	2,08	**2,00**
Edward Schröder	Wissenschaftler	5,00	1,00	1,00	4,00	2,00	2,75	2,63	**3,00**
Egen von Bamberg	Dichter/Sänger	5,00	2,00	2,33	3,00	3,50	3,00	3,14	**3,00**
Eike von Repgow	Dichter/Sänger	3,00	1,00	1,00	1,00	1,50	2,00	1,58	**2,00**
Eilhart von Oberg	Dichter/Sänger	2,00	1,00	2,33	2,00	1,00	2,25	1,76	**2,00**
Einhard	Dichter/Sänger	1,00	3,00	1,00	1,00	1,00	1,75	1,46	**1,00**
Ekkehard I. (St. Gallen)	Text	5,00	1,00	2,33	3,00	4,50	2,75	3,10	**3,00**
Elias von Steinmeyer	Wissenschaftler	4,00	1,00	2,33	2,00	4,00	3,75	2,85	**3,00**
Elisabeth Karg-Gasterstädt	Wissenschaftler	4,00	1,00	1,33	1,00	1,00	3,25	1,93	**2,00**

Artikel	Kategorie	Länge	Übersicht-lichkeit	Anschau-lichkeit	Angebot an weiter-führenden Informa-tionen	Aktuali-tät	Aufmerk-samkeit	Ge-samt-note	Gesamt-note ge-rundet
Elisabeth von Lothringen	Dichter/Sänger	4,00	1,00	1,00	1,00	3,00	2,50	2,08	**2,00**
Elmar Seebold	Wissenschaftler	5,00	1,00	2,33	3,00	2,50	3,25	2,85	**3,00**
Eneasroman	Text	1,00	5,00	4,33	1,00	1,00	3,50	2,64	**3,00**
Engelhard (Roman)	Text	1,00	1,00	2,33	1,00	2,00	3,75	1,85	**2,00**
Engelthaler Schwesternbuch	Text	3,00	1,00	2,33	3,00	2,00	3,75	2,51	**3,00**
Epos	Fachbegriff	4,00	1,00	2,33	5,00	1,00	1,25	2,43	**2,00**
Erec	Text	2,00	1,00	2,67	2,00	2,00	2,00	1,94	**2,00**
Ermanarich	Figur	2,00	1,00	2,33	4,00	3,00	2,00	2,39	**2,00**
Ermenrichs Tod	Text	5,00	4,00	3,67	5,00	4,50	4,25	4,40	**4,00**
Ernst Albrecht Ebbinghaus	Wissenschaftler	5,00	1,00	2,33	4,00	2,00	2,75	2,85	**3,00**
Ernst Alfred Philippson	Wissenschaftler	4,00	1,00	2,33	3,00	4,00	4,00	3,06	**3,00**
Ernst Erich Metzner	Wissenschaftler	4,00	1,00	2,33	2,00	1,50	3,25	2,35	**2,00**
Ernst Hellgardt	Wissenschaftler	5,00	1,00	2,33	3,00	3,00	3,00	2,89	**3,00**
Ernst Schwarz (Germanist)	Wissenschaftler	4,00	1,00	2,33	1,00	1,00	2,75	2,01	**2,00**
Ernst von Kirchberg	Dichter/Sänger	4,00	1,00	2,33	3,00	3,50	2,75	2,76	**3,00**
Erzählforschung	Fachbegriff	4,00	1,00	1,67	2,00	1,00	2,50	2,03	**2,00**
Ezzo (Dichter)	Dichter/Sänger	5,00	1,00	2,33	3,00	4,00	2,75	3,01	**3,00**
Ezzolied	Text	3,00	1,00	2,33	3,00	2,00	3,00	2,39	**2,00**
Fabel	Fachbegriff	1,00	1,00	1,00	2,00	1,00	1,00	1,17	**1,00**
Faksimile	Fachbegriff	5,00	1,00	2,33	4,00	1,00	2,00	2,56	**3,00**
Feirefiz	Figur	4,00	1,00	2,33	3,00	2,00	3,00	2,56	**3,00**
Felix Genzmer (Rechtswissenschaftler)	Wissenschaftler	4,00	1,00	1,33	3,00	2,00	2,50	2,31	**2,00**
Ferdinand Holthausen	Wissenschaftler	5,00	1,00	2,33	3,00	3,50	2,75	2,93	**3,00**
Flordimar	Text	4,00	1,00	2,33	5,00	4,50	4,00	3,47	**3,00**
Fragment (Literatur)	Fachbegriff	2,00	1,00	3,67	3,00	1,50	3,25	2,40	**2,00**
Franz Josef Worstbrock	Wissenschaftler	5,00	1,00	2,33	5,00	1,00	3,00	2,89	**3,00**
Franz Rolf Schröder	Wissenschaftler	4,00	1,00	2,33	2,00	1,50	3,00	2,31	**2,00**
Frau Welt	Figur	5,00	1,00	2,33	3,00	2,00	2,75	2,68	**3,00**
Frauenbuch	Text	5,00	1,00	3,67	5,00	2,00	3,00	3,28	**3,00**
Frauendienst	Text	1,00	1,00	2,33	1,00	3,00	3,50	1,97	**2,00**
Frauenehre	Text	1,00	3,00	2,33	1,00	1,50	4,00	2,14	**2,00**

Artikel	Kategorie	Länge	Übersicht-lichkeit	Anschau-lichkeit	Angebot an weiter-führenden Informa-tionen	Aktuali-tät	Aufmerk-samkeit	Ge-samt-note	Gesamt-note ge-rundet
Frauenlied	Fachbegriff	1,00	2,00	3,67	2,00	2,50	4,00	2,53	**3,00**
Frauenlob	Dichter/Sänger	1,00	1,00	2,33	1,00	1,50	2,00	1,47	**1,00**
Freidank	Dichter/Sänger	4,00	1,00	2,33	1,00	2,00	2,50	2,14	**2,00**
Friedrich Heinrich von der Hagen	Wissenschaftler	4,00	1,00	1,00	1,00	2,50	2,50	2,00	**2,00**
Friedrich Kauffmann (Philologe)	Wissenschaftler	4,00	1,00	2,33	4,00	3,00	3,25	2,93	**3,00**
Friedrich Maurer (Sprachwissenschaftler)	Wissenschaftler	3,00	2,00	1,00	4,00	1,50	2,75	2,38	**2,00**
Friedrich Neumann (Germanist)	Wissenschaftler	4,00	1,00	1,00	3,00	3,50	2,75	2,54	**3,00**
Friedrich Ohly	Wissenschaftler	2,00	1,00	2,33	1,00	2,00	3,00	1,89	**2,00**
Friedrich Ranke	Wissenschaftler	4,00	1,00	2,33	2,00	2,00	2,75	2,35	**2,00**
Friedrich von der Leyen	Wissenschaftler	5,00	1,00	1,00	4,00	2,50	2,75	2,71	**3,00**
Friedrich von Hausen (Minnesänger)	Dichter/Sänger	2,00	2,00	1,33	2,00	1,50	2,50	1,89	**2,00**
Friedrich von Schwaben	Text	5,00	1,00	3,67	5,00	3,00	3,00	3,44	**3,00**
Friedrich von Sonnenburg	Dichter/Sänger	3,00	1,00	1,67	2,00	2,00	2,75	2,07	**2,00**
Fritz Karg	Wissenschaftler	5,00	1,00	2,33	3,00	3,00	4,00	3,06	**3,00**
Frouwe	Fachbegriff	5,00	2,00	3,67	4,00	4,50	2,75	3,65	**4,00**
Frühmittelhochdeutsche Literatur	Fachbegriff	4,00	1,00	3,67	5,00	3,00	2,75	3,24	**3,00**
Frühneuhochdeutsch	Fachbegriff	3,00	1,00	3,67	3,00	1,50	2,00	2,36	**2,00**
Gahmuret	Figur	4,00	5,00	4,00	5,00	2,50	2,75	3,88	**4,00**
Gawain	Figur	1,00	4,00	3,00	1,00	3,00	2,25	2,38	**2,00**
Geistesgeschichte	Fachbegriff	1,00	2,00	3,67	1,00	1,50	3,25	2,07	**2,00**
Geltar	Dichter/Sänger	5,00	1,00	1,00	5,00	5,00	3,00	3,33	**3,00**
Gender Studies	Fachbegriff	1,00	1,00	3,67	1,00	3,00	2,00	1,94	**2,00**
Georg Baesecke	Wissenschaftler	4,00	1,00	2,33	1,00	2,00	2,75	2,18	**2,00**
Georg Friedrich Benecke	Wissenschaftler	5,00	1,00	1,00	3,00	5,00	2,75	2,96	**3,00**
Georg Holz	Wissenschaftler	5,00	1,00	2,33	3,00	5,00	3,00	3,22	**3,00**
Georgslied	Text	5,00	2,00	2,33	4,00	4,00	2,75	3,35	**3,00**
Gerhard Eis	Wissenschaftler	4,00	2,00	2,33	4,00	1,00	3,25	2,76	**3,00**
Germanistische Mediävistik	Fachbegriff	2,00	1,00	2,33	1,00	1,00	3,25	1,76	**2,00**
Gilbert Trathnigg	Wissenschaftler	5,00	1,00	2,33	3,00	1,50	3,00	2,64	**3,00**
Glosse	Fachbegriff	2,00	2,00	2,33	2,00	1,00	1,50	1,81	**2,00**
Gmünder Kaiserchronik	ÜTräger	5,00	1,00	3,67	4,00	5,00	3,00	3,61	**4,00**

Artikel	Kategorie	Länge	Übersichtlichkeit	Anschaulichkeit	Angebot an weiterführenden Informationen	Aktualität	Aufmerksamkeit	Gesamtnote	Gesamtnote gerundet
Goldemar	Text	5,00	4,00	3,67	5,00	3,50	3,00	4,03	**4,00**
Got gebe ir iemer guoten tac	Text	1,00	1,00	4,00	3,00	1,50	4,00	2,42	**2,00**
Gottesfreude	Fachbegriff	4,00	1,00	3,67	3,00	2,50	3,00	2,86	**3,00**
Gottfried Hagen	Wissenschaftler	4,00	2,00	2,33	2,00	2,50	2,75	2,60	**3,00**
Gottfried von Neifen	Dichter/Sänger	5,00	1,00	1,00	2,00	1,50	2,50	2,17	**2,00**
Gottfried von Straßburg	Dichter/Sänger	5,00	1,00	1,00	2,00	1,00	2,00	2,00	**2,00**
Graf Rudolf	Wissenschaftler	4,00	1,00	3,67	4,00	4,50	3,25	3,40	**3,00**
Grazer Marienleben	Text	3,00	1,00	2,33	3,00	4,00	4,25	2,93	**3,00**
Gregorius	Text	1,00	1,00	1,33	2,00	1,50	2,50	1,56	**2,00**
Griffelglosse	Fachbegriff	5,00	1,00	2,33	3,00	3,50	3,25	3,01	**3,00**
Griseldis (Decamerone)	Figur	5,00	2,00	2,33	4,00	3,00	2,75	3,18	**3,00**
Gundacker von Judenburg	Dichter/Sänger	5,00	1,00	2,33	3,00	4,00	3,25	3,10	**3,00**
Günther Jungbluth	Wissenschaftler	4,00	1,00	2,33	1,00	5,00	4,25	2,93	**3,00**
Guot wîp, ich bite dich minne	Text	1,00	2,00	3,67	1,00	2,00	3,75	2,24	**2,00**
Gustav Ehrismann	Wissenschaftler	5,00	1,00	1,00	3,00	2,50	3,00	2,58	**3,00**
Gustav Neckel	Wissenschaftler	5,00	1,00	2,33	4,00	3,50	3,25	3,18	**3,00**
Gustav Roethe	Wissenschaftler	4,00	1,00	1,00	1,00	4,00	3,00	2,33	**2,00**
Guta von Habsburg	Dichter/Sänger	4,00	1,00	1,33	4,00	3,00	2,50	2,64	**3,00**
Hadamar von Laber	Dichter/Sänger	4,00	2,00	1,00	3,00	1,50	2,75	2,38	**2,00**
Hadubrand	Figur	5,00	1,00	3,67	5,00	3,00	3,00	3,44	**3,00**
Hagen von Tronje	Figur	1,00	1,00	1,00	3,00	1,50	1,75	1,54	**2,00**
Hagiographie	Fachbegriff	2,00	1,00	3,67	1,00	2,00	2,00	1,94	**2,00**
Haimonskinder	Figur	1,00	2,00	3,00	1,00	2,50	2,50	2,00	**2,00**
Hammelburger Markbeschreibung	Text	5,00	1,00	3,67	4,00	3,50	3,00	3,36	**3,00**
Handschriftencensus	ÜTräger	4,00	1,00	3,67	5,00	1,50	3,00	3,03	**3,00**
Hanns Fischer (Mediävist)	Wissenschaftler	4,00	1,00	2,33	1,00	5,00	3,00	2,72	**3,00**
Hans Ferdinand Maßmann	Wissenschaftler	4,00	1,00	1,33	1,00	1,50	2,75	1,93	**2,00**
Hans Folz	Dichter/Sänger	5,00	1,00	1,00	1,00	2,50	2,50	2,17	**2,00**
Hans Fromm (Germanist)	Wissenschaftler	5,00	1,00	2,33	3,00	3,00	2,75	2,85	**3,00**
Hans Kuhn (Philologe)	Wissenschaftler	4,00	1,00	2,33	3,00	3,00	2,75	2,68	**3,00**
Hans Naumann	Wissenschaftler	4,00	1,00	2,33	2,00	2,00	2,75	2,35	**2,00**

Artikel	Kategorie	Länge	Übersichtlichkeit	Anschaulichkeit	Angebot an weiterführenden Informationen	Aktualität	Aufmerksamkeit	Gesamtnote	Gesamtnote gerundet
Hans Neumann (Germanist)	Wissenschaftler	4,00	1,00	2,33	2,00	2,00	3,25	2,43	**2,00**
Hans Rosenplüt	Dichter/Sänger	4,00	1,00	2,33	2,00	1,50	2,50	2,22	**2,00**
Hans Sachs	Dichter/Sänger	2,00	1,00	1,00	1,00	1,50	1,50	1,33	**1,00**
Hans Schottmann	Wissenschaftler	4,00	2,00	2,33	1,00	1,00	4,25	2,43	**2,00**
Hans-Peter Naumann	Wissenschaftler	4,00	1,00	2,33	3,00	1,50	4,25	2,68	**3,00**
Hartmann von Aue	Dichter/Sänger	1,00	2,00	1,00	1,00	1,00	1,75	1,29	**1,00**
Heidelberger Liederhandschrift	ÜTräger	3,00	1,00	2,33	3,00	1,50	4,25	2,51	**3,00**
Heidelberger Sachsenspiegel	ÜTräger	5,00	1,00	2,33	4,00	1,00	3,75	2,85	**3,00**
Heiko Uecker	Wissenschaftler	4,00	1,00	2,33	2,00	2,00	2,75	2,35	**2,00**
Heime	Figur	5,00	5,00	3,67	5,00	3,00	3,00	4,11	**4,00**
Heinrich Beck (Philologe)	Wissenschaftler	5,00	1,00	2,33	4,00	4,50	2,75	3,26	**3,00**
Heinrich der Glîchezære	Dichter/Sänger	5,00	2,00	1,00	3,00	5,00	2,75	3,13	**3,00**
Heinrich der Teichner	Dichter/Sänger	5,00	1,00	1,00	3,00	3,00	3,00	2,67	**3,00**
Heinrich Hetzbold von Weißensee	Dichter/Sänger	4,00	1,00	1,00	3,00	2,50	3,00	2,42	**2,00**
Heinrich I. (Anhalt)	Dichter/Sänger	5,00	1,00	1,00	5,00	3,50	2,50	3,00	**3,00**
Heinrich III. (Meißen)	Dichter/Sänger	4,00	2,00	1,00	4,00	1,50	2,00	2,42	**2,00**
Heinrich IV. (Schlesien)	Dichter/Sänger	3,00	1,00	1,00	4,00	3,50	2,00	2,42	**2,00**
Heinrich Kaufringer	Dichter/Sänger	5,00	3,00	2,33	3,00	3,00	3,00	3,22	**3,00**
Heinrich Seuse	Dichter/Sänger	1,00	2,00	3,67	1,00	1,00	1,75	1,74	**2,00**
Heinrich Steinhöwel	Dichter/Sänger	4,00	1,00	1,00	2,00	5,00	2,50	2,58	**3,00**
Heinrich Tiefenbach	Wissenschaftler	5,00	1,00	2,33	3,00	2,50	3,25	2,85	**3,00**
Heinrich VI. (HRR)	Figur	1,00	3,00	2,00	1,00	1,50	1,50	1,67	**2,00**
Heinrich von dem Türlin	Dichter/Sänger	4,00	1,00	1,33	1,00	3,00	2,75	2,18	**2,00**
Heinrich von Frauenberg	Dichter/Sänger	5,00	1,00	1,00	5,00	5,00	3,00	3,33	**3,00**
Heinrich von Freiberg	Dichter/Sänger	4,00	1,00	2,33	3,00	3,00	2,75	2,68	**3,00**
Heinrich von Hesler	Dichter/Sänger	3,00	2,00	1,67	1,00	1,00	2,75	1,90	**2,00**
Heinrich von Kempten	Text	3,00	1,00	3,67	2,00	2,00	4,50	2,69	**3,00**
Heinrich von Melk	Dichter/Sänger	5,00	1,00	1,00	3,00	3,00	2,75	2,63	**3,00**
Heinrich von Morungen	Dichter/Sänger	4,00	1,00	1,00	2,00	1,00	2,25	1,88	**2,00**
Heinrich von Mügeln	Dichter/Sänger	2,00	1,00	2,33	1,00	3,00	2,50	1,97	**2,00**
Heinrich von München	Dichter/Sänger	5,00	1,00	2,33	3,00	3,00	2,75	2,85	**3,00**

Artikel	Kategorie	Länge	Übersichtlichkeit	Anschaulichkeit	Angebot an weiterführenden Informationen	Aktualität	Aufmerksamkeit	Gesamtnote	Gesamtnote gerundet
Heinrich von Rugge	Dichter/Sänger	5,00	1,00	1,00	3,00	3,00	2,75	2,63	**3,00**
Heinrich von Stretelingen	Dichter/Sänger	5,00	1,00	1,00	4,00	5,00	2,75	3,13	**3,00**
Heinrich von Veldeke	Dichter/Sänger	1,00	2,00	1,33	1,00	2,00	2,00	1,56	**2,00**
Heinrich Wirri	Dichter/Sänger	5,00	1,00	1,00	4,00	3,50	3,00	2,92	**3,00**
Heinrich Wittenwiler	Dichter/Sänger	3,00	1,00	2,33	3,00	2,00	2,50	2,31	**2,00**
Heinz Klingenberg (Mediävist)	Wissenschaftler	5,00	1,00	2,33	2,00	3,00	3,25	2,76	**3,00**
Heinzelin von Konstanz	Dichter/Sänger	4,00	1,00	2,33	2,00	3,00	3,25	2,60	**3,00**
Helche	Figur	5,00	5,00	2,33	5,00	3,00	3,00	3,89	**4,00**
Heldenbücher	ÜTräger	4,00	1,00	2,33	3,00	2,50	2,75	2,60	**3,00**
Heldenbuch-Prosa	ÜTräger	5,00	1,00	3,67	5,00	4,50	3,25	3,74	**4,00**
Heldendichtung	Fachbegriff	2,00	1,00	2,67	1,00	1,00	2,75	1,74	**2,00**
Heliand	Text	1,00	3,00	2,00	1,00	1,00	2,00	1,67	**2,00**
Helmut Birkhan	Wissenschaftler	4,00	1,00	2,33	3,00	1,50	3,25	2,51	**3,00**
Helmut de Boor	Wissenschaftler	4,00	1,00	2,33	2,00	1,00	3,00	2,22	**2,00**
Helmut Tervooren	Wissenschaftler	5,00	1,00	2,33	1,00	3,00	3,25	2,60	**3,00**
Herbort von Fritzlar	Dichter/Sänger	5,00	1,00	2,33	3,00	5,00	2,75	3,18	**3,00**
Herger (Dichter)	Dichter/Sänger	5,00	1,00	2,33	4,00	4,00	3,00	3,22	**3,00**
Hermann Paul (Germanist)	Wissenschaftler	3,00	2,00	2,00	1,00	1,00	2,25	1,88	**2,00**
Hermann Reichert	Wissenschaftler	5,00	2,00	2,33	4,00	1,50	3,25	3,01	**3,00**
Hermann Schneider (Germanist)	Wissenschaftler	5,00	1,00	2,33	3,00	1,50	3,00	2,64	**3,00**
Hermann von Fritzlar	Dichter/Sänger	5,00	2,00	2,33	3,00	5,00	3,00	3,39	**3,00**
Hermann von Sachsenheim	Dichter/Sänger	5,00	1,00	2,33	2,00	4,00	2,75	2,85	**3,00**
Heroldsdichtung	Fachbegriff	5,00	1,00	3,67	4,00	4,00	3,00	3,44	**3,00**
Herrand II. (Wildon)	Dichter/Sänger	5,00	1,00	1,00	3,00	3,00	3,00	2,67	**3,00**
Herzeliebez vrouwelin	Text	1,00	4,00	2,67	1,00	1,50	3,50	2,28	**2,00**
Herzmäre	Text	3,00	1,00	3,67	1,00	1,50	3,50	2,28	**2,00**
Herzog Ernst	Text	1,00	2,00	2,33	2,00	1,00	2,75	1,85	**2,00**
Hesso von Reinach	Dichter/Sänger	5,00	1,00	1,00	5,00	5,00	2,75	3,29	**3,00**
Heunenweise	Fachbegriff	5,00	2,00	3,67	5,00	3,00	3,25	3,65	**4,00**
Hieronymus Bock	Dichter/Sänger	1,00	3,00	1,33	1,00	2,00	2,00	1,72	**2,00**
Hildebrand	Figur	5,00	4,00	1,00	5,00	3,50	2,50	3,50	**4,00**

Artikel	Kategorie	Länge	Übersichtlichkeit	Anschaulichkeit	Angebot an weiterführenden Informationen	Aktualität	Aufmerksamkeit	Gesamtnote	Gesamtnote gerundet
Hildebrandslied	Text	1,00	2,00	2,00	1,00	1,00	1,50	1,42	**1,00**
Hildebrandston	Fachbegriff	4,00	3,00	3,67	4,00	1,50	5,00	3,53	**4,00**
Hiltbolt von Schwangau	Dichter/Sänger	3,00	1,00	2,33	2,00	3,00	3,75	2,51	**3,00**
Hinrek van Alkmer	Text	5,00	2,00	2,33	5,00	5,00	2,75	3,68	**4,00**
Historienbibel	Text	5,00	1,00	3,67	4,00	4,50	3,00	3,53	**4,00**
Historische Phraseologie	Fachbegriff	5,00	2,00	3,67	3,00	1,00	3,00	2,94	**3,00**
Historische Phraseologismen	Fachbegriff	3,00	2,00	3,67	3,00	3,00	3,75	3,07	**3,00**
Historisch-kritische Ausgabe	Fachbegriff	4,00	1,00	3,67	5,00	4,50	2,75	3,49	**3,00**
Höfisch	Fachbegriff	5,00	1,00	3,67	5,00	3,50	2,75	3,49	**3,00**
Höfischer Roman	Fachbegriff	4,00	3,00	3,67	5,00	1,50	2,50	3,28	**3,00**
Hohe Minne	Fachbegriff	4,00	2,00	3,67	4,00	3,00	2,75	3,24	**3,00**
Hohenems-Münchener Handschrift A	ÜTräger	5,00	1,00	3,67	4,00	2,50	3,25	3,24	**3,00**
Horst Dieter Schlosser	Wissenschaftler	5,00	1,00	2,33	3,00	3,50	3,25	3,01	**3,00**
Horst Wenzel	Wissenschaftler	5,00	1,00	2,33	2,00	2,00	2,75	2,51	**3,00**
Hubert Herkommer	Wissenschaftler	4,00	1,00	2,33	3,00	2,00	3,50	2,64	**3,00**
Hugdietrich	Text	5,00	1,00	3,67	4,00	5,00	4,00	3,78	**4,00**
Hugo Gering	Wissenschaftler	4,00	1,00	2,33	2,00	1,00	3,00	2,22	**2,00**
Hugo Kuhn	Wissenschaftler	5,00	1,00	2,33	5,00	5,00	2,75	3,51	**4,00**
Hugo von Langenstein	Dichter/Sänger	5,00	1,00	2,33	3,00	4,00	3,00	3,06	**3,00**
Hugo von Montfort	Dichter/Sänger	2,00	2,00	1,00	1,00	1,00	2,25	1,54	**2,00**
Hugo von Trimberg	Dichter/Sänger	5,00	1,00	1,00	2,00	4,00	2,50	2,58	**3,00**
Hussitenlieder	Text	3,00	2,00	2,33	3,00	3,00	4,25	2,93	**3,00**
Ingeborg Glier	Wissenschaftler	5,00	1,00	2,33	3,00	1,00	3,50	2,64	**3,00**
Ingeram-Codex	ÜTräger	2,00	3,00	1,00	4,00	3,00	3,25	2,71	**3,00**
Ingrid Kasten	Wissenschaftler	5,00	1,00	2,33	4,00	2,50	3,00	2,97	**3,00**
Initiale	Fachbegriff	4,00	1,00	2,33	5,00	3,50	2,00	2,97	**3,00**
Inkunabel	Fachbegriff	1,00	2,00	2,00	1,00	1,50	1,75	1,54	**2,00**
Interlinearversion	Fachbegriff	5,00	1,00	2,33	4,00	4,00	2,75	3,18	**3,00**
Ir sult sprechen willekomen	Text	2,00	4,00	2,33	4,00	2,00	3,00	2,89	**3,00**
Irene Erfen	Wissenschaftler	5,00	1,00	2,33	3,00	2,00	3,25	2,76	**3,00**
Isegrim	Figur	5,00	1,00	2,33	5,00	2,00	2,50	2,97	**3,00**

Artikel	Kategorie	Länge	Übersicht-lichkeit	Anschau-lichkeit	Angebot an weiter-führenden Informa-tionen	Aktuali-tät	Aufmerk-samkeit	Ge-samt-note	Gesamt-note ge-rundet
Iwein	Text	1,00	1,00	1,00	1,00	1,00	2,00	1,17	**1,00**
Jacob Grimm	Wissenschaftler	1,00	1,00	1,00	1,00	1,00	1,50	1,08	**1,00**
Jakob Twinger von Königshofen	Dichter/Sänger	4,00	1,00	1,00	2,00	4,00	2,75	2,46	**2,00**
Jakob von Wart	Dichter/Sänger	5,00	1,00	1,00	4,00	5,00	3,00	3,17	**3,00**
Jan de Vries (Philologe)	Wissenschaftler	3,00	2,00	2,00	1,00	1,50	2,75	2,04	**2,00**
Jan-Dirk Müller	Wissenschaftler	5,00	4,00	2,33	5,00	1,50	3,50	3,56	**4,00**
Jans der Enikel	Dichter/Sänger	3,00	1,00	2,00	3,00	3,00	2,50	2,42	**2,00**
Jenaer Liederhandschrift	ÜTräger	4,00	3,00	2,33	3,00	1,00	2,75	2,68	**3,00**
Joachim Bumke	Wissenschaftler	4,00	1,00	2,33	1,00	3,00	2,75	2,35	**2,00**
Joachim Heinzle	Wissenschaftler	5,00	1,00	1,00	3,00	2,00	2,75	2,46	**2,00**
Joachim Telle	Wissenschaftler	5,00	1,00	1,00	2,00	1,00	3,00	2,17	**2,00**
Johann I. (Brabant)	Dichter/Sänger	4,00	1,00	1,00	5,00	3,50	2,50	2,83	**3,00**
Johann Spreng	Dichter/Sänger	5,00	1,00	2,33	3,00	2,50	2,75	2,76	**3,00**
Johann von Konstanz	Dichter/Sänger	5,00	1,00	2,33	3,00	4,00	3,00	3,06	**3,00**
Johann von Ringgenberg	Dichter/Sänger	5,00	1,00	1,00	4,00	4,00	3,00	3,00	**3,00**
Johann von Viktring	Dichter/Sänger	5,00	1,00	2,33	3,00	4,50	2,50	3,06	**3,00**
Johann von Würzburg	Dichter/Sänger	5,00	1,00	2,33	4,00	2,00	2,75	2,85	**3,00**
Johannes Hadlaub	Dichter/Sänger	1,00	3,00	2,33	2,00	1,50	3,50	2,22	**2,00**
Johannes Hartlieb	Dichter/Sänger	3,00	1,00	2,33	1,00	2,00	2,50	1,97	**2,00**
Johannes Schiltberger	Dichter/Sänger	1,00	3,00	3,33	1,00	1,50	2,75	2,10	**2,00**
Johannes Tauler	Dichter/Sänger	1,00	2,00	1,33	1,00	1,50	1,75	1,43	**1,00**
Johannes von Neumarkt	Dichter/Sänger	2,00	1,00	1,00	2,00	3,00	2,50	1,92	**2,00**
Johannes von Tepl	Dichter/Sänger	4,00	1,00	1,00	2,00	2,50	2,00	2,08	**2,00**
Johannes von Winterthur	Dichter/Sänger	4,00	1,00	2,33	2,00	3,00	3,00	2,56	**3,00**
John Meier	Wissenschaftler	3,00	1,00	2,33	2,00	1,00	2,75	2,01	**2,00**
Jörg Schechner	Dichter/Sänger	2,00	1,00	2,33	2,00	1,50	4,00	2,14	**2,00**
Jörg Wickram	Dichter/Sänger	4,00	1,00	1,67	1,00	2,50	2,50	2,11	**2,00**
Jost Trier	Wissenschaftler	4,00	1,00	2,33	3,00	2,50	2,75	2,60	**3,00**
Junger Spervogel	Dichter/Sänger	5,00	1,00	2,33	5,00	4,00	3,00	3,39	**3,00**
Jüngeres Hildebrandslied	Text	5,00	2,00	3,67	4,00	3,00	3,00	3,44	**3,00**
Jürgen Wolf (Mediävist)	Wissenschaftler	4,00	1,00	2,33	3,00	3,50	3,50	2,89	**3,00**

Artikel	Kategorie	Länge	Übersicht-lichkeit	Anschau-lichkeit	Angebot an weiter-führenden Informa-tionen	Aktuali-tät	Aufmerk-samkeit	Ge-samt-note	Gesamt-note ge-rundet
Kaiserchronik	Text	4,00	1,00	2,67	3,00	4,00	2,50	2,86	**3,00**
Kanzone (Literatur)	Fachbegriff	4,00	1,00	2,33	5,00	1,00	2,75	2,68	**3,00**
Karl Bartsch	Wissenschaftler	4,00	1,00	1,00	3,00	1,00	2,50	2,08	**2,00**
Karl Helm (Mediävist)	Wissenschaftler	4,00	1,00	2,33	3,00	2,00	3,25	2,60	**3,00**
Karl Lachmann	Wissenschaftler	2,00	1,00	1,67	1,00	1,50	2,00	1,53	**2,00**
Karl Müllenhoff	Wissenschaftler	4,00	1,00	1,00	2,00	2,00	2,75	2,13	**2,00**
Karl Schneider (Philologe)	Wissenschaftler	5,00	1,00	2,33	4,00	5,00	3,25	3,43	**3,00**
Karl Weinhold (Mediävist)	Wissenschaftler	4,00	1,00	1,33	1,00	1,00	2,50	1,81	**2,00**
Karlmeinet	Text	2,00	1,00	3,67	5,00	5,00	3,50	3,36	**3,00**
Karolingische Minuskel	Fachbegriff	4,00	1,00	2,33	3,00	1,50	2,00	2,31	**2,00**
Kaspar Schwenckfeld	Dichter/Sänger	3,00	1,00	2,33	1,00	1,50	2,25	1,85	**2,00**
Kasseler Gespräche	Text	5,00	1,00	3,67	4,00	4,00	2,75	3,40	**3,00**
Klaus Böldl	Wissenschaftler	5,00	1,00	2,33	2,00	1,50	2,75	2,43	**2,00**
Klaus Düwel	Wissenschaftler	4,00	2,00	2,33	3,00	1,50	3,00	2,64	**3,00**
Klaus von See	Wissenschaftler	4,00	1,00	2,33	1,00	1,00	3,00	2,06	**2,00**
Kleine Heidelberger Liederhandschrift	ÜTräger	5,00	1,00	2,33	4,00	3,00	2,75	3,01	**3,00**
Klosterliteratur	Fachbegriff	5,00	5,00	3,67	5,00	3,00	2,75	4,07	**4,00**
König Laurins Rosengarten	Text	4,00	1,00	2,33	3,00	2,00	2,25	2,43	**2,00**
König Rother	Text	4,00	1,00	2,33	4,00	4,00	3,00	3,06	**3,00**
König Tirol	Text	4,00	1,00	3,67	3,00	3,00	2,75	2,90	**3,00**
Königsteiner Liederbuch	ÜTräger	5,00	1,00	3,67	5,00	3,00	3,25	3,49	**3,00**
Konjektur	Fachbegriff	4,00	3,00	3,67	4,00	1,00	2,75	3,07	**3,00**
Konrad Fleck	Dichter/Sänger	5,00	1,00	2,33	3,00	5,00	2,75	3,18	**3,00**
Konrad Kunze	Wissenschaftler	4,00	1,00	1,33	1,00	1,00	2,75	1,85	**2,00**
Konrad Marner	Dichter/Sänger	5,00	1,00	1,00	3,00	3,50	2,75	2,71	**3,00**
Konrad von Altstetten	Dichter/Sänger	5,00	1,00	1,00	4,00	5,00	3,00	3,17	**3,00**
Konrad von Ammenhausen	Dichter/Sänger	5,00	1,00	2,33	2,00	2,00	2,75	2,51	**3,00**
Konrad von Fußesbrunnen	Dichter/Sänger	4,00	1,00	2,33	3,00	4,00	2,75	2,85	**3,00**
Konrad von Heimesfurt	Dichter/Sänger	5,00	3,00	2,33	4,00	4,00	3,00	3,56	**4,00**
Konrad von Kreuznach	Dichter/Sänger	5,00	1,00	2,33	4,00	3,00	4,25	3,26	**3,00**
Konrad von Landeck	Dichter/Sänger	1,00	2,00	2,33	1,00	4,00	3,50	2,31	**2,00**

Artikel	Kategorie	Länge	Übersichtlichkeit	Anschaulichkeit	Angebot an weiterführenden Informationen	Aktualität	Aufmerksamkeit	Gesamtnote	Gesamtnote gerundet
Konrad von Megenberg	Dichter/Sänger	1,00	1,00	1,67	1,00	1,50	2,00	1,36	**1,00**
Konrad von Stoffel	Dichter/Sänger	5,00	1,00	2,33	3,00	3,50	3,00	2,97	**3,00**
Konrad von Würzburg	Dichter/Sänger	4,00	1,00	1,33	1,00	2,50	2,25	2,01	**2,00**
Konradin	Figur	1,00	2,00	1,00	1,00	1,00	2,00	1,33	**1,00**
Konstantin Reichardt	Wissenschaftler	5,00	1,00	2,33	2,00	3,50	3,25	2,85	**3,00**
Kreuzzugslyrik	Fachbegriff	5,00	1,00	2,33	5,00	3,50	3,00	3,31	**3,00**
Kriemhild (Sage)	Figur	5,00	1,00	2,33	5,00	3,50	2,25	3,18	**3,00**
Kristan von Luppin	Dichter/Sänger	4,00	1,00	1,33	3,00	1,50	3,25	2,35	**2,00**
Kudrun	Text	1,00	1,00	2,67	1,00	1,00	2,00	1,44	**1,00**
Kurt Gärtner (Mediävist)	Wissenschaftler	5,00	2,00	1,00	4,00	3,00	2,75	2,96	**3,00**
Kurt Ruh	Wissenschaftler	4,00	1,00	2,33	2,00	1,00	2,75	2,18	**2,00**
Kurt Schier	Wissenschaftler	5,00	1,00	2,33	4,00	5,00	2,75	3,35	**3,00**
Langzeile	Fachbegriff	4,00	1,00	2,33	4,00	3,00	3,00	2,89	**3,00**
Lanzelet	Text	1,00	3,00	3,67	2,00	1,00	3,00	2,28	**2,00**
Laura Auteri	Wissenschaftler	4,00	1,00	2,33	1,00	1,50	3,25	2,18	**2,00**
Legende	Fachbegriff	2,00	2,00	1,33	4,00	2,00	1,25	2,10	**2,00**
Leich	Fachbegriff	3,00	2,00	2,33	2,00	3,50	2,50	2,56	**3,00**
Leidener Willeram	Text	4,00	1,00	3,67	5,00	4,50	3,25	3,57	**4,00**
Leise	Fachbegriff	5,00	1,00	2,33	5,00	2,50	2,75	3,10	**3,00**
Leodegrance	Figur	5,00	1,00	2,33	5,00	3,50	3,00	3,31	**3,00**
Leuthold von Seven	Dichter/Sänger	5,00	1,00	1,00	4,00	5,00	3,00	3,17	**3,00**
Lied	Fachbegriff	3,00	1,00	2,33	4,00	2,00	1,75	2,35	**2,00**
Liederhandschrift	Fachbegriff	5,00	1,00	3,67	1,00	1,00	3,00	2,44	**2,00**
Literaturgeschichte	Fachbegriff	1,00	1,00	3,00	1,00	2,00	2,00	1,67	**2,00**
Literaturpsychologie	Fachbegriff	3,00	3,00	3,67	3,00	2,50	4,00	3,19	**3,00**
Literatursoziologie	Fachbegriff	3,00	1,00	3,67	1,00	3,00	2,75	2,40	**2,00**
Literaturtheorie	Fachbegriff	3,00	1,00	3,67	1,00	1,50	2,00	2,03	**2,00**
Literaturwissenschaft	Fachbegriff	2,00	1,00	2,33	1,00	1,00	2,00	1,56	**2,00**
Livländische Reimchronik	ÜTräger	4,00	1,00	3,67	2,00	2,50	2,75	2,65	**3,00**
Lochamer-Liederbuch	ÜTräger	4,00	1,00	2,67	1,00	1,50	3,00	2,19	**2,00**
Locus amoenus	Fachbegriff	1,00	2,00	3,67	3,00	2,50	3,00	2,53	**3,00**

Artikel	Kategorie	Länge	Übersichtlichkeit	Anschaulichkeit	Angebot an weiterführenden Informationen	Aktualität	Aufmerksamkeit	Gesamtnote	Gesamtnote gerundet
Loek Geeraedts	Wissenschaftler	3,00	1,00	2,33	1,00	1,50	3,50	2,06	**2,00**
Lorenz Wessel	Dichter/Sänger	1,00	5,00	3,00	1,00	1,00	4,00	2,50	**3,00**
Lorscher Arzneibuch	Text	2,00	1,00	2,33	1,00	3,00	2,50	1,97	**2,00**
Lorscher Bienensegen	Text	5,00	1,00	2,33	2,00	3,00	3,00	2,72	**3,00**
Lotte Motz	Wissenschaftler	5,00	1,00	2,33	4,00	4,00	3,25	3,26	**3,00**
Ludger Lieb	Wissenschaftler	4,00	1,00	2,33	2,00	2,00	4,75	2,68	**3,00**
Ludwig Rübekeil	Wissenschaftler	4,00	1,00	2,33	2,00	1,00	4,50	2,47	**2,00**
Ludwig Uhland	Wissenschaftler	1,00	3,00	1,00	1,00	1,00	1,50	1,42	**1,00**
Ludwig Wolff (Germanist)	Wissenschaftler	5,00	1,00	2,33	4,00	2,00	3,00	2,89	**3,00**
Ludwigslied	Text	2,00	1,00	3,67	3,00	2,00	2,75	2,40	**2,00**
Lyrik	Fachbegriff	1,00	1,00	1,00	1,00	3,50	1,50	1,50	**2,00**
Mai und Beaflor	Text	5,00	1,00	3,67	4,00	3,50	3,25	3,40	**3,00**
Manuel und Amande	Text	3,00	1,00	3,67	4,00	5,00	3,50	3,36	**3,00**
Märe	Fachbegriff	4,00	3,00	2,33	2,00	1,50	2,75	2,60	**3,00**
Marginalie	Fachbegriff	4,00	1,00	2,33	4,00	3,00	2,50	2,81	**3,00**
Marienleben	Text	4,00	1,00	1,00	4,00	3,00	2,50	2,58	**3,00**
Mariensequenz aus Muri	Text	5,00	1,00	3,67	5,00	3,00	3,00	3,44	**3,00**
Mariensequenz aus Seckau	Text	5,00	1,00	3,67	5,00	3,00	3,00	3,44	**3,00**
Marina Münkler	Wissenschaftler	4,00	1,00	2,33	3,00	1,50	3,50	2,56	**3,00**
Martin Luther	Dichter/Sänger	1,00	3,00	1,00	1,00	1,00	1,25	1,38	**1,00**
Martin von Troppau	Dichter/Sänger	4,00	1,00	1,33	1,00	1,00	2,25	1,76	**2,00**
Matière de Bretagne	Fachbegriff	4,00	2,00	1,33	5,00	1,00	2,50	2,64	**3,00**
Matthias Lexer	Wissenschaftler	4,00	1,00	1,33	2,00	1,00	2,50	1,97	**2,00**
Matthias Meyer (Literaturwissenschaftler)	Wissenschaftler	5,00	1,00	2,33	3,00	3,50	3,00	2,97	**3,00**
Mattsetzungsmotiv	Fachbegriff	5,00	1,00	3,67	5,00	2,00	3,00	3,28	**3,00**
Max Hermann Jellinek	Wissenschaftler	2,00	2,00	2,33	1,00	1,50	3,00	1,97	**2,00**
Max Stefl	Wissenschaftler	4,00	1,00	2,33	3,00	3,00	3,50	2,81	**3,00**
Max Wehrli	Wissenschaftler	2,00	1,00	2,33	1,00	2,00	3,00	1,89	**2,00**
Mechthild von Magdeburg	Dichter/Sänger	2,00	1,00	2,33	1,00	1,00	2,00	1,56	**2,00**
Meier Helmbrecht	Text	1,00	2,00	2,33	2,00	2,00	2,00	1,89	**2,00**
Meinhard Tröstel	Dichter/Sänger	4,00	2,00	2,33	5,00	4,00	3,50	3,47	**3,00**

Artikel	Kategorie	Länge	Übersicht-lichkeit	Anschau-lichkeit	Angebot an weiter-führenden Informa-tionen	Aktuali-tät	Aufmerk-samkeit	Ge-samt-note	Gesamt-note ge-rundet
Meinloh von Sevelingen	Dichter/Sänger	5,00	1,00	1,00	4,00	4,50	2,75	3,04	**3,00**
Meinolf Schumacher	Wissenschaftler	5,00	1,00	2,33	3,00	1,50	3,00	2,64	**3,00**
Meister Altswert	Dichter/Sänger	5,00	1,00	2,33	4,00	5,00	3,00	3,39	**3,00**
Meister Eckhart	Dichter/Sänger	1,00	5,00	4,00	1,00	1,00	1,25	2,21	**2,00**
Meister Lampe	Dichter/Sänger	5,00	1,00	3,67	5,00	2,00	2,75	3,24	**3,00**
Meistersinger	Fachbegriff	2,00	2,00	1,00	1,00	1,50	2,00	1,58	**2,00**
Memento mori	Fachbegriff	1,00	3,00	1,00	1,00	2,00	1,50	1,58	**2,00**
Mentalitätsgeschichte	Fachbegriff	4,00	1,00	3,67	2,00	1,50	2,50	2,44	**2,00**
Merigarto	Text	5,00	1,00	2,33	3,00	2,50	3,00	2,81	**3,00**
Merkaere	Fachbegriff	5,00	1,00	3,67	4,00	3,50	3,25	3,40	**3,00**
Merseburger Zaubersprüche	Text	1,00	3,00	1,67	1,00	1,00	1,25	1,49	**1,00**
Michael Beheim	Dichter/Sänger	2,00	2,00	1,33	3,00	2,00	2,75	2,18	**2,00**
Millstätter Blutsegen	Text	4,00	1,00	2,33	5,00	3,00	3,00	3,06	**3,00**
Millstätter Handschrift	ÜTräger	5,00	1,00	2,33	4,00	1,50	3,00	2,81	**3,00**
Minne- oder Werbelied	Fachbegriff	3,00	1,00	3,67	4,00	2,50	3,50	2,94	**3,00**
Minnerede	Fachbegriff	5,00	1,00	3,67	3,00	3,00	3,00	3,11	**3,00**
Minnesang	Fachbegriff	1,00	2,00	2,33	2,00	1,00	1,50	1,64	**2,00**
Mittelhochdeutsch	Fachbegriff	1,00	1,00	2,33	1,00	1,00	1,25	1,26	**1,00**
Mittelhochdeutsche Metrik	Fachbegriff	2,00	1,00	2,33	2,00	2,50	3,50	2,22	**2,00**
Mittelniederdeutsche Sprache	Fachbegriff	4,00	1,00	2,33	2,00	3,00	2,00	2,39	**2,00**
Mondseer Fragmente	ÜTräger	1,00	3,00	3,00	3,00	2,00	3,50	2,58	**3,00**
Monophtongierung	Fachbegriff	5,00	1,00	3,67	5,00	2,50	2,75	3,32	**3,00**
Moritz Heyne	Wissenschaftler	4,00	1,00	1,00	2,00	2,00	2,75	2,13	**2,00**
Moriz Haupt	Wissenschaftler	3,00	2,00	1,00	1,00	1,00	2,50	1,75	**2,00**
Moriz von Craûn	Text	3,00	1,00	3,67	4,00	1,50	3,50	2,78	**3,00**
Motiv (Literatur)	Fachbegriff	3,00	1,00	3,67	5,00	1,00	2,25	2,65	**3,00**
Müelich von Prag	Dichter/Sänger	5,00	1,00	2,33	5,00	5,00	3,00	3,56	**4,00**
Mühlhäuser Reichsrechtsbuch	ÜTräger	5,00	1,00	2,33	4,00	3,00	3,25	3,10	**3,00**
Mündliche Überlieferung	Fachbegriff	3,00	1,00	2,33	2,00	3,00	2,00	2,22	**2,00**
Muskatblüt	Dichter/Sänger	5,00	1,00	1,00	3,00	3,00	2,75	2,63	**3,00**
Muspilli	Text	4,00	1,00	1,67	1,00	2,50	2,50	2,11	**2,00**

Artikel	Kategorie	Länge	Übersicht-lichkeit	Anschau-lichkeit	Angebot an weiter-führenden Informa-tionen	Aktuali-tät	Aufmerk-samkeit	Ge-samt-note	Gesamt-note ge-rundet
Naglersches Fragment	ÜTräger	5,00	2,00	3,67	3,00	4,00	3,25	3,49	**3,00**
Natureingang	Fachbegriff	5,00	1,00	3,67	5,00	1,00	3,50	3,19	**3,00**
Neidhart	Dichter/Sänger	1,00	2,00	2,33	1,00	1,00	2,25	1,60	**2,00**
Neidhartspiel	Fachbegriff	5,00	2,00	3,67	5,00	4,00	3,25	3,82	**4,00**
Nibelungenklage	Text	4,00	2,00	3,67	3,00	1,50	2,75	2,82	**3,00**
Nibelungenlied	Text	1,00	3,00	2,33	1,00	1,00	1,25	1,60	**2,00**
Nibelungenstrophe	Fachbegriff	4,00	1,00	2,33	5,00	1,00	2,75	2,68	**3,00**
Niederrheinischer Tundalus	Text	5,00	1,00	3,67	3,00	5,00	3,00	3,44	**3,00**
Nigel F. Palmer	Wissenschaftler	4,00	1,00	1,00	3,00	1,50	3,50	2,33	**2,00**
Niklaus von Wyle	Dichter/Sänger	5,00	1,00	1,00	2,00	4,00	2,75	2,63	**3,00**
Nine Miedema	Wissenschaftler	5,00	1,00	2,33	4,00	1,00	3,25	2,76	**3,00**
Noker von Zwiefalten	Dichter/Sänger	5,00	1,00	2,33	3,00	3,00	2,75	2,85	**3,00**
Nonnosus Stettfelder	Dichter/Sänger	5,00	1,00	1,00	5,00	3,00	3,00	3,00	**3,00**
Norbert Richard Wolf	Wissenschaftler	5,00	1,00	2,33	3,00	1,50	3,25	2,68	**3,00**
Norbert Wagner (Germanist)	Wissenschaftler	5,00	1,00	2,33	3,00	2,00	3,25	2,76	**3,00**
Notker III.	Dichter/Sänger	4,00	1,00	1,00	1,00	1,50	2,25	1,79	**2,00**
Nun bitten wir den Heiligen Geist	Text	3,00	2,00	2,33	4,00	3,00	2,75	2,85	**3,00**
Orendel	Text	5,00	1,00	3,67	3,00	4,00	3,00	3,28	**3,00**
Ortnit	Text	5,00	1,00	2,33	4,00	5,00	3,00	3,39	**3,00**
Oskar Jänicke	Wissenschaftler	4,00	1,00	2,33	3,00	4,50	4,25	3,18	**3,00**
Oswald von Wolkenstein	Dichter/Sänger	1,00	3,00	4,00	1,00	1,00	1,75	1,96	**2,00**
Oswald von Wolkenstein-Gesellschaft	Wissenschaftler	3,00	1,00	2,33	4,00	3,00	3,50	2,81	**3,00**
Otfrid von Weißenburg	Dichter/Sänger	4,00	1,00	1,00	3,00	4,50	2,25	2,63	**3,00**
Otfrid-Reinald Ehrismann	Wissenschaftler	5,00	1,00	2,33	3,00	1,00	3,00	2,56	**3,00**
Otloh von St. Emmeram	Dichter/Sänger	4,00	1,00	2,33	1,00	4,00	2,75	2,51	**3,00**
Otlohs Gebet	Text	3,00	3,00	2,67	5,00	3,50	4,25	3,57	**4,00**
Ottar Grønvik	Wissenschaftler	5,00	2,00	2,33	2,00	3,50	3,50	3,06	**3,00**
Ottenton	Text	3,00	3,00	2,33	4,00	2,00	3,50	2,97	**3,00**
Otto Behaghel	Wissenschaftler	4,00	1,00	2,33	1,00	1,00	2,50	1,97	**2,00**
Otto Höfler	Wissenschaftler	2,00	2,00	2,33	1,00	1,50	2,50	1,89	**2,00**
Otto IV. (Brandenburg)	Dichter/Sänger	3,00	2,00	1,00	5,00	1,50	2,50	2,50	**3,00**

Artikel	Kategorie	Länge	Übersicht-lichkeit	Anschau-lichkeit	Angebot an weiter-führenden Informa-tionen	Aktuali-tät	Aufmerk-samkeit	Ge-samt-note	Gesamt-note ge-rundet
Otto von Botenlauben	Dichter/Sänger	4,00	1,00	1,00	2,00	4,50	2,25	2,46	**2,00**
Ottokar aus der Gaal	Dichter/Sänger	4,00	1,00	1,00	2,00	2,00	2,75	2,13	**2,00**
Palästinalied	Text	2,00	2,00	2,33	3,00	1,50	1,75	2,10	**2,00**
Parabel	Fachbegriff	4,00	1,00	2,33	1,00	3,50	1,25	2,18	**2,00**
Paracelsus	Dichter/Sänger	1,00	2,00	1,00	1,00	1,00	1,00	1,17	**1,00**
Parzival	Text	1,00	2,00	3,67	2,00	1,00	1,25	1,82	**2,00**
Pastourelle	Fachbegriff	5,00	1,00	3,67	5,00	1,00	3,00	3,11	**3,00**
Paul Hagen (Bibliothekar)	Wissenschaftler	4,00	1,00	2,33	1,00	5,00	5,00	3,06	**3,00**
Paul Herrmann (Germanist)	Wissenschaftler	4,00	1,00	1,00	2,00	1,00	3,00	2,00	**2,00**
Paulus Freudenlechner	Dichter/Sänger	5,00	1,00	2,33	5,00	4,00	3,00	3,39	**3,00**
Peter Apian	Dichter/Sänger	4,00	1,00	1,00	1,00	1,50	2,00	1,75	**2,00**
Peter der Wachtelsack	Dichter/Sänger	5,00	2,00	2,33	5,00	5,00	3,00	3,72	**4,00**
Peter Ganz	Wissenschaftler	5,00	1,00	1,00	3,00	2,00	3,50	2,58	**3,00**
Peter Strohschneider	Wissenschaftler	4,00	1,00	1,00	3,00	2,50	2,75	2,38	**2,00**
Peter Suchenwirt	Dichter/Sänger	5,00	1,00	2,33	3,00	5,00	2,75	3,18	**3,00**
Peter von Polenz	Wissenschaftler	5,00	1,00	1,00	3,00	1,00	2,50	2,25	**2,00**
Peter Wapnewski	Wissenschaftler	3,00	1,00	2,33	1,00	2,00	2,00	1,89	**2,00**
Petruslied	Text	4,00	1,00	1,00	4,00	2,00	3,25	2,54	**3,00**
Pfaffe Lamprecht	Dichter/Sänger	5,00	1,00	2,33	4,00	5,00	2,75	3,35	**3,00**
Philipp von Seitz	Dichter/Sänger	1,00	2,00	2,00	3,00	1,00	3,75	2,13	**2,00**
Philologie	Fachbegriff	4,00	1,00	3,67	2,00	1,00	2,00	2,28	**2,00**
Physiologus	Text	2,00	1,00	2,33	1,00	1,00	2,00	1,56	**2,00**
Pieter Jacob Cosijn	Wissenschaftler	4,00	2,00	1,33	1,00	2,00	3,50	2,31	**2,00**
Positivismus	Fachbegriff	1,00	2,00	2,67	1,00	1,50	1,75	1,65	**2,00**
Poststrukturalismus	Fachbegriff	1,00	1,00	3,67	2,00	1,50	1,50	1,78	**2,00**
Priester Arnold	Dichter/Sänger	5,00	1,00	2,33	4,00	5,00	2,75	3,35	**3,00**
Primärumlaut	Fachbegriff	5,00	1,00	2,33	4,00	3,00	3,00	3,06	**3,00**
Prosa	Fachbegriff	4,00	3,00	2,33	5,00	1,00	1,75	2,85	**3,00**
Rabenschlacht (Dietrichepik)	Text	5,00	1,00	3,67	4,00	1,50	3,25	3,07	**3,00**
Ratpert von St. Gallen	Dichter/Sänger	4,00	1,00	2,33	2,00	2,50	4,50	2,72	**3,00**
Reformationsdialoge	Text	1,00	2,00	2,67	3,00	1,50	3,75	2,32	**2,00**

Artikel	Kategorie	Länge	Übersicht-lichkeit	Anschau-lichkeit	Angebot an weiter-führenden Informa-tionen	Aktuali-tät	Aufmerk-samkeit	Ge-samt-note	Gesamt-note ge-rundet
Regenbogen (Spruchdichter)	Dichter/Sänger	5,00	1,00	1,00	3,00	4,00	2,75	2,79	**3,00**
Reichston	Text	2,00	2,00	2,33	3,00	2,00	2,75	2,35	**2,00**
Reimchronik	Fachbegriff	5,00	5,00	3,67	5,00	3,00	3,00	4,11	**4,00**
Reimchronik der Stadt Köln	ÜTräger	1,00	3,00	3,67	2,00	2,50	3,75	2,65	**3,00**
Reinbot von Durne	Dichter/Sänger	4,00	1,00	2,33	3,00	3,50	2,75	2,76	**3,00**
Reineke Fuchs	Figur	1,00	2,00	1,67	1,00	1,00	2,25	1,49	**1,00**
Reinfried von Braunschweig	Text	4,00	1,00	3,67	4,00	2,00	3,50	3,03	**3,00**
Reinmar der Alte	Dichter/Sänger	1,00	4,00	2,67	1,00	2,50	2,25	2,24	**2,00**
Reinmar von Brennenberg	Dichter/Sänger	5,00	1,00	1,00	3,00	3,50	3,00	2,75	**3,00**
Reinmar von Zweter	Dichter/Sänger	4,00	1,00	1,00	3,00	4,00	2,50	2,58	**3,00**
René Derolez	Wissenschaftler	4,00	1,00	2,33	4,00	2,00	3,25	2,76	**3,00**
Reynke de vos	Figur	1,00	2,00	1,67	1,00	2,00	3,50	1,86	**2,00**
Rheinischer Minnesang	Fachbegriff	5,00	1,00	3,67	5,00	3,00	3,00	3,44	**3,00**
Richard Heinzel	Wissenschaftler	4,00	1,00	2,33	1,00	2,50	3,00	2,31	**2,00**
Robert Nedoma	Wissenschaftler	5,00	1,00	2,33	4,00	1,50	3,50	2,89	**3,00**
Rolandslied	Text	1,00	3,00	3,00	5,00	3,00	3,50	3,08	**3,00**
Rolf Bergmann	Wissenschaftler	5,00	1,00	2,33	3,00	1,50	3,25	2,68	**3,00**
Rolf Bräuer	Wissenschaftler	5,00	1,00	2,33	2,00	3,50	3,00	2,81	**3,00**
Roman	Fachbegriff	1,00	4,00	2,67	2,00	3,00	1,50	2,36	**2,00**
Rosengarten zu Worms	Text	3,00	1,00	3,67	3,00	2,00	3,00	2,61	**3,00**
Rüdiger Schnell	Wissenschaftler	5,00	1,00	2,33	2,00	2,50	3,00	2,64	**3,00**
Rüdiger von Bechelaren	Figur	3,00	1,00	2,00	4,00	3,00	2,50	2,58	**3,00**
Rüdiger von Müner	Dichter/Sänger	4,00	1,00	2,33	3,00	3,00	3,25	2,76	**3,00**
Rudolf Henning	Wissenschaftler	5,00	1,00	2,33	2,00	2,00	3,50	2,64	**3,00**
Rudolf Meißner	Wissenschaftler	4,00	1,00	2,33	2,00	3,00	3,75	2,68	**3,00**
Rudolf Much	Wissenschaftler	3,00	2,00	2,33	1,00	1,00	2,75	2,01	**2,00**
Rudolf Schützeichel	Wissenschaftler	5,00	2,00	2,33	4,00	3,00	3,25	3,26	**3,00**
Rudolf Simek	Wissenschaftler	4,00	1,00	2,33	1,00	1,00	2,75	2,01	**2,00**
Rudolf von Ems	Dichter/Sänger	3,00	1,00	1,00	1,00	1,50	2,25	1,63	**2,00**
Rudolf von Neuenburg	Dichter/Sänger	5,00	1,00	1,00	3,00	3,50	2,75	2,71	**3,00**
Rudolf von Rotenburg	Dichter/Sänger	1,00	2,00	2,33	1,00	3,50	4,00	2,31	**2,00**

Artikel	Kategorie	Länge	Übersichtlichkeit	Anschaulichkeit	Angebot an weiterführenden Informationen	Aktualität	Aufmerksamkeit	Gesamtnote	Gesamtnote gerundet
Rumelant von Sachsen	Dichter/Sänger	4,00	1,00	1,00	3,00	3,00	3,00	2,50	**3,00**
Ruodlieb	Text	1,00	4,00	4,00	1,00	2,00	3,75	2,63	**3,00**
Ruth Schmidt-Wiegand	Wissenschaftler	5,00	1,00	2,33	3,00	1,50	3,25	2,68	**3,00**
Sabine Seelbach	Wissenschaftler	5,00	1,00	2,33	3,00	2,00	3,25	2,76	**3,00**
Sachsenspiegel	Text	1,00	3,00	1,33	1,00	1,00	1,75	1,51	**2,00**
Sächsische Weltchronik	ÜTräger	4,00	1,00	2,33	2,00	3,50	2,75	2,60	**3,00**
Salman und Morolf	Text	4,00	3,00	2,33	3,00	3,00	2,75	3,01	**3,00**
Sängerkrieg auf der Wartburg	Fachbegriff	3,00	3,00	2,33	2,00	1,00	2,00	2,22	**2,00**
Sangspruchdichtung	Fachbegriff	1,00	2,00	3,67	1,00	1,50	3,25	2,07	**2,00**
Scheiblersches Wappenbuch	ÜTräger	4,00	1,00	2,33	4,00	2,00	3,25	2,76	**3,00**
Scheltspruch	Fachbegriff	5,00	1,00	3,67	5,00	5,00	3,50	3,86	**4,00**
Schenk Konrad von Limpurg	Dichter/Sänger	5,00	2,00	1,00	4,00	5,00	2,75	3,29	**3,00**
Schönrainer Liederhandschrift	ÜTräger	5,00	1,00	2,33	4,00	2,00	3,00	2,89	**3,00**
Schriftliche Überlieferung	Fachbegriff	5,00	1,00	3,67	5,00	3,00	2,75	3,40	**3,00**
Schwabenspiegel	Text	5,00	1,00	1,00	3,00	1,50	2,50	2,33	**2,00**
Schwank	Fachbegriff	5,00	1,00	2,33	3,00	2,50	2,00	2,64	**3,00**
Schweriner Bilderhandschrift	ÜTräger	3,00	3,00	2,33	5,00	3,00	4,25	3,43	**3,00**
Sei uns willkommen, Herre Christ	Text	4,00	1,00	2,67	4,00	1,50	3,75	2,82	**3,00**
Seifrit	Dichter/Sänger	5,00	1,00	2,33	4,00	2,00	3,00	2,89	**3,00**
Siegfried Beyschlag	Wissenschaftler	5,00	1,00	2,33	3,00	3,50	4,25	3,18	**3,00**
Siegfried der Drachentöter	Text	1,00	1,00	1,00	2,00	1,00	1,00	1,17	**1,00**
Siegfried Gutenbrunner	Wissenschaftler	5,00	1,00	2,33	4,00	1,50	3,25	2,85	**3,00**
Sigenot	Text	4,00	1,00	3,67	3,00	2,00	3,00	2,78	**3,00**
Sigihards Gebete	Text	4,00	1,00	2,33	4,00	2,50	3,50	2,89	**3,00**
Sigune	Figur	4,00	2,00	3,67	3,00	3,50	3,00	3,19	**3,00**
Slâfest du, friedel ziere	Text	1,00	4,00	3,33	3,00	2,50	4,50	3,06	**3,00**
Sophus Bugge	Wissenschaftler	4,00	1,00	1,00	3,00	5,00	3,00	2,83	**3,00**
Spervogel	Dichter/Sänger	5,00	1,00	1,00	3,00	2,50	2,75	2,54	**3,00**
Spervogelton	Dichter/Sänger	1,00	2,00	2,67	2,00	2,50	4,00	2,36	**2,00**
Spielmannsdichtung	Fachbegriff	5,00	1,00	3,67	4,00	5,00	2,75	3,57	**4,00**
Sprechspruch	Fachbegriff	5,00	1,00	3,67	5,00	2,50	3,00	3,36	**3,00**

Artikel	Kategorie	Länge	Übersicht-lichkeit	Anschau-lichkeit	Angebot an weiter-führenden Informa-tionen	Aktuali-tät	Aufmerk-samkeit	Ge-samt-note	Gesamt-note ge-rundet
Spruch zur Magdeburger Weihnacht	Text	1,00	2,00	4,00	2,00	1,50	4,00	2,42	**2,00**
Spruchdichtung	Fachbegriff	5,00	1,00	3,67	5,00	3,00	3,00	3,44	**3,00**
St. Trudperter Hoheslied	Text	1,00	3,00	2,33	2,00	2,00	3,25	2,26	**2,00**
Stabreim	Fachbegriff	1,00	1,00	2,33	4,00	2,00	2,00	2,06	**2,00**
Stefan Sonderegger	Wissenschaftler	4,00	1,00	2,33	2,00	1,50	2,75	2,26	**2,00**
Stefanie Gropper	Wissenschaftler	5,00	1,00	2,33	5,00	3,00	3,00	3,22	**3,00**
Steinmar	Dichter/Sänger	2,00	3,00	2,33	1,00	2,50	2,75	2,26	**2,00**
Steirische Reimchronik	ÜTräger	3,00	1,00	3,67	2,00	2,50	3,50	2,61	**3,00**
Stephan Müller (Germanist)	Wissenschaftler	5,00	1,00	2,33	5,00	3,00	3,00	3,22	**3,00**
Sterzinger Miszellaneen-Handschrift	ÜTräger	5,00	1,00	3,67	3,00	4,50	3,00	3,36	**3,00**
Stoff (Literatur)	Fachbegriff	5,00	2,00	2,33	5,00	3,50	2,50	3,39	**3,00**
Stollen (Literatur)	Fachbegriff	5,00	1,00	3,67	5,00	1,50	3,00	3,19	**3,00**
Straßburger Eide	Text	3,00	2,00	3,33	3,00	2,00	2,00	2,56	**3,00**
Strukturalismus	Fachbegriff	1,00	3,00	4,00	1,00	1,50	1,75	2,04	**2,00**
Süßkind von Trimberg	Dichter/Sänger	4,00	2,00	1,33	3,00	4,00	2,50	2,81	**3,00**
Tagelied	Fachbegriff	4,00	1,00	3,67	2,00	3,00	2,50	2,69	**3,00**
Tannhauser	Text	3,00	1,00	2,33	3,00	1,50	3,00	2,31	**2,00**
Tannhäuser (Dichter)	Dichter/Sänger	1,00	1,00	2,33	1,00	1,00	2,25	1,43	**1,00**
Textkritik	Fachbegriff	1,00	1,00	3,67	1,00	1,50	2,00	1,69	**2,00**
Textkritischer Apparat	Fachbegriff	5,00	1,00	2,33	5,00	2,50	2,75	3,10	**3,00**
Theodor Frings	Wissenschaftler	4,00	1,00	1,67	1,00	1,00	2,50	1,86	**2,00**
Theodor Möbius	Wissenschaftler	5,00	1,00	2,33	3,00	3,50	3,00	2,97	**3,00**
Theodor Siebs	Wissenschaftler	4,00	1,00	2,33	1,00	2,00	3,00	2,22	**2,00**
Theodore M. Andersson	Wissenschaftler	5,00	4,00	2,33	5,00	1,50	3,25	3,51	**4,00**
Thomas Birkmann	Wissenschaftler	5,00	1,00	2,33	3,00	3,00	3,50	2,97	**3,00**
Thomas Klein (Germanist)	Wissenschaftler	5,00	1,00	2,33	3,00	1,00	3,25	2,60	**3,00**
Thomas Peuntner	Wissenschaftler	5,00	1,00	2,33	2,00	4,00	2,75	2,85	**3,00**
Thomasin von Zerclaere	Dichter/Sänger	4,00	2,00	1,33	2,00	4,00	2,50	2,64	**3,00**
Thorsten Andersson	Wissenschaftler	4,00	1,00	2,33	1,00	3,00	4,25	2,60	**3,00**
Tilo von Kulm	Dichter/Sänger	5,00	1,00	2,33	4,00	3,50	2,75	3,10	**3,00**
Tischzuchten	Fachbegriff	1,00	1,00	1,00	2,00	1,50	4,50	1,83	**2,00**

Artikel	Kategorie	Länge	Übersichtlichkeit	Anschaulichkeit	Angebot an weiterführenden Informationen	Aktualität	Aufmerksamkeit	Gesamtnote	Gesamtnote gerundet
Titurel	Text	1,00	1,00	1,00	1,00	1,50	2,50	1,33	**1,00**
Ton (Literatur)	Fachbegriff	5,00	4,00	3,67	5,00	4,50	3,00	4,19	**4,00**
Topos (Geisteswissenschaft)	Fachbegriff	4,00	1,00	3,67	4,00	2,00	2,00	2,78	**3,00**
Torsten Evert Karsten	Wissenschaftler	5,00	1,00	2,33	4,00	4,00	3,00	3,22	**3,00**
Trierer Floyris	Text	3,00	1,00	3,67	3,00	3,50	3,25	2,90	**3,00**
Tristan (Gottfried von Straßburg)	Text	1,00	1,00	3,67	1,00	2,00	2,00	1,78	**2,00**
Tristan und Isolde	Figur	2,00	2,00	1,00	2,00	1,50	1,50	1,67	**2,00**
Tropus (Rhetorik)	Fachbegriff	3,00	1,00	3,67	3,00	1,50	2,25	2,40	**2,00**
Ulmer Schwesternbuch	Text	4,00	1,00	3,67	3,00	4,50	3,50	3,28	**3,00**
Ulrich Boner	Dichter/Sänger	5,00	1,00	1,00	3,00	3,00	2,75	2,63	**3,00**
Ulrich Füetrer	Dichter/Sänger	4,00	1,00	1,33	1,00	2,50	2,50	2,06	**2,00**
Ulrich Pretzel	Wissenschaftler	5,00	1,00	2,33	4,00	2,00	2,75	2,85	**3,00**
Ulrich von dem Türlin	Dichter/Sänger	4,00	1,00	1,00	3,00	3,00	3,25	2,54	**3,00**
Ulrich von Gutenburg	Dichter/Sänger	5,00	1,00	1,00	4,00	4,50	2,75	3,04	**3,00**
Ulrich von Liechtenstein	Dichter/Sänger	3,00	1,00	2,00	1,00	1,00	2,00	1,67	**2,00**
Ulrich von Singenberg	Dichter/Sänger	5,00	1,00	1,00	5,00	5,00	2,75	3,29	**3,00**
Ulrich von Straßburg	Dichter/Sänger	5,00	1,00	2,33	3,00	4,50	2,75	3,10	**3,00**
Ulrich von Türheim	Dichter/Sänger	4,00	1,00	1,00	2,00	3,00	2,50	2,25	**2,00**
Ulrich von Winterstetten	Dichter/Sänger	3,00	1,00	1,00	1,00	4,00	3,00	2,17	**2,00**
Ulrich von Zatzikhoven	Dichter/Sänger	5,00	1,00	1,00	4,00	5,00	2,75	3,13	**3,00**
Under der linden	Text	3,00	2,00	2,33	3,00	1,00	3,00	2,39	**2,00**
Unmutston	Text	4,00	3,00	2,33	4,00	1,50	3,25	3,01	**3,00**
Ursula Peters (Germanistin)	Wissenschaftler	5,00	1,00	2,33	2,00	1,50	2,75	2,43	**2,00**
Urtext	Fachbegriff	4,00	2,00	2,33	4,00	3,00	2,50	2,97	**3,00**
Verfasserlexikon	Fachbegriff	4,00	1,00	3,67	3,00	1,00	2,75	2,57	**3,00**
Virginal (Dietrichepik)	Text	3,00	2,00	3,67	4,00	3,00	3,25	3,15	**3,00**
Visio Tnugdali	Text	4,00	1,00	2,33	3,00	4,50	3,00	2,97	**3,00**
Volker Honemann	Wissenschaftler	5,00	1,00	1,00	4,00	1,50	3,25	2,63	**3,00**
Volker Mertens	Wissenschaftler	5,00	1,00	2,33	2,00	1,50	2,75	2,43	**2,00**
Vom Schem Hamphoras	Text	5,00	3,00	1,00	5,00	2,00	2,75	3,13	**3,00**
Von Obernburg	Dichter/Sänger	2,00	1,00	2,33	1,00	2,00	3,50	1,97	**2,00**

Artikel	Kategorie	Länge	Übersicht-lichkeit	Anschau-lichkeit	Angebot an weiter-führenden Informa-tionen	Aktuali-tät	Aufmerk-samkeit	Ge-samt-note	Gesamt-note ge-rundet
Vorauer Handschrift	ÜTräger	5,00	1,00	3,67	4,00	2,50	2,75	3,15	**3,00**
Vorauer Novelle	Text	1,00	2,00	3,00	1,00	2,50	4,00	2,25	**2,00**
Wachsmut von Künzingen	Dichter/Sänger	4,00	1,00	2,33	4,00	5,00	3,25	3,26	**3,00**
Wachsmut von Mühlhausen	Dichter/Sänger	5,00	1,00	1,00	3,00	3,50	2,75	2,71	**3,00**
Wachtelmäre	Text	4,00	1,00	2,67	4,00	1,50	3,25	2,74	**3,00**
Walter Baetke	Wissenschaftler	5,00	1,00	2,33	2,00	2,50	2,75	2,60	**3,00**
Walter Haug	Wissenschaftler	4,00	1,00	2,33	2,00	1,50	2,75	2,26	**2,00**
Walter Henß	Wissenschaftler	5,00	2,00	2,33	4,00	1,50	3,00	2,97	**3,00**
Walter Henzen	Wissenschaftler	3,00	1,00	2,33	2,00	3,00	4,50	2,64	**3,00**
Waltharius	Text	3,00	2,00	2,33	4,00	3,00	2,25	2,76	**3,00**
Walther von Aquitanien	Figur	5,00	5,00	3,67	5,00	1,50	2,75	3,82	**4,00**
Walther von Breisach	Dichter/Sänger	3,00	2,00	2,00	3,00	3,50	3,75	2,88	**3,00**
Walther von der Vogelweide	Dichter/Sänger	1,00	3,00	2,67	1,00	1,00	1,25	1,65	**2,00**
Walther von Klingen	Dichter/Sänger	4,00	1,00	1,00	1,00	1,50	2,75	1,88	**2,00**
Waltraud Hunke	Wissenschaftler	5,00	1,00	2,33	3,00	4,00	2,75	3,01	**3,00**
Wechsel (Lyrik)	Fachbegriff	1,00	2,00	2,33	3,00	2,50	4,25	2,51	**3,00**
Weingartner Liederhandschrift	ÜTräger	4,00	1,00	1,33	3,00	1,00	3,00	2,22	**2,00**
Weißenburger Katechismus	Text	5,00	1,00	3,67	5,00	3,00	3,00	3,44	**3,00**
Werner Besch	Wissenschaftler	4,00	1,00	2,33	3,00	1,50	2,75	2,43	**2,00**
Werner Betz (Philologe)	Wissenschaftler	5,00	1,00	2,33	4,00	1,00	3,00	2,72	**3,00**
Werner Röcke	Wissenschaftler	5,00	2,00	2,33	2,00	3,00	3,00	2,89	**3,00**
Werner von Homberg	Dichter/Sänger	3,00	1,00	1,00	3,00	1,00	2,75	1,96	**2,00**
Wernher (Priester)	Dichter/Sänger	5,00	1,00	2,33	4,00	4,00	3,00	3,22	**3,00**
Wernher der Gartenaere	Dichter/Sänger	5,00	1,00	2,33	5,00	5,00	2,75	3,51	**4,00**
Wessobrunner Gebet	Text	3,00	1,00	3,00	1,00	1,00	2,25	1,88	**2,00**
Wieland der Schmied	Figur	2,00	1,00	2,33	3,00	2,00	2,00	2,06	**2,00**
Wiener Hundesegen	Text	5,00	1,00	2,33	4,00	1,50	3,00	2,81	**3,00**
Wigalois	Text	2,00	1,00	2,33	3,00	1,00	2,75	2,01	**2,00**
Wigamur	Figur	5,00	1,00	3,67	4,00	1,50	3,25	3,07	**3,00**
Wilhelm Braune	Wissenschaftler	5,00	1,00	2,33	2,00	4,00	2,75	2,85	**3,00**
Wilhelm Grimm	Wissenschaftler	4,00	1,00	1,00	3,00	3,00	2,00	2,33	**2,00**

Artikel	Kategorie	Länge	Übersichtlichkeit	Anschaulichkeit	Angebot an weiterführenden Informationen	Aktualität	Aufmerksamkeit	Gesamtnote	Gesamtnote gerundet
Wilhelm Heizmann	Wissenschaftler	5,00	2,00	2,33	4,00	3,00	3,25	3,26	**3,00**
Wilhelm Wackernagel	Wissenschaftler	4,00	1,00	1,00	1,00	1,50	2,50	1,83	**2,00**
Wilhelm Wiget	Wissenschaftler	4,00	1,00	1,67	1,00	2,00	4,25	2,32	**2,00**
Willehalm	Text	1,00	1,00	3,67	1,00	2,00	3,50	2,03	**2,00**
William Foerste	Wissenschaftler	4,00	1,00	2,33	2,00	5,00	4,00	3,06	**3,00**
Williram von Ebersberg	Dichter/Sänger	4,00	1,00	1,33	2,00	1,00	2,75	2,01	**2,00**
Willy Krogmann	Wissenschaftler	4,00	1,00	2,33	1,00	2,50	2,75	2,26	**2,00**
Winileod	Text	5,00	1,00	3,67	5,00	5,00	3,25	3,82	**4,00**
Wirnt von Grafenberg	Dichter/Sänger	3,00	1,00	2,33	1,00	1,00	2,50	1,81	**2,00**
Wittich	Figur	4,00	2,00	2,33	3,00	5,00	2,75	3,18	**3,00**
Wizlaw III. (Rügen)	Dichter/Sänger	2,00	3,00	2,33	1,00	3,50	2,50	2,39	**2,00**
Wolfdietrich	Figur	4,00	1,00	3,67	3,00	3,00	3,00	2,94	**3,00**
Wolfgang Beck (Germanist)	Wissenschaftler	4,00	1,00	2,33	1,00	1,50	3,25	2,18	**2,00**
Wolfgang Haubrichs	Wissenschaftler	4,00	1,00	2,33	2,00	1,50	5,00	2,64	**3,00**
Wolfgang Lange (Philologe)	Wissenschaftler	4,00	2,00	2,33	4,00	2,50	4,75	3,26	**3,00**
Wolfgang Mohr (Germanist)	Wissenschaftler	5,00	1,00	2,33	4,00	3,50	3,00	3,14	**3,00**
Wolfram von Eschenbach	Dichter/Sänger	2,00	1,00	1,00	1,00	1,00	1,50	1,25	**1,00**
Wolframs Tagelieder	Text	1,00	4,00	3,00	1,00	2,00	4,00	2,50	**3,00**
Wunderer (Epos)	Text	4,00	1,00	3,67	5,00	3,50	3,25	3,40	**3,00**
Würzburger Liederhandschrift	ÜTräger	4,00	1,00	3,67	2,00	4,00	3,00	2,94	**3,00**
Würzburger Markbeschreibungen	Text	4,00	1,00	3,67	3,00	1,50	4,25	2,90	**3,00**
Xenja von Ertzdorff-Kupffer	Wissenschaftler	5,00	1,00	2,33	4,00	3,00	3,00	3,06	**3,00**
Zürcher Liebesbriefe	ÜTräger	4,00	1,00	2,33	4,00	5,00	3,50	3,31	**3,00**
Zürcher Wappenrolle	ÜTräger	4,00	1,00	2,33	3,00	3,50	3,25	2,85	**3,00**
Ergebnis		**3,73**	**1,43**	**2,37**	**2,88**	**2,56**	**2,89**	**2,64**	**2,65**

Mediävistik zwischen Forschung, Lehre und Öffentlichkeit

Herausgegeben von Wernfried Hofmeister

Band 1	Markus Hinterholzer: *Alte HeldInnen braucht die Schule.* Das *Nibelungenlied* und der *Herr der Ringe* als literaturdidaktische Beispiele für einen gehirngerechten Mittelalterunterricht. 2007.
Band 2	Sigrid Rachoinig: *Wir tun kund und lassen dich wissen.* Briefe, Urkunden und Akten als spätmittelalterliche Grundformen schriftlicher Kommunikation, dargestellt anhand der Lebenszeugnisse Oswalds von Wolkenstein. 2009.
Band 3	Wernfried Hofmeister (Hrsg.): Mittelalterliche Wissensspeicher. Interdisziplinäre Studien zur Verbreitung ausgewählten ‚Orientierungswissens' im Spannungsfeld von Gelehrsamkeit und Illiteratheit. Unter Mitarbeit von Andrea Hofmeister-Winter. 2009.
Band 4	Ylva Schwinghammer: Rittergeschichten für die Klein(st)en. Die Welt des Mittelalters im aktuellen deutschsprachigen Kinderbuch. 2010.
Band 5	Daniela Karner: Täuschung in Gottes Namen. Fallstudien zur poetischen Unterlaufung von Gottesurteilen in Hartmanns von Aue „Iwein", Gottfrieds von Straßburg „Tristan", Des Strickers „Das heiße Eisen" und Konrads von Würzburg „Engelhard". 2010.
Band 6	Theresa Zifko: Literatur lokalisiert. Museologische Überlegungen zur Präsentation von literarischen Texten mit besonderer Bezugnahme auf das Designkonzept des Projekts *Steirische Literaturpfade des Mittelalters.* 2013.
Band 7	Ylva Schwinghammer: Das Mittelalter als Faszinosum oder Marginalie? Länderübergreifende Erhebungen, Analysen und Vorschläge zur Weiterentwicklung der Mittelalterdidaktik im muttersprachlichen Deutschunterricht. 2013.
Band 8	Andrea Hofmeister-Winter / Helmut W. Klug / Karin Kranich (Hrsg.): Der Koch ist der bessere Arzt. Zum Verhältnis von Diätetik und Kulinarik im Mittelalter und in der Frühen Neuzeit. Fachtagung im Rahmen des Tages der Geisteswissenschaften 2013 an der Karl-Franzens-Universität Graz, 20.6.–22.6.2013. 2014.
Band 9	Wernfried Hofmeister / Ylva Schwinghammer (Hrsg.): Literatur-Erlebnisse zwischen Mittelalter und Gegenwart. Aktuelle didaktische Konzepte und Reflexionen zur Vermittlung deutschsprachiger Texte. Unter Mitarbeit von Andrea Hofmeister-Winter. 2015.
Band 10	Eva Schulz: Intertextualität in Julian Schuttings „Gralslicht". Eine motivhistorische Spurensuche zwischen Wolframs von Eschenbach „Parzival" und Richard Wagners „Parsifal". 2016.
Band 11	Elisabeth Sulzer: Darmgesundheit im Mittelalter. Analyse ausgewählter deutschsprachiger Kochrezepttexte aus dem Münchener Arzneibuch Cgm 415 vor dem Hintergrund der Humoralmedizin und Versuch einer kritischen Bewertung im Lichte moderner pharmakologischer Erkenntnisse. Mit einem Geleitwort von Andrea Hofmeister-Winter. 2016.
Band 12	Aline Madeleine Holzer: Digitale Heldengeschichten. Medienübergreifende narratologische Studie zur Rezeption der mittelalterlichen deutschsprachigen Epik in Computerspielen. 2017.

Band 13 Angelika Kuchling: „Was sagt die Wikipedia?“. Studie zur Präsenz von Fachinhalten der Germanistischen Mediävistik in der deutschsprachigen Ausgabe der Online-Enzyklopädie Wikipedia. 2017.

www.peterlang.com

www.ingramcontent.com/pod-product-compliance
Ingram Content Group UK Ltd.
Pitfield, Milton Keynes, MK11 3LW, UK
UKHW041119041026
8980IPUK00024B/9

9 783631 730782